貿易經濟學

（第三版）

陳淑祥、張馳、陳璽嵐 編著

第三版前言

與第二版相比較，第三版增加和更新的內容如下：

(1) 第十章增加了網絡貿易發展現狀及案例內容；

(2) 第十一章增加了貿易效益發展現狀及案例內容；

(3) 第十二章增加了貿易現代化發展現狀及案例內容；

(4) 第十三章更新了貿易宏觀調控手段中法律手段及案例內容。

其中，第十章、第十一章、第十二章增加的內容由張馳老師完成；第十三章更新的內容由陳璽嵐老師完成。其餘章節內容的編寫調整及全書統稿校對工作由陳淑祥老師完成。

由於編寫者水準有限，書中仍然難免存在不當之處，希望廣大教師、同學及經濟學界同仁提出批評建議。

陳淑祥　張馳　陳璽嵐

第一版前言

　　為了適應社會對貿易人才的需求，滿足貿易人才對基本貿易理論和實務知識的需要，也為了介紹和傳播貿易經濟理論知識，作者認真總結了多年來的教學經驗，根據創新型人才培養的需要，充分吸收了同類教材的優點和近年來中國貿易經濟領域的最新研究成果，力求在教學內容和體系安排上有所創新。本書以現代經濟學為基礎，規範分析與實證分析相結合，盡量體現貿易經濟學內容的時代性，以適應培養學生的貿易經濟理論素養的需要。本書主要內容包括貿易經濟學導論、貿易產生與發展、貿易主體與運行機制、貿易客體與貿易行業、貿易與市場、貿易運行、空間貿易、批發貿易、零售貿易、網絡貿易、貿易效益等。同時，本教材多數章後附有案例和相應的討論題，引導讀者利用所學理論進行深入的思考和討論，以適應培養創新型高級應用型人才的需要。本書在文字表達上盡量做到簡練和準確。

　　本書在編寫過程中，參閱借鑑了大量其他專家學者的研究成果。同時，出版社馮梅編輯為了本書的順利出版，付出了大量的心血。在此，向所有為本書的編輯出版直接或間接做出貢獻的朋友們表示感謝。貿易經濟學研究範圍廣，內容更新快，尚有許多有待進一步探索的新問題、新情況。同時，由於編寫人員水準有限，書中難免存在一些不足，敬請各位讀者及專家學者批評指正！

陳淑祥

目 錄

第一章　貿易經濟學導論 …………………………………………………………（1）
　　第一節　貿易經濟學發展概述 ……………………………………………（1）
　　第二節　貿易理論的演進 …………………………………………………（5）
　　復習思考題 …………………………………………………………………（8）

第二章　貿易的產生與發展 ………………………………………………………（9）
　　第一節　貿易活動的產生及條件 …………………………………………（9）
　　第二節　貿易活動的發展 …………………………………………………（11）
　　第三節　貿易在社會經濟中的地位與作用 ………………………………（14）
　　復習思考題 …………………………………………………………………（16）
　　[本章案例]　荷蘭的崛起 …………………………………………………（16）

第三章　貿易主體與運行機制 ……………………………………………………（18）
　　第一節　貿易主體構成 ……………………………………………………（18）
　　第二節　貿易主體的所有制形式 …………………………………………（23）
　　第三節　貿易運行機制 ……………………………………………………（33）
　　復習思考題 …………………………………………………………………（37）
　　[本章案例]　希望集團發展之路 …………………………………………（37）

第四章　貿易客體與貿易行業 ……………………………………………………（39）
　　第一節　貿易客體含義及貿易行業 ………………………………………（39）
　　第二節　商品貿易 …………………………………………………………（41）
　　第三節　生產要素貿易 ……………………………………………………（44）
　　第四節　服務貿易 …………………………………………………………（61）
　　復習思考題 …………………………………………………………………（69）
　　[本章案例]　不同國家服務業發展比較 …………………………………（69）

第五章 貿易與市場 ……………………………………………………… (71)

第一節 市場是貿易的載體 ……………………………………………… (71)

第二節 市場供求與貿易 ………………………………………………… (73)

第三節 市場競爭與貿易 ………………………………………………… (81)

復習思考題 ………………………………………………………………… (87)

[本章案例] 普洱茶價格瘋漲背後的推手 ……………………………… (88)

第六章 貿易運行 ………………………………………………………… (89)

第一節 貿易運行形式 …………………………………………………… (89)

第二節 貿易運行渠道 …………………………………………………… (96)

第三節 貿易運行環境 …………………………………………………… (102)

復習思考題 ………………………………………………………………… (109)

[本章案例] 家樂福與供應商的零供衝突 ……………………………… (110)

第七章 空間貿易 ………………………………………………………… (111)

第一節 城鄉貿易 ………………………………………………………… (111)

第二節 區際貿易 ………………………………………………………… (114)

第三節 國際貿易 ………………………………………………………… (117)

復習思考題 ………………………………………………………………… (119)

[本章案例] 李寧美國開店 進軍耐吉大本營 ………………………… (119)

第八章 批發貿易 ………………………………………………………… (121)

第一節 批發貿易的含義、特點與類型 ………………………………… (121)

第二節 批發貿易的功能和制約因素 …………………………………… (128)

第三節 批發交易組織 …………………………………………………… (130)

第四節 批發貿易的發展趨勢 …………………………………………… (133)

第五節 批發貿易發展現狀 ……………………………………………… (135)

復習思考題 ………………………………………………………………… (141)

[本章案例] 農產品批發市場的發展 …………………………………… (141)

第九章 零售貿易 ……………………………………………………（143）

第一節 零售貿易與零售商 …………………………………………（143）

第二節 零售業態的變遷及理論假說 ………………………………（146）

第三節 零售業的發展趨勢 …………………………………………（150）

第四節 中國零售業發展現狀 ………………………………………（152）

復習思考題 ……………………………………………………………（157）

[本章案例] 蘇寧電器連鎖貿易 ……………………………………（158）

第十章 網絡貿易 ……………………………………………………（159）

第一節 網絡貿易概述 ………………………………………………（159）

第二節 網絡貿易的模式 ……………………………………………（164）

第三節 網絡貿易的交易流程 ………………………………………（167）

第四節 網絡貿易的發展趨勢 ………………………………………（173）

復習思考題 ……………………………………………………………（174）

[本章案例]「雙11」購物狂歡節 …………………………………（174）

第十一章 貿易效益 …………………………………………………（175）

第一節 貿易效益及其評價 …………………………………………（175）

第二節 貿易效益的主要影響因素 …………………………………（178）

第三節 提高貿易效益的基本途徑 …………………………………（179）

復習思考題 ……………………………………………………………（180）

[本章案例] 實體貿易業如何防止網絡貿易業侵蝕自己的經濟效益 …（181）

第十二章 貿易現代化 ………………………………………………（182）

第一節 貿易現代化的內涵及意義 …………………………………（182）

第二節 貿易現代化的內容及實現途徑 ……………………………（186）

第三節 貿易現代化的主要趨勢 ……………………………………（190）

復習思考題 ……………………………………………………………（192）

[本章案例] 新零售 …………………………………………………（193）

第十三章　貿易宏觀調控 ……………………………………………（194）

第一節　貿易宏觀調控的内容 …………………………………（194）

第二節　貿易宏觀調控的層次及目標 …………………………（196）

第三節　貿易調控手段 …………………………………………（197）

復習思考題 ………………………………………………………（204）

［本章案例］網絡售假問題，各方如何發力………………………（204）

第一章　貿易經濟學導論

[學習目的] 瞭解貿易經濟學發展沿革、貿易經濟學與其他學科的關係，明確貿易經濟學研究對象、研究範疇、研究方法，瞭解當代西方經濟學中相關貿易理論。

第一節　貿易經濟學發展概述

一、中國貿易經濟學的發展沿革

貿易經濟學，西方國家一般稱為商學或商業學。十月革命後的蘇聯建立了蘇維埃貿易經濟學。中國在20世紀50年代初期曾引進過這種經濟學；到50年代後期，中國開始致力於建構具有中國特色的貿易經濟學體系；到60年代初中期，不少高等院校都編寫了自己的貿易經濟學教材；改革開放以來，中國貿易經濟學科得到了很大發展，許多高等院校紛紛編寫貿易經濟學或商業經濟學教材並公開出版，呈現出百花齊放、百家爭鳴的局面。1955年，中國人民大學貿易經濟學教研室集體編寫了《中華人民共和國貿易經濟講義》，這是中華人民共和國成立後中國自主編寫的第一本貿易經濟學書籍。1962年，中國人民大學貿易經濟教研室主編了《社會主義商業經濟學》。1994年，谷克鑒教授、張建民教授主編了《貿易經濟學》。1995年，林文益教授主編了《貿易經濟學》。1998年，湖南商學院貿易經濟教研室編寫了《貿易經濟學》。1999年，周肇先教授主編了《貿易經濟學》。2007年柳思維教授、2010年高覺民教授以及2012年錢方明教授等先後主編了《貿易經濟學》。

二、貿易經濟學與其他學科的關係

第一，其他應用經濟學不能取代貿易經濟學。貿易經濟學是應用經濟學的分支，與其他經濟管理學科有聯繫也有區別。與貿易經濟學有緊密聯繫的課程有商業經濟學、流通經濟學、市場行銷學、零售學、國際貿易、物流學等。「貿易」有廣義與狹義的不同釋義。廣義的「貿易」是「商品交換、商品流通」的同義語，或者是商品交換、商品流通的總和，故業界一般認為，貿易經濟學就是流通經濟學、交換經濟學。狹義的「貿易」又是「商業」的同義語，即認為貿易經濟學就是商業經濟學。本教材主要指廣義貿易經濟學。商業經濟學主要是從商業部門角度出發研究問題，研究範圍比較窄。市場行銷學主要是從微觀層面即企業角度來認識市場、研究行銷活動的，而且著重研

究交換的一個方面。而貿易經濟學以貿易活動的運行為基點，它不僅涉及企業的商品交換活動，而且要從更宏觀的角度研究商品交換的運行及其規律性，如貿易渠道、貿易空間、貿易要素、貿易發展等。至於零售學、國際貿易學、物流學等是在貿易經濟學基本理論的基礎上，在各個側面和分支上發展起來的實務性較強的課程。

第二，貿易經濟學是整個貿易領域各門學科賴以形成和發展的基礎。貿易經濟學作為研究貿易領域經濟運行的各種形態變化、各種經濟關係和運行規律的學科，有其相對完整而獨立的內容和體系。它既有較強的理論性，又具有較深的專業性，因而是一門專業基礎課。許多專業課程，如工商管理、市場行銷、貿易實務、國際貿易等課程，都是在深刻掌握貿易經濟學的基本理論的基礎上進一步從各個不同的側面得以深化、豐富和發展的，或者以貿易經濟學為邏輯起點，順理成章地向新的領域開拓。貿易經濟學比較完整和系統地論述了貿易經濟領域各種複雜經濟關係、形態變化、運行規律等內容，是其他專業課所不能承擔的。掌握貿易經濟學的基本原理是貿易經濟專業、國際貿易專業、市場行銷專業、工商管理專業以及經濟學類其他專業學生的必然要求。

三、貿易經濟學的研究對象

每門課程都有自己的研究對象。目前學術界對貿易經濟學的研究對象有不同看法，如「領域論」「商品交換論」「市場資源優化配置論」「貿易與經濟活動互動論」等。

貿易經濟學是一門分支經濟學，它的研究對象是貿易經濟領域中的貿易活動過程、貿易活動中的經濟關係及貿易活動中的客觀規律。

首先，貿易經濟學要研究貿易活動過程。一切商品要從生產領域進入消費領域，都要經過交換環節，都要經歷貿易活動過程，要受過程中活動主體、客體、渠道、市場、政策等要素構成及運行情況影響。現代貿易活動過程由六大縱向流通體系和七大橫向流通體系構成。① 六大縱向流通體系是指商品流通組織體系—商品流通渠道體系—商品交易市場體系—商品流通管理體系—商品流通法律體系—商品流通宏觀調控體系。七大橫向流通體系是指農產品流通體系—工業消費品流通體系—生產資料流通體系—流通業商業服務業體系—流通業商業生活服務業體系—再生資源流通體系—商業信息服務業體系。

其次，貿易經濟學要研究商品交換過程中所發生的經濟關係。交易過程要實現，離不開各種關係，要受各種關係的影響。這些關係包括：①商品生產者與生產者之間的商品交換關係。商品生產者同時又是生產生活資料的消費者，不同產業間、不同產品生產者間存在複雜的交換關係。②商品生產者與商品消費者之間的交換關係。這裡講的消費者既包括居民，也包括機關、團體、學校、部隊、事業單位等社會集團。③商品生產者與經營者之間的關係。商品從生產領域向消費領域轉移的過程中，作為流通渠道成員的生產者和商品經營者之間既存在相互合作關係，又存在激烈的競爭關係。研究這種關係對於構建和諧的工商關係具有重要意義。④商品經營者與商品經營

---

① 荊林波. 中國商業發展報告（2010—2011）［M］. 北京：社會科學文獻出版社，2011.

者的關係。商品流通過程中涉及不同的商品經營者，如批發商、零售商等。研究這種關係對於優化貿易渠道、合理配置貿易要素資源具有重要意義。⑤商品經營者與商品消費者之間的關係。⑥政府與商品生產者、經營者之間的關係。它體現貿易管理部門與貿易主體間的關係。

最後，貿易經濟學要研究貿易活動中商品交換的運行規律。它既要研究市場經濟中的基本規律，如供求規律、價值規律、競爭規律等，也要研究貿易活動中特有的規律，如自願讓渡規律、自然流向規律、勤進快銷規律等。

四、貿易經濟學的基本範疇

貿易經濟學的範疇很多，而且隨著貿易實踐的不斷豐富和發展，還會產生一些新的範疇。所謂基本範疇，就是範疇體系中的主要範疇、根本性的範疇。

1. 商品交換

商品交換是貿易經濟學範疇體系中最重要的核心範疇，是研究貿易經濟學科學體系的起點和出發點，並貫穿貿易經濟學研究的全過程。商品交換是商品的相互讓渡和轉手，它是建立在自願讓渡和等價原則基礎上的交換。商品交換是一個開放的系統，隨著商品交換的廣度不斷擴大、深度不斷延伸，商品交換的開放度日益提高，從而使商品交換過程中所體現的經濟關係愈來愈複雜，商品交換過程的運行機制愈來愈變化多端，商品交換的內容和形式也愈來愈豐富和多樣化。

2. 市場

市場是商品交換的場所，或商品交換的空間存在形式，是商品交換領域經濟關係的總和。市場是貿易活動的舞臺和載體，是其他運行機制賴以運轉的基礎。與市場緊密聯繫的範疇還有市場體系。廣義的市場體系包括市場主體運行系統、市場客體運行系統、市場時空運行系統、市場運行調節系統和市場運行控制系統。狹義的市場體系僅指市場客體運行系統，即通常所說的由商品市場和要素市場有機組成的市場體系。

3. 商品供求

商品供求即商品供給和商品需求。商品供給是一定時期內生產者（或通過經營者）提供給市場進行交換的商品，包括商品供給總量和商品供給結構。商品需求是一定時期內消費者（包括生活消費者和生產消費者）通過市場購買商品的貨幣支付能力，亦稱商品購買力。它包括商品購買力總量和商品購買力結構。商品供求矛盾是商品交換過程中的基本矛盾。研究商品供求關係、供求矛盾和供求規律，成為貿易經濟理論與實踐的一個永恆的主題。

4. 價格

價格是商品價值的貨幣表現，是商品與貨幣交換比率或比例指數。價格本身是商品交換的產物，是與商品交換緊密相關的範疇，也是商品交換的內在要素。在價格這個總範疇下，又派生出工業品價格、農產品價格、商品比價、商品差價等範疇。商品交換中的價格與價格體系，集中地反應了各方面的經濟關係和經濟利益。

5. 貨幣

貨幣是商品內在矛盾發展的結果，它是固定地充當一般等價物的商品。在貿易活

動中，貨幣不僅是商品交換的媒介，而且是專業化、組織化貿易追求價值增值的重要手段。貿易資金來源及經營，是貿易經濟理論與實踐的重要課題。

6. 流通規律

貿易要受到價值規律、供求規律、競爭規律、自願讓渡規律、自然流向規律等規律的制約，要充分認識、利用這些規律。這是一種客觀的必然。

7. 再生產

再生產又稱社會再生產，是指生產過程的不斷更新，不斷重複。再生產過程包括生產、分配、交換、消費四個環節。貿易經濟學主要是從交換角度研究問題，研究交換與生產、交換與消費、交換與分配的關係。

8. 所有制

所有制亦稱生產資料所有制，它是指生產資料歸誰（個人、階級、集團）所有的一種經濟制度，是人與人之間在佔有生產資料方面所形成的關係。一定的生產資料所有制，取決於社會生產力發展的一定水準。貿易活動主體是多種所有制形式並存，不同所有制主體，其經營狀況、方式、結果有別。

貿易經濟學的範疇除了上述之外，還有與之相聯繫的一些範疇，例如貿易勞動、貿易信息、貿易效益、貿易競爭、貿易組織、貿易管理等，這將在後面的有關章節中做必要的分析。

五、貿易經濟學研究方法

第一，系統研究方法。唯物辯證法告訴我們，世界上的萬事萬物都不是孤立的，而是相互聯繫、相互影響的。有些事物相互之間有著內在的聯繫，有些事物則有著外在的聯繫。事物的相互聯繫按照一定的規則形成一個系統。必須用聯繫的觀點、系統論的觀點去觀察問題，對貿易經濟領域的一切現象，要看到它們內部之間以及它們與外在事物的各種聯繫和關係。例如作為貿易之源的交換，是再生產四要素之一，交換與生產、分配、消費相互之間有著多種多樣、不同層次和不同形式的聯繫。因此不僅要研究交換本身，面且還要研究交換與生產、交換與消費、交換與分配的相互關係。

第二，動態研究方法。貿易經濟活動同其他任何事物一樣，都是在不斷變化不斷發展的。對貿易經濟現象進行一定的靜態研究固然是必要的，但是發展變化是貿易經濟活動的主要運行形態，所以，必須進行動態研究，而且要把靜態研究與動態研究結合起來，而重點則是進行動態研究。例如，研究貿易經濟活動的各種要素，不僅要靜態研究諸如貿易人員勞動、貿易資本、貿易信息、貿易技術、貿易管理等各種要素本身，而且更重要的是研究這些要素如何進行有效組合，形成整體合力，在運行中發揮活力，提高運行效率。

第三，理論與實際相結合的研究方法。理論是對客觀事物內在聯繫的一種規律性的認識，它把握事物的客觀必然性；實際是客觀存在的各種事物的現象。理論從實踐中來又指導實踐，實踐要依靠理論的指導又遠比理論豐富生動具體。

此外，在貿易經濟學研究中，也應借鑑規範分析與實證分析相結合的研究方法，還應運用定性分析與定量分析相結合，重點突出與全面系統相結合的研究方法等，著力於提高分析問題和解決實際問題的能力。

第二節　貿易理論的演進

一、交換與貿易理論

關於交換、流通與貿易發展的理論內容十分豐富，主要涉及交換的產生、交換在社會再生產中的地位、商品流通形式　流通費用等。

（1）交換、貿易的起源與產生。交換及貿易起源於社會分工和私有制的產生。

（2）交換與社會再生產過程的關係。馬克思認為生產決定交換，交換也反作用於生產、分配、消費，並在一定條件下決定生產。交換與生產是經濟曲線的橫坐標與縱坐標。

（3）貿易是商品交換的發達形式。馬克思強調「商品交換的發達形式即貿易」。

（4）商品流通及其兩種形式。馬克思認為：①商品流通是從總體上看的交換，是交換行為體系；②商品生產以商品流通為前提，商品流通又以貨幣流通為前提；③商品流通的兩種形式，即簡單商品流通與發達商品流通；④發達商品流通即貿易是資本產生的歷史前提。

（5）流通費用理論。馬克思系統論述了流通費用，並把流通費用區分為追加費用與純粹流通費用兩個部分。追加費用是指與商品使用價值有關的費用，包括再加工費用、保管費用、運輸費用、包裝費用等。純粹流通費用是指用於直接買賣過程的費用，包括計算、簿記、通信等。

（6）國際貿易與國際價值。馬克思認為同一種商品具有國內價值與國際價值，由於國際貿易與國內貿易空間範圍不同，商品的國際價值與國內價值存在差異，這也是價值規律作用的結果。

二、西方傳統的貿易理論

（一）重商主義的貿易理論

15世紀至18世紀，是西歐重商主義思潮產生、盛行和衰退的時期。重商主義重視對外貿易，認為貨幣是唯一財富形態，對外貿易能增加國家財富。

早期重商主義又稱貨幣主義，在對外貿易方面主張少買多賣或不買原則。

晚期重商主義又稱重工主義，主張准許少量貨幣輸出，但須保持貿易順差。

（二）斯密的分工與貿易理論

亞當‧斯密是英國古典經濟學的重要代表人物。其代表作是1776年出版的《國民財富的性質和原因的研究》（簡稱《國富論》）。斯密認為：

（1）分工能提高勞動生產率，降低生產成本，促進財富增加。

（2）互通有無、互相交換是人類特有的傾向。

（3）一切財富是生產領域創造的，增加財富的最好辦法是由「一只看不見的手」

即市場來調節生產要素的投向與配置，並主張自由貿易。

（4）一國與別國進行貿易與交換是因為本國產品具有生產絕對成本低的優勢。

（三）李嘉圖的貿易理論

大衛・李嘉圖是英國古典經濟學的另一個重要代表人物，其代表作是1917年出版的《政治經濟學及賦稅原理》。他繼承了亞當・斯密的自由貿易學說，並在自己的價值和貨幣論的基礎上提出了更加系統和完善的比較成本說。該學說認為：

（1）一國只要有比較生產成本低的產品就可與別國交換。

（2）國與國之間的貿易不必從生產成本的絕對差別出發，而只需從生產成本的相對差別出發。採用「兩優取其重，兩劣取其輕」的原則進行分工與交換，雙方都能獲利。

（四）李斯特的貿易保護理論

弗里得里希・李斯特是德國著名的經濟學家，其代表作是1841年出版的《政治經濟學的國民體系》。李斯特反對亞當・斯密等人的自由貿易理論，提倡以保護關稅為核心的保護貿易理論。李斯特認為：

（1）自由貿易分為國內與國際自由貿易兩類，國內自由貿易有益，國際自由貿易不能貿然實施，工商業落後的國家更不能實行自由貿易。

（2）任何國家都必須致力於生產力的發展，否則就會在國際貿易中處於被奴役地位。

（3）實行以關稅保護制度為核心的貿易保護理論與政策，保護一國的幼稚產業。

（4）保護貿易理論與政策的實施是有條件的，並非適用一切國家的一切產品。一國經濟發展分為五個階段，即原始時期、畜牧時期、農業時期、農業工業時期、農工商業時期，當一國處於農業時期才有理由實行關稅保護制度，19世紀只有德國與美國適用這一政策。

三、當代西方經濟學中的貿易理論

（一）俄林的資源稟賦理論

俄林是當代瑞典著名經濟學家，其代表作是《地區間貿易和國際貿易》。俄林師承導師赫克歇爾的資源差異觀，系統論述了資源稟賦理論（又稱「生產要素稟賦理論」），簡稱「赫俄定理」，基本內容是：

（1）區域劃分。世界可劃分為若干大區域，大區域又可劃分為次區域和小區域。

（2）區域是基本貿易單位。國際貿易是區間貿易的一種，國際貿易與國內貿易無本質區別。

（3）各區域應主要生產其要素豐富的產品。

（4）各區域要素價格差異是發生貿易的必要條件。一區域應輸出生產要素豐富、價格低的產品，輸入本區域生產要素較少的產品。

（二）產業內貿易理論

產業內貿易又稱部門內貿易與雙向貿易，指同一類型製成品在國與國之間的貿易。20世紀70年代末出現了產業貿易理論，保羅·克魯格曼的《工業國家間貿易的新理論》對產業貿易理論進行了系統論述。

（1）克魯格曼把貿易分為兩類，即產業間貿易與產業內貿易。產業內貿易是建立在規模經濟理論基礎之上的，同一產業內部存在廣泛系列產品，每種產品的生產都要追求規模經濟的效益。

（2）規模經濟是指隨生產能力的擴大而使單位成本下降的趨勢，在市場經濟下生產規模擴大有賴於市場需求量的擴大，而市場規模的擴大又取決於商品價格的下降，基礎是單位平均成本下降。

（3）要擴大產業內產品生產規模和市場規模，必須發展產業內的專業化；因此一國在同種產品中不宜生產全部產品系列，而只宜生產某一種或某幾種差異性產品。

（4）產業內貿易的實質是指國與國之間基於規模經濟基礎上的同類而相異的產品的貿易。同類是指可以互相替代與互相競爭，相異是指在系列產品中某一種或某幾種產品具有壟斷優勢。

（三）交易費用理論

（1）科斯的交易費用說。交易費用理論由科斯首先提出。科斯在1937年撰寫的《企業的性質》一文中首次提出了交易費用的概念。在科斯看來，之所以存在交易費用，是因為市場交易是有代價的，市場價格機制的運行是有成本的。為節約交易費用，企業作為代替市場的新型交易形式應運而生。肯佩斯·阿羅、張五常等則進一步把交易費用定義為經濟制度的運行費用。

（2）威廉姆森的交易費用說。威廉姆森把交易費用喻為經濟世界中的摩擦力，其主要觀點是：①交易費用具有普遍性、經常性。②決定交易特性有四個基本要素，一是資產的專用性，二是交易的不確定性，三是交易與組織管理機構的匹配關係，四是兩種組織體制的交易費用，即市場體制和企業體制。

（四）競爭優勢理論

20世紀70年代的新貿易理論以邁克爾·波特為代表，他相繼出版了《競爭戰略》《競爭優勢》及《國家的競爭優勢》。其主要觀點有：

（1）一國興衰的根本在於該國在國際競爭中是否具有優勢，取得優勢的關鍵在於是否具有適宜的創新機制與創新能力。

（2）在宏觀、中觀、微觀三個層面的創新機制中，宏觀競爭機制是國家整體協調運轉的競爭優勢。微觀競爭機制是指企業內部活力，企業應重視整個價值鏈的創新，包括研製、開發、生產、銷售、服務各個環節的創新。中觀競爭機制是指產業之間、區域之間的協調發展能力。

（3）國家整體競爭優勢的獲得取決於四個基本要素，即：①生產要素因素；②相

關與支撐產業；③需求因素；④企業戰略、結構和競爭。另外，還有兩個輔助因素，即一國所面臨的機遇和政府所起的作用。

復習思考題

1. 怎樣理解貿易經濟學的研究對象？
2. 貿易經濟學的核心範疇有哪些？怎樣理解？
3. 馬克思的貿易理論有哪些主要內容？
4. 斯密與李嘉圖的自由貿易理論有什麼不同？
5. 怎樣理解要素稟賦論與產業內貿易理論？
6. 如何學習好貿易經濟學？

第二章　貿易的產生與發展

[學習目的] 瞭解貿易活動產生的條件、貿易發展歷程中各階段特徵，明確貿易在社會經濟中的地位及作用。

第一節　貿易活動的產生及條件

一、貿易活動的產生過程

貿易是商品交換活動的總和。貿易的產生與商品交換的產生和發展緊緊相連。

1. 偶然的物物交換產生

人類社會在一開始並未出現商品交換。最初的產品交換發生在原始氏族部落之間，因自然區域差異而引起產品自然差異，為互相交換產品提供了可能。在母系氏族時代，由於生產工具的改進，人口的繁衍，形成了特定佈局的氏族聚居區域，不同的區域因自然環境差異，出現了產品的差異和多樣化。近山者狩獵，近水者捕魚，不同地域的氏族部落之間客觀上出現了相互交換其產品的可能性。正如馬克思指出的：「不同的公社在各自的自然環境中，找到不同的生產資料和不同的生活資料，引起了產品的互相交換。」這種最早出現的產品交換是偶然的，只有當生產物超出自身消費形成了若干剩餘時，偶然交換的可能才變為現實。

2. 物物交換經常化

隨著生產工具的改進，生產力的進步，原始人徵服自然的能力有所提高，特別是發明弓箭以後，狩獵活動迅速發展起來，原始人逐漸學會了馴養、飼養動物，於是就出現了以逐水草而居、主要從事飼養動物的畜牧部落。與此同時，隨著農業工具的改進，一部分原始人逐漸學會了農作物的栽培和種植，出現了原始種植農業部落。畜牧部落與農業部落分離，即畜牧業從農業中分離出來，便是人類歷史上的第一次社會大分工。從此，在農業部落與畜牧部落之間出現了經常的產品交換活動。這種部落之間的最初貿易活動是一種物物交換的直接貿易。

3. 以貨幣為媒介的貿易活動出現

第一次社會大分工和商品貿易的產生，進一步促進了生產方式的變化和社會生產力的進步。從生產方式的變化來看，由於商品貿易的發展，氏族首領便利用自己的權力，逐步把交換的財產據為己有，這樣私有制開始在原始公有制內部產生，出現了氏

族成員之間的私人交換。從生產力的發展來看，在野蠻時代的高級階段，鐵器及鐵制農具廣泛使用，使原來依附於農業的手工業得到發展，社會生產也逐漸多樣化，生產技術逐步改進，產品有了更多剩餘。於是手工業便從農業中單獨分離出來，這就是人類歷史上的第二次社會大分工。第二次社會大分工帶來了貿易形式和生產形式的新變化。一方面，隨著生產分為農業和手工業兩大主要部門，出現了直接以交換為目的的生產——商品生產；另一方面，由於私有交換的發展，貨幣形式進化，出現了金屬貨幣，進而在分工不同的商品生產者之間出現了以貨幣為媒介的商品交換。正如恩格斯指出的：人類社會第二次社會大分工以後，隨之而來的是貿易，不僅有部落內部和部落邊界的貿易，而且還有海外貿易。此時生產者之間的貿易活動是簡單商品流通，即以「W—G—W」形式為基礎。

4. 專業貿易活動（商業）產生

第二次社會大分工以後，生產者之間的直接貿易活動出現，同時也帶來了新的問題，即生產者同時行使生產與貿易兩種經濟職能的社會安排越來越成為生產交換進一步發展的障礙。一方面，隨著商品貿易範圍和貿易規模的擴大，商品運銷距離越來越遠，生產者耗費在貿易活動上的時間越來越多，影響了生產的發展。另一方面，隨著貿易內容的增加，貿易關係複雜程度提高；並且，商品產銷矛盾日益突出，生產者客觀上難以應付和處理各種經濟關係。於是生產者便把生產資料、生活資料的購買及產品的出售委託他人代買代賣，這樣在生產者兼營貿易的基礎上，出現了代理貿易活動。代理貿易的出現解決了生產者同時兼顧生產和貿易兩種職能的困難，並為生產者提供了種種方便。到了原始社會末期和奴隸社會初期，隨著私有制的初步確立，社會上便出現了一種專門從事貿易活動的商業行業，一批專門從事貿易活動的商人階層脫離生產而獨立起來，這就是人類歷史上第三次社會大分工。第三次社會大分工不是生產部門內部的分工，而是貿易活動與生產部門的分離，形成了一個特殊的產業部門與特殊的商人階層。正如恩格斯指出的，第三次社會大分工「創造了一個不從事生產而只從事產品交換的階級——商人」。隨著專業貿易活動的產生，人類就由野蠻時代的高級階段「走到文明時代的門檻了」。

二、W—G—W 和 G—W—G′的異同點

從歷史的發展順序來看，貿易相繼經歷了各種不同的流通形式：以 W—W 為特徵的以物易物流通、以 W—G—W 為特徵的簡單商品流通、以 G—W—G′為特徵的發達商品流通。在 W—W 這種生產者之間不以貨幣為媒介的原始貿易活動中，交換當事人只有買賣兩者，而且買與賣是結合在一起的，同時同地完成交易過程，屬於一次性交易。交易的目的是雙方取得不同的使用價值。至於 W—G—W 與 G—W—G′這兩種不同貿易形式，即簡單商品流通與發達商品流通，它們既有共同之處，又有一定區別。

W—G—W 與 G—W—G′的共同點：①兩者都有買和賣兩個對立的階段，並且由兩個不同的買賣階段共同形成一個統一的循環運動過程；②在流通的每個階段都存在兩個相同的物質要素，即商品和貨幣的對立，也都存在商品所有者與貨幣所有者的對立；③在流通的全過程都有三個當事人參加，即又賣又買者、買者、賣者。

W—G—W 與 G—W—G′的區別如表 2-1 所示。

表 2-1　　　　　　　　W—G—W 與 G—W—G′的區別

區　別	簡單商品流通（W—G—W）	發達商品流通（G—W—G′）
次序不同	先賣（W—G）後買（G—W）	先買（G—W）後賣（W—G′）
出發點不同	商品	貨幣
參與者不同	商品生產者	生產者、商人、消費者
仲介不同	貨幣	商品
歸宿不同	商品（性質不同）	貨幣（數量不同）
經濟內容不同	商品運動	資本運動
經濟目標不同	獲得新的使用價值	資本增值

三、貿易活動產生和發展的基本條件

（一）社會分工

生產的社會分工是貿易活動產生和發展的前提條件。正如馬克思指出的：如果沒有社會分工，不論這種分工是自然發生的或者本身已經是歷史的成果，也就沒有交換。由於生產的社會分工，便產生了生產者生產單一性與消費者需求多樣性的矛盾，而要解決這個矛盾必須通過交換使分工不同的生產者彼此發生聯繫，並得到各自需要的產品。隨著生產力的發展，生產的社會分工越來越細，分工的細化使獨立的產業部門越來越多，也使得貿易的範圍越來越廣。

（二）所有權歸屬差異

社會分工的存在與發展使不同的勞動者之間產生了相互交換勞動及勞動成果的需要，但如果這些產品為同一個所有者佔有，那麼交換的只是產品，而不是商品。只有在勞動產品歸屬不同所有者直接佔有的條件下，勞動產品在不同所有者之間的轉移和讓渡才發生產品所有權的轉移，勞動產品才能轉化為商品。所有權是財產權利的核心問題，也是貿易運行、商品交換運行的制度基礎。所有權的特點之一是排他性，即屬一個所有者擁有的財產，決不能為其他人所有。所有權的明確界定是商品交換和貿易活動得以順利進行的基礎。分工不同的經濟主體要想以得到別人的產品來滿足自己的需要，就必須轉讓自己產品的所有權來進行交換，以取得另一種產品的所有權。

第二節　貿易活動的發展

在人類經濟社會發展進程中，貿易發展呈現出階段性特徵。按歷史發展階段劃分，貿易的演進可以分為古代貿易、近代貿易和當代貿易三個階段。

一、古代貿易特徵（前資本主義社會時期）

古代貿易指前資本主義社會時期，即原始社會、奴隸社會、封建社會的貿易。埃及、巴比倫、印度、中國作為文明古國，較早開始商品交換和貿易活動，其貿易的歷史可以追溯到 5,000 至 7,000 年以前。中國 5,000 年前就有原始的集市和經常性的商品交換。古代貿易具有如下特點：

1. 貿易的商品品種十分有限

市場交換的商品為一般的生活用品，但主要是供奴隸主和封建主享用的奢侈品。奴隸也作為一種特殊商品在奴隸主之間進行買賣。

2. 貿易活動主要由奴隸主貴族和封建統治者掌握

儘管也有少量自由民從事貿易活動，但主要是奴隸主和封建主的官府和貴族壟斷貿易活動。他們互相勾結，盤剝勞動人民。貿易活動成為奴隸社會和封建社會的統治者掠奪勞動人民的工具。

3. 貿易活動的空間範圍有限

貿易活動主要局限在城市市場，農村市場大多處於原始小市場狀態，貿易活動的空間十分狹窄。

4. 貿易活動地位作用相對較小

在前資本主義時期，貿易活動尚未成為生產的前提和依託，還處於自然經濟的附屬地位。因為作為貿易活動基礎的商品經濟處於落後的、分散的、孤立的、小規模的狀態，小生產者之間交換的產品主要是消費剩餘後的產品。這樣，農民對市場和貿易的依賴性小，貿易活動在整個社會經濟活動中的作用也較小。

5. 貿易活動充滿不平等競爭

由於貿易活動主要掌握在奴隸主及封建主手中，統治者通過貿易活動大量掠奪財富，商品貿易充滿詐欺、暴力、不等價交換。占主要地位的商業資本，到處都代表著一種掠奪制度，它在古代和中世紀的商業民族中發展，是和暴力掠奪、海盜行徑、綁架奴隸、徵服殖民地直接結合在一起的。

二、近代貿易特徵（16 世紀中葉至第二次世界大戰結束）

1. 貿易地位和作用進一步提高

馬克思指出，隨著資本主義生產的發展，商業資本的獨立性下降，其越來越成為產業資本的一部分。在資本主義社會以前的階段中，商業支配著產業；在現代社會裡情況恰好相反。生產的發展越來越離不開貿易活動的協調。

2. 貿易活動規模迅速擴大，範圍不斷延伸

一方面，進入貿易領域的商品品種數量空前增多。所有產品都作為商品投入市場，而且，所有生產資料和消費資料，所有生產消費和個人消費的要素，都必須作為商品從市場購買獲取。另一方面，貿易的空間範圍不斷拓展。資本主義時期的貿易不斷衝破近地貿易的限制，使國內各地的貿易活動融為一體，同時國內貿易與國際貿易也相互接軌和融通。資本貿易的範圍已拓展至整個世界。

3. 貿易利潤受資本主義平均利潤率規律制約

在資本主義經濟活動中，儘管商品資本從產業資本循環中獨立出來，但其功能仍然是為產業資本循環服務，推銷商品，充當產業資本的代理人，實現商品價值，實現產業資本的商品資本職能。因而，貿易利潤只能是部分讓渡的產業資本利潤。資本主義貿易活動仍不可避免地存在詐欺、掠奪和不等價交換，但從總體上看貿易利潤仍受資本主義平均利潤率規律制約。

4. 貿易信息化趨勢日益明顯

資本主義社會的貿易不同於前資本主義時期貿易的一個重要變化是信息技術的廣泛應用。特別是第二次世界大戰以後，新技術革命的成果廣泛應用於商貿流通領域。在發達國家，商貿流通領域是計算機使用最早、擁有量最多的領域，計算機在商品銷售、收貨、倉儲、配送、核算、信息、管理等環節得到廣泛使用。隨著信息技術的發展，互聯網覆蓋了世界上越來越多的國家，電子商務普遍興起，越來越多的企業通過互聯網開展貿易活動。

5. 貿易競爭日益激烈

資本主義國內市場的貿易競爭日益激烈，特別是第二次世界大戰以後，隨著消費者主權活動的興起，買方市場的形成，商家爭奪市場份額的競爭方式已從價格競爭為主，轉變為非價格競爭為主，新的競爭方式和競爭手段不斷湧現，「貿易戰」「貿易摩擦」此起彼伏。無論是商品貿易、技術貿易，還是服務貿易，競爭內容越來越豐富，競爭手段也越來越多樣化。

三、當代貿易的特徵（第二次世界大戰結束以後）

第二次世界大戰以後，世界經濟貿易格局發生了重大變化，貿易活動呈現出以下特徵：

1. 新的科技革命推進了貿易內容和貿易形式的巨大變革，貿易領域的革命不斷深化

第二次世界大戰以後，現代信息技術、生物工程、原子能技術、航空航天、新材料的產生和發展極大地推動了產品創新和更新，新產品層出不窮，老產品不斷更新換代，使商品貿易內容發生了深刻的變化。同時，新的技術革命，特別是在電子信息領域的技術進步，對貿易方式產生了重大的影響。電子商務的發展，徹底改變了傳統的貿易方式和手段，使國際貿易趨於智能化、無紙化和簡單化。

2. 國際貿易迅猛發展，貿易全球化成為不可阻擋的趨勢

第二次世界大戰以後，國際貿易環境發生了前所未有的變化，各國對外貿易開放度提高，國際分工深入到行業內部不同產品之間，甚至同一產品的不同生產過程，國際貿易的範圍、規模、程度得到前所未有的發展，世界各國對世界市場的依存度越來越高，各國間的生產和消費越來越緊密地相互聯繫。

3. 貿易、投資、金融之間的聯繫日益緊密，同時貿易與生產、消費的相互聯繫也在不斷加強

第二次世界大戰後特別是20世紀70年代以後跨國公司的迅猛發展，使貿易與投

資、金融的關係更加密切，跨國公司的對外直接投資不僅把產品的生產與貿易緊密聯繫在一起，而且推進了貿易與金融的結合。貿易向生產、消費等相關領域滲透範圍的擴大極大地增強了貿易在社會再生產領域中的地位和作用。

4. 在商品貿易迅速發展的同時，服務貿易比商品貿易更快地發展

最近幾年，中國計算機和信息服務、保險、金融、諮詢等新興服務貿易年均增長22.8%，競爭優勢不斷提升。運輸、旅遊、建築等傳統服務貿易穩步發展，規模優勢繼續鞏固。全球服務貿易增長快速。2017年中國服務貿易額為46,991.1億元，貿易結構持續優化。

第三節 貿易在社會經濟中的地位與作用

一、貿易在社會再生產過程中處於仲介地位

貿易活動本質上仍是交換活動，貿易在社會經濟活動中的地位是由交換在社會再生產過程中的地位決定的，因而正確認識社會再生產過程中交換與生產、分配、消費各個環節的辯證關係，是理解貿易在社會經濟活動中的地位和作用的基礎。

馬克思認為，任何社會再生產過程都包括生產、分配、交換和消費四個環節，四個環節職能不同，互相聯繫，互相制約，形成一個有機統一體。生產是人們創造生活資料和生產資料等物質財富的過程，是社會再生產的起點環節。消費是人們為了滿足生活需要使用和消耗社會產品的過程，是社會再生產的終點環節。分配是在一定時期內社會把創造的產品或價值分給社會上不同的階級或社會集團，交換是人們通過互換勞動或產品，獲得自己生活或生產所需的產品。分配和交換都屬於社會再生產的中間環節。

（一）交換與生產

生產決定交換，交換對生產具有促進和引導作用。生產對交換的決定作用表現在：①生產的社會分工是商品交換產生和發展的前提。沒有生產分工就沒有商品交換，分工越細，交換越發達。②社會生產方式的性質決定交換的性質。生產的所有制性質決定交換的所有制性質，生產所有制的多樣性決定了交換所有制性質的多樣性。③生產發展的速度、規模和結構決定交換的深度和廣度。交換深度是指交換深入社會經濟生活中的程度，即社會經濟生產對交換的依賴程度。交換廣度，即參與交換的商品、人員數量及市場空間範圍，這都是由生產決定的。

交換對生產的促進和引導作用表現在：①交換對生產既可起促進作用，也可起阻礙作用。②交換影響生產的規模和速度。③交換對一定生產關係的形成或瓦解有促進作用。如封建社會末期商品交換的發展加速了封建生產關係的瓦解，促進了資本主義生產關係的產生。④在特定條件下，交換也對生產起決定作用。例如當生產的產品賣不出或生產所需原材料買不來時，交換就決定生產。

（二）交換與分配

兩者相互影響，相互制約。首先，分配製約交換，表現在：①分配方式制約著交換方式的發展。②社會產品的分配數量、結構制約交換供給的數量、結構。③在一定生產力水準條件下，國民收入的分配比例制約著市場商品需求量及其結構，制約商品交換的比例和份額。

其次，交換也制約著分配，表現在：①交換是實現分配必不可少的手段。在市場經濟條件下，國民收入的分配最終必須通過貨幣與商品交換。②交換方式變化影響分配方式的變化。③交換的數量與結構制約著分配的數量與結構。

（三）交換與消費

首先，消費決定交換。①消費需求的存在是交換得以進行的基礎，消費是交換的最終目的。②消費水準的提高是交換發展的重要條件。③消費方式的改變是交換方式改變的客觀依據，消費結構的變化必然要求交換結構發生相應變化。

其次，交換也反作用於消費。①交換對消費的實現有著重大影響，直接影響消費需求實現的程度及質量。②交換影響消費結構的形成和變化。③交換能引導和創造消費。④交換在一定條件下決定消費。

二、貿易在經濟發展中的基本作用

1. 調節產銷的時空矛盾

貿易通過儲存和運輸環節可以緩解生產和消費之間的時空矛盾，打破生產和消費在時間、空間和集散方面的限制，在更長的時間、更遠的地區或更分散的條件下進行商品交換。流通效能的本質從時間上看是「減少耽擱和停頓」，從空間上看則是「優化資源配置」。

2. 減少交易費用，提高交易效率

在貿易過程中，會發生一定費用，包括產品搜尋成本、討價還價成本、簽訂合同成本、監督合同執行的成本、產品運輸成本等。如果沒有專門的商人從事貿易活動，生產者和消費者直接進行交易，交易費用將會很高，並且交易不成功的概率也很大。專門商人出現後，其充當生產者和消費者的交易仲介，生產者和消費者只與中間商接觸即可，這樣可以極大地減少交易費用。

3. 溝通生產者和消費者信息

在社會再生產過程中，生產是起點，消費是終點，消費是生產的唯一歸宿。生產者只有根據消費者的意願生產產品，才能將產品銷售出去，實現產品價值。在這個意義上，消費決定生產。因而生產者和消費者之間需要信息對稱，才能解決產銷矛盾。貿易活動作為生產者和消費者的仲介，在兩者之間起著信息溝通的作用。一方面，反饋商品信息，研究市場變化趨勢，引導生產適銷對路的產品，滿足需求；另一方面，反饋生產變化，傳遞商品信息，引導消費，促進消費水準和消費效用的提高。

4. 分擔風險

商品從生產領域向消費領域轉移的過程中，要經歷多次易手，由於客觀條件變化，

可能喪失預期收益，也就是可能存在貿易風險。當專門商人進入貿易活動以後，這種狀況可以得到顯著改善。因為商人承擔了商品在運輸、保管和銷售過程中可能遭遇的各種風險。原來的貿易風險承擔者主要是生產者，現在增加了專門商人，並且商人是主要的風險承擔者，極大地減少了貿易風險對社會再生產過程的負面影響。

復習思考題

1. 貿易活動產生過程及條件是什麼？
2. 貿易發展歷程中各階段的特點是什麼？
3. 如何理解貿易活動在社會經濟運行中地位？
4. 貿易活動在經濟發展中的基本作用是什麼？

[本章案例]

荷蘭的崛起

荷蘭的崛起是從銀白色的鯡魚開始的。每年夏天就有大批的鯡魚洄遊到荷蘭北部的沿海中。荷蘭人每年可以從北海中捕獲1,000萬千克的鯡魚。14世紀時荷蘭人口不到100萬人，當時約有20萬人從事捕魚業，小小的鯡魚為1/5的荷蘭人提供了生計。鯡魚是一種自然資源，造物主並沒有給荷蘭人獨享的機會，生活在北海邊的其他民族，都組織了捕撈鯡魚的船隊，為了爭取漁場，荷蘭與蘇格蘭之間爆發了三次戰爭。什麼原因導致荷蘭在激烈的競爭中脫穎而出呢？1358年，在荷蘭北部的一個小漁村中，一個漁民發明了只需一刀就可以拔出魚腸子的方法，把魚去腸去頭，用鹽醃了以後就可以保存一年多時間，使鯡魚可以賣到歐洲很多國家。荷蘭人的一把小刀將人人可以染指的自然資源變成了荷蘭人獨占的資源。借助鯡魚，荷蘭人開始了商旅生涯。鹿特丹作為世界第一大港，其發展是從一只只裝滿鯡魚的大缸開始的。貨物的流通和交換作為謀生的手段，原本不利的地理位置也可以顯現出巨大的優越性。地處西北部的荷蘭，面朝大西洋的北海，背靠廣闊的歐洲大地，歐洲的兩條主要的水道，從這裡入海。為了排澇，荷蘭人修建了多條運河，構成了當時歐洲最發達的水上交通網，這些優越性，使荷蘭具備了成為歐洲新的商品集散地的可能性。15世紀的地理大發現，給歐洲帶來了前所未有的商業繁榮，也為荷蘭人提供了歷史性的機遇。

如果說最早開始遠洋冒險的葡萄牙和西班牙主要是靠赤裸裸的財富掠奪，那麼緊隨其後的荷蘭由於缺少強大的王權和充足的人力資本，十分自然地選擇了依靠商業貿易來累積財富，同時也累積著足以讓自己強大起來的競爭技巧和商業體制。作為中間人、代理人、加工者和推銷者，荷蘭人從葡萄牙和西班牙那裡裝載香料、絲綢和黃金，然後把它們運到歐洲各地；返航時，又給這兩個最早的海上霸權國家送去波羅的海產糧區的小麥、瑞典的鐵器、芬蘭的木材以及自己生產的海軍補給品。

荷蘭人最終贏得了「海上馬車夫」的稱號，這起源於一個船長和他的船員們的故事。有一支船隊，航行到現在俄羅斯的一個島嶼——三文雅，被冰封擋住了去路。他們被困在地處北極圈的三文雅長達八個月之久，船長和他的十七名船員拆掉船上的甲板做燃料以便在零下四十度的嚴寒中保持體力，他們靠打獵獲取勉強維持生存的衣服和食物。在這樣惡劣的險境中，八個船員死去，但是荷蘭商人做了一件令人難以想像的事情：他們絲毫未動別人委託給他們的貨物，而這些貨物中就有可以挽救他們生命的衣物和藥品。幸存的商人終於將貨物幾乎完好無損地帶回荷蘭，送到委託人的手中，他們以生命為代價，守望信念，創造了傳之後世的經商法則。在當時，這樣的做法也給荷蘭人帶來了顯而易見的好處，那就是贏得了海上貿易的世界市場。

伴隨著商業貿易的發展，城市作為交易的市場，貯存貨物的倉庫，維修船只的工場，在荷蘭逐漸興旺。到15世紀末，荷蘭有一半人生活在城市，每個城市都努力獲得更多的貿易機會。

資料來源：節選自電視片《大國崛起》的解說詞。

問題
1. 結合案例，分析荷蘭的崛起與荷蘭當時流通業的發達存在什麼聯繫？
2. 荷蘭所處的地理位置使當時荷蘭商品流通業的發展具有什麼優勢？

第三章　貿易主體與運行機制

[**學習目的**]　瞭解貿易主體的含義、分類、培育，貿易人員的數量變化趨勢及依據，貿易主體的所有制結構、貿易運行機制等內容。

商品要從生產領域進入消費領域，一般都必須借助於貿易主體的勞動來實現，即通過貿易人員的購、銷、運、存等各項業務活動來完成，如果離開了貿易人員，離開貿易人員的勞動，即使是最現代化的科學技術手段也難以在貿易活動中發揮作用。所以，在貿易活動過程中，貿易主體及其勞動是決定性的因素，是起支配性作用的原動力。

第一節　貿易主體構成

一、貿易主體的分類

所謂貿易主體，一般是指參加貿易活動的組織和個人。商品要實現從生產領域到消費領域的轉移，需要有貿易關係的人格化代表來推動，對商品起監護和推動作用的人格化代表就是貿易主體。

貿易主體可以有不同的分類：

1. 按在貿易活動中的作用可分為生產者、消費者和商品經營者

其中商品經營者在貿易活動中起主導作用，是基本主體。生產者是商品的供給者，是商品的第一個出售者，為貿易關係的建立提供物質基礎。生產者參加貿易活動的目的在於出售商品，以補償生產中的勞動耗費和賺取利潤，自然是貿易主體。

消費者主要有生產消費者和生活消費者，他們作為商品的需求者和貨幣提供者，與生產者對立，處於貿易活動的終點，最終完成貨幣和商品的移位過程。生產消費者為從事再生產而購買產品，其購買行為受市場經濟規律支配，為價值和剩餘價值的生產服務，是貿易主體；生活消費者即消費者個人，用自己掌握的收入到市場上購買產品或勞務，滿足自己的需求與慾望，在市場上購買什麼，購買多少，如何購買，都由個人決定。同時，在與生產者和經營者進行貿易時，消費者個人通過對產品或勞務的選擇和價格判斷進行購買和消費，希望獲得最大效用，並引導生產者和經營者的生產或經營。因此，消費者個人也是貿易主體。

商品經營者是專門從事貿易活動的組織與個人，從貿易運行過程來看，生產者生

產出來的產品，絕大多數需要通過商品經營者的媒介，商品經營者從生產者那裡購進商品，然後又將商品出售給消費者，這種為賣而買的行為在生產者和消費者之間架起了一座橋樑，使社會交易成本大大降低，貿易效率大大提高。因此，商品經營者是整個貿易活動的支撐力量，是重要的貿易主體。

2. 按法律地位可分為自然人和企業法人

自然人是指具有行為能力和權利能力，依法從事生產經營活動的個人，如個體工商業者等。自然人具有獨立的地位、獨立的利益和獨立的財產，在經濟法律關係中，與企業法人一樣，都是經濟法律關係主體，相互間地位平等。通常自然人的生產經營活動以個人或家庭為本位進行，必要時可雇工和帶學徒，可採用多種多樣的經營方式。

法人是指具有民事權利能力和民事行為能力，依法獨立享有民事權利和承擔民事義務的組織。企業法人就是依照法律規定的程序和條件，由一定人員和一定財產組成的，實施購銷行為的生產企業與貿易企業。企業法人是經濟貿易活動發生的主體和經濟利益關係的承擔者，是社會發展的經濟細胞，它把勞動力、生產資料、資本、技術和信息等要素組織起來，按照市場需要投入生產和貿易領域，帶動貿易運行客體要素的流動，從而推動貿易的運行。

3. 按其組織結構可分為消費者（個人）、企業和政府

消費者是最終商品的購買者，在交易過程中居主導地位，消費者需求是社會的主導需求、原始需求，決定了企業的派生需求。

企業有較穩定的組織結構和科學的決策系統，既是商品提供者也是商品需求者，在交易活動中具有很強的靈活性和拓展能力。企業作為交易主體，是最經常最大量的商品需求者和供給者。

政府作為貿易活動的管理者，需要對貿易活動進行宏觀調控，同時以消費者的身分採購商品和勞務，是重要的貿易主體。政府通過財政政策和貨幣政策對經濟活動進行調控，影響市場發展的深度及方向。

4. 按其性質可分為公有制貿易業、非公有制貿易業、混合所有制貿易業

公有制貿易業主要包括國有和集體貿易企業，非公有制貿易業主要包括個體、私營貿易企業以及外商獨資貿易企業。混合所有制貿易業主要包括中外合資、中外合作以及中資不同所有制企業間的貿易聯合。

二、貿易人員數量變化趨勢及依據

從世界各國的發展實踐來看，從事貿易活動的人員（自然人和法人）數量呈現出隨各國社會經濟發展而不斷增加的趨勢。其依據如下：

1. 商品生產規模的擴大和社會生產專業化程度的提高

隨著科學技術的進步，生產力水準不斷提高，商品生產規模不斷擴大，進入流通領域的產品數量增加；生產的專業化程度愈來愈高，各部門對流通的依賴程度愈來愈強，以致把原來屬於商品生產領域的勞動也變為貿易領域的勞動，並且隨著經濟全球化的發展，國際貿易活動也不斷增加。第二次世界大戰以後，世界貿易的年均增長速度遠遠大於世界生產的年均增長速度。如此，無論是國內的貿易活動，還是國際貿易

活動，都要求增加貿易人員數量，以保證流通規模與生產規模的發展相適應。

2. 人們消費水準的提高及消費方式和消費觀念的改變

隨著社會的進步，人們的消費水準總是不斷提高的，消費方式在變化，消費觀念也在不斷更新。如大量的家務勞動社會化，使貿易活動深入更廣的消費領域，原來由消費者自己完成的家務勞動成為貿易服務項目。又比如，隨著人們收入水準的提高，人們的消費支出結構不斷地在完善，戶外消費被越來越多的消費者所認同，為了滿足消費者的變化性需求，就要求發展新的流通產業，擴大流通規模，這樣勢必增加貿易人員。

3. 城市規模的擴大及城市化水準的提高

隨著社會生產的發展和經濟水準的提高，城市規模將不斷擴大，城市化水準將不斷提高，城市人口也必將愈來愈多。為了滿足愈來愈多的城市人口的生活需要，客觀上就要求增加相應的生活服務設施和提高服務水準，勢必造成貿易從業人員數量的增加。

4. 貿易勞動自身的特點

貿易部門的勞動不同於一般產業部門的勞動，它是一種服務性的勞動，而且是一種勞動密集型的勞動。由於貿易部門勞動的特點，決定了貿易勞動是為廣大消費者服務的，它要求做到直接面對消費者，廣設網點，方便群眾，所以其從業人員的數量相對較多。同時，目前中國貿易勞動中以手工業為主的密集型勞動比重較大，這與工業部門的自動化操作相比，需要有更多人員。因此，貿易部門要更好地服務於消費，勢必要求占用較多的勞動力。

三、貿易主體特徵

1. 合法性

作為貿易主體的企業，必須是國家認可或經政府有關部門批准，在工商行政管理部門依法登記註冊，有一定的組織機構，有獨立的或獨立支配的財產，能以自己的名義享有一定權利並承擔一定義務的商品生產者和商品經營者。國家在法律上承認其獨立存在並保護其合法經營活動和正當權益。

2. 獨立性

作為貿易主體的企業，應具有法人財產權，並依法自主經營，自負盈虧，照章納稅，對出資者承擔資產保值增值責任。企業必須具有能夠從事獨立經營活動的物質條件，使各種生產要素能夠現實地結合起來，按照市場需求來組織生產和經營活動。同時，要以自己的經營收入抵償支出，獨立承擔風險責任；企業不依附於任何行政部門，不受政府的直接干預，對內有獨立的經營決策權和人、財、物的處置權，對外具有法人資格。

3. 營利性

作為貿易主體的企業，必須講究成本核算，以最少的要素投入獲得最多的產出，取得盈利。追求盈利，是企業具有生機和活力的源泉，也是市場經濟具有生機和活力的關鍵所在。企業為了在市場經濟活動中獲得平均利潤和超額利潤，在生產經營過程

中盡可能提高技術水準，提高勞動生產率，降低成本，縮短貿易時間。可見，營利是推動技術進步，提高貿易運行效率的動力和源泉。

4. 平等性

作為貿易主體的企業，無論在所有制形式、規模和經營能力上有何差異，都應具有平等的地位、平等的權利和平等的義務，都能夠機會均等地按照市場價格取得生產要素，能夠機會均等地進入市場並按照市場決定的價格出售自己的產品和服務，能夠機會均等地承擔經營風險和經營後果。貿易主體只能通過創新和技術進步，提高勞動效率和服務質量，改善經營管理等來求得自己的生存和發展，而不能通過特權、行政壟斷等來獲得特殊利益。

5. 關聯性

作為貿易主體的企業，在現代市場經濟中不是單個存在的經濟細胞，而是一個群體，具有強烈的關聯性。貿易主體在貿易運行中互為供應者與需求者，向社會提供商品和服務，又對資本、勞動力、技術和信息等生產要素產生需求，它們之間密切相關，形成供求鏈。

6. 應變性

作為貿易主體的企業，對市場環境的變化能相應做出自動反應。在市場經濟條件下，市場環境是不斷變化的。這種變化，有的是漸進性的和常規性的，如市場供求格局變化、競爭對手的變化、國家政策法令的頒布等；有的則是突發性和震盪性的，如某種商品價格突然暴漲或狂跌、嚴重的自然災害等。貿易主體根據市場反饋的信息和自身的條件，能夠自動安排或調節自己的組織結構、組織形式，糾正偏差，自動做出反應，使內部各系統有序運行，以適應市場環境的變化趨勢。

四、貿易主體的培育

(一) 貿易主體培育含義

在市場經濟中能否高效率和高效益地進行貿易，關鍵在於是否有足夠的具有活力的貿易主體。貿易主體的活力與貿易主體的成長和發育程度有密切聯繫。貿易主體的培育不同於貿易主體的發育。發育是在商品經濟運行的前提下，其貿易活動關係自然產生、成長與成熟的過程；培育則是由外力作用於貿易主體發育的過程。這種外力作用過程可以從以下幾個方面來加以理解：①這種外力作用是政府作用於貿易主體運行的過程，即政府對於貿易主體交換活動的規劃、指導、調節和服務。因此貿易主體的培育主要是一種政府行為。②這種外力作用的內容就是實現貿易市場諸要素的協調發展。因此，貿易主體的培育就其一般意義而言，包括貿易需求主體培育、貿易經營主體培育、貿易交易環境與交易條件的培育。由於目前中國非完善的市場經濟體制下存在著非規範貿易經營行為，所以，現在的貿易主體培育的核心就是貿易經營主體的培育。③發揮這種外力作用的目的是為貿易主體的發育創造更好的空間，消除貿易主體發育過程中遇到的障礙，使貿易主體健康發育。④政府對於貿易主體的培育主要是通過經濟政策與經濟槓桿、行政與法律的手段，對於貿易主體的運行進行規劃、協調、

指導和服務，實現貿易運行的良性循環，最終拉動國民經濟持續快速增長。

(二) 貿易主體的培育歷程

中國貿易主體的發育較晚，在改革開放後才真正開始發育。20世紀80年代開始的經濟體制改革，促進了貿易主體的發育。在培育貿易主體方面，改革沿著兩個軌跡進行。一是大力發展非國有經濟，使貿易主體的數量迅速增加。改革伊始，國家就調整和完善了所有制關係政策：提出了以公有制為主體，多種經濟成分共同發展的方針。通過國有資產的重組，優化資本結構，調整國有經濟的戰略佈局，發展多種形式的集體所有制，其他經濟成分發展迅速，比重上升。二是改革國有企業，增強國有企業活力，提高貿易主體的質量。20世紀90年代初以前，國有企業的改革主要沿著放權讓利的思路進行，實行了擴大企業自主權和兩步利改稅的政策，推行了承包責任制，進行了股份制試點以及轉換企業經營機制的改革。這些改革措施使國有企業初步成長為商品生產者和經營者，其適應能力、競爭能力、增值和發展能力有所提高。但由於這些改革措施只是在國家和企業的利益分配關係上做文章，是在對原有體制格局不作大的變動條件下進行的，因而，國有企業在傳統體制下累積的深層次矛盾和問題並未從根本上解決，如政企不分、產權責任不明、國有資產管理體制不順、企業長期存在冗員等，國有企業尚未成為適應市場經濟要求的完整意義的貿易主體。這些深層次的問題，表明原有的企業制度已不適應發展生產力的需要，只有進行制度上的變革和創新，從理順產權關係和公司內部治理結構入手，才能比較深刻地觸及傳統國有企業的病根。因此，20世紀90年代初以後，國有企業的改革就從擴權讓利為主，轉變到制度創新；從單項改革為主，轉變到綜合配套改革，實行重點突破與整體推進相結合；從著眼於單個企業轉變到著力於搞好整個國有經濟，抓好大的，放活小的，對國有企業實施戰略性改組；把國有企業的改革同改造、改組、加強管理結合起來；實行鼓勵兼併、規範破產、下崗分流、減員增效和再就業工程，形成企業優勝劣汰的競爭機制等。這些改革措施較好地推動了國有企業經營機制的轉換，增強了國有企業的活力。

(三) 貿易主體的培育路徑

在對貿易主體諸要素的培育中，貿易經營主體的培育是整個貿易主體培育的核心。強化對貿易經營主體的培育，主要包括以下幾個方面：

(1) 努力引導貿易經營者轉變經營觀念，建立現代企業制度。現代企業制度是適應社會化大生產和市場經濟發展的要求，以完善的企業法人制度為基礎，以有限責任制度、科學的領導體制和組織制度為特徵，以公司制企業為主要形態的新型企業制度。現代企業制度的基本特徵是產權清晰、責權明確、政企分開、管理科學。

(2) 重點抓好一批大型連鎖店、超市和貿易集團。通過聯合、兼併、股權置換等多種形式，建立一批大型商貿企業群。

(3) 大力發展高素質的商貿企業家。要建立充分競爭的商貿企業家市場，使商貿企業家階層通過完善迅捷的信息傳遞渠道，借助獵頭公司等仲介服務體系，通過市場化的公平、公開、完全雙向的選擇方式，使商貿企業家資源通過市場進行有效配置。要注重內部選拔與外部招聘相結合，有規範地篩選、聘用並進行專業培訓。要真正做

到商貿企業家業績考核主體不是行政主管部門，而是董事會等機構，通過企業的市場佔有率、銷售率、利潤率、股票價格等指標以及非財務指標考核企業的經營業績，建立對經營者嚴格而科學的經營績效評價體系。建立有效的商貿企業家的激勵與約束機制。對商貿企業家激勵主要有物質激勵和精神激勵。物質激勵有多種形式，主要有年薪制、在職消費貨幣化、額外醫療、人壽保險承保額、養老金制度以及補貼制度。精神激勵形式主要有目標激勵、榮譽聲望激勵、社會地位激勵、信任激勵以及挑戰性工作激勵。對商貿企業家的約束主要包含以下幾個方面：①對權力的約束；②建立較完善的監督機制；③對瀆職者採取懲罰措施。要建立健全各項規章制度，形成健全的制度約束，如商貿企業內部審計制度、委託專業會計師事務所進行查帳驗證制度、民主監督制度以及對商貿企業領導人任期內經濟責任審計制度等。此外，還可以採取一些其他有效的監督方法，如通過報紙、電臺、電視臺、互聯網等媒體對商貿企業家進行輿論約束，通過對商貿企業家進行職業道德教育，對商貿企業家進行道德約束和自我約束。

第二節　貿易主體的所有制形式

一、貿易主體的所有制形式的含義

貿易主體所有制形式是從生產關係角度來考察的貿易結構，它是指貿易領域中各種不同的所有制形式之間的相互關係及其結合形式。貿易主體的所有制形式作為構成貿易主體的財產佔有形式，是貿易社會性質的具體表現。

二、多元的貿易主體所有制形式並存的客觀性

多種貿易主體所有制並存，這是社會主義市場經濟的內在要求，是由中國的國情所決定的。發展多種貿易主體所有制形式的依據是：

1. 發展多種貿易主體所有制形式是建立和發展社會主義市場經濟的客觀要求

市場經濟的活力在於通過企業間的競爭，優化社會資源的配置，優化社會產業結構，提高社會管理水準，從而促進社會發展。多種貿易主體所有制經濟形式並存，有利於不同所有制企業間展開市場競爭，相互促進，相互提高。通過競爭，發揮多種貿易主體所有制經濟形式的優勢和長處，分工合作，有利於提高整個貿易業整體競爭力，從而繁榮市場、發展經濟。

2. 發展多種貿易主體所有制形式是現階段生產力發展水準的客觀要求

中國現階段沒有從根本上改變生產力落後的狀態，而且生產力發展水準又很不平衡，呈現出多層次的生產力結構狀況。這種狀況表明現階段的生產力水準高低落差大，發展不平衡，具有多層次性，這就需要有多種所有制形式與之相適應。無論是生產領域還是貿易領域，都不例外，體現在貿易領域，即是要大力發展多種貿易主體所有制形式。

3. 多種貿易主體所有制形式是中國基本國情的客觀要求

中國的基本國情是人口多，底子薄，基礎差，發展不平衡，並且這種狀況只能在今後相當長的時期內逐步加以改變。中國的經濟建設，必須走自己的路。就貿易而言，貿易業的改造，現代貿易業的發展都急需大量資金。但是，目前中國的財力和物力都不足，國有貿易業的物質基礎不夠雄厚，國家不可能包攬全部的貿易業投資，為此，必須廣泛動員全社會的各方面力量，採取國有、集體、個體一起上的方針，並大力吸收外資，大力發展多種貿易所有制。大型的批發商業和倉儲運輸設施、大型的高級綜合零售商業，主要由國家投資興辦；而大量的、分散的中小型零售商業和飲食服務業網點，則由集體、個體、私營商業興辦。只有這樣，才能廣開就業門路，穩定社會秩序，擴大貿易，加快貿易現代化的進程。

4. 多種貿易主體所有制形式是產銷規律的客觀要求

市場上的商品是由幾十萬、幾百萬個不同行業的企業生產出來的，規格、種類繁多，花色、品種複雜，性能、用途各異。不同的商品有著不同的自然屬性和社會屬性，其生產和銷售又有著各自的規律和貿易特點：有些商品是大規模生產要求大範圍貿易的；有些商品是零星生產適宜小範圍貿易的；有些商品的物理、化學性能比較穩定，可以在貿易領域較長時間停留以調劑餘缺；有些商品的物理化學性能極不穩定，須盡快經貿易領域輸送到消費領域，才能保證商品使用價值的完整性。因而要求不同層次、多種形式的貿易業來組織貿易，才能揚長避短，互為補充，既有利於擴大貿易，提高貿易效益，又有利於生產，滿足消費。可見，多種貿易主體所有制形式並存，是產銷規律的客觀要求，是不以人的意志為轉移的。

5. 多種貿易主體所有制形式是各類消費者的客觀要求

隨著社會經濟的不斷發展，消費者需求逐漸由功能型需求轉向時尚個性化需求，表現為需求的多樣性、差異性、多變性、分散性和隨意性。這一需求變化要求貿易的組織形式、經營規模和購銷方式向小型化、多樣化、配送化、分散化方向發展。要求貿易在組織形式、經營規模、購銷方式和商業網點等方面，必須做到結構合理、佈局科學、規模適度、層次分明、形式多樣。既要建設一批大型的具有國際水準的星級賓館、飯店、商廈等貿易設施，又要注意小型化、分散化和多樣化；既要有國有大中型貿易業，又要有集體、個體、私營貿易業；既要有內資貿易業，又要有外資貿易業。只有充分利用各種所有制的經營特點和優勢，分工負責，形式多樣，有主有從，集中和分散相結合，才能方便群眾購買，適應多層次的消費需要。

三、貿易主體所有制形式的構成

中國的貿易主體所有制，從性質上來看，主要由公有制貿易業、非公有制貿易業、混合所有制貿易業三部分所組成。

（一）公有制貿易業

公有制貿易業是指生產資料歸國家和集體所有的一種貿易所有制形式，是社會主義公有制經濟的重要組成部分，它主要有國有貿易業和集體貿易業所組成。

1. 國有貿易業

（1）國有貿易業的性質。國有貿易業是以生產資料全民所有制為基礎的一種貿易所有制形式。從這一形式的根本屬性來看，它代表著先進的貿易生產力，是與高度發達的貿易相適應的必然的所有制形式。因為貿易越發達，它所涉及的貿易規模越大、貿易範圍越廣，越需要更廣泛地籌集、占用和支配貿易資金，而國有貿易業的性質則適應和體現了這種要求。從這種所有制形式的特點來看，它能夠在更廣泛的範圍內招募人才、籌集資金，有條件擁有和使用大型的、先進的貿易物質技術設施，有條件組建與貿易規模相適應的大中型企業和企業集團。從這種所有制形式的經營目的來看，它能夠超越狹隘的經營範圍，從全民的角度、從社會效益的角度統籌規劃貿易活動。因此它是現階段代表先進生產力的貿易所有制形式。

（2）國有貿易業的經營方式。①國家所有，國家經營。國有貿易企業中有特定的供應對象，掌握有關國計民生的重要商品吞吐的大型批發、大型零售貿易企業，由國家直接經營。②國家所有，集體經營。一些國有貿易企業所有制不變，生產資料仍歸國家所有，但經營權與所有權分離，按集體所有制企業的方式不定期地經營和管理。國有貿易企業中的部分中小型批發與零售貿易企業屬於這一類。③國家所有，租賃經營。國有貿易業中的一些中小型零售企業以招標的方式租賃給集體或個人經營。

（3）國有貿易業的優勢。經過轉讓、改制後，保留下來的國有貿易業大多都是特大型貿易企業，是貿易業中的骨幹，它有一整套組織貿易的體系和網絡，擁有最強的技術力量、資金和先進的物質技術裝備，並且能夠超越狹隘的經營範圍和單純的利潤觀念，從全社會的角度統籌規劃貿易活動，科學組織貿易，保障市場供應，穩定市場物價。因此，它是現階段最能代表先進生產力的貿易所有制形式。

（4）國有貿易業的作用。國有貿易業在多種貿易所有制形式中發揮著重要的作用，主要表現為：①通過對關係國計民生的重大商品的經營，發揮調節供求、平抑物價的關鍵作用。②通過自己的購銷活動，傳遞商品信息，發揮指導生產、引導生產的先導作用。③通過供應商品，安排市場，保證群眾基本生活需要，發揮保證消費、引導消費的核心作用。④通過文明經商、遵守職業道德、遵紀守法，為各種經濟形式樹立示範和表率作用。

（5）國有商貿業發展現狀。①歷史包袱沉重難以應對激烈的競爭。計劃經濟時期，國家實行低工資廣就業的方針，使廣大國有商業企業人員眾多，在市場經濟體制確立後，造成了企業冗員，歷史負擔沉重。離退休人員多，需要支付的在職職工的養老保險負擔重。而在近些年發展起來的大型商業企業，多數靠銀行貸款，在高負債的情況下，經營管理不甚健全，大多商業企業步履艱難。在當前激烈的市場競爭下，國有商業企業缺乏競爭力，特別是與外商零售企業競爭更是面臨巨大的困難。國外知名的如沃爾瑪、家樂福等零售業巨頭，憑藉資金、人才、經營、管理等諸多優勢以及先進的現代化行銷技術和管理經驗，逐步在中國形成了網絡規模化經營，國內商業企業舉步維艱。②企業制度與市場環境不相適應。計劃經濟時期，大中型商業企業多是國有獨資，產權單一。企業的資產代表人、經營者在做出經營決策時，不考慮市場，不注重管理和效益，不懂得管理出效益，不善於經營和管理。因此，這種決策意識制約著企

業在市場中調節發展和競爭的意識與能力。另外，過去形成的不合理的企業管理結構不適應市場經濟環境。政府部門不直接經營，但有決定權；而市場經濟條件下，需要董事會、經理層、監事會三者互相制約的企業治理結構以實現企業的經營效益。國有商業企業的決策基本上還深受計劃經濟的影響，在與現代化企業進行競爭時，結果只能是逐步被市場淘汰。③職工隊伍素質不高。現代化商業企業，需要的是一支文化素質高，能夠精通業務和服務技術嫻熟的員工團隊。目前，中國的國有商業企業缺乏現代經營理念和商場經營能力的管理人才，廣大的職工文化程度和業務素質普遍不高，專業與高級技術人員比例較小。同時企業員工流動性較大，經驗不足的新員工始終占較高的比重，不利於企業的長遠穩定發展。④政府職能不太完善。市場經濟條件下，政府的基本職能是經濟調節、市場監管、提供社會管理和公共服務，為市場主體創造良好的市場環境，而不是要直接參與市場競爭。事實證明，政府的直接參與也是低效率的。當民間企業能夠經營而政府通過其他途徑進行實現社會管理職能時，就應該從這些國有企業領域中退出。

（6）國有商貿業改革中應注意的問題。①謹防國有資產的流失。國有資產是國家的財產，應該形成完善的制約機制，謹防國有商業企業改革過程可能出現的國有資產流失。國有資產流失主要表現在以下幾方面：一是在信息不對稱的情況下，交易不公開，由內部人完成。這樣自買自賣、做虧再賤賣會導致國有資產流失。二是對相關財務審計和資產評估不規範，虛構或虛增成本，轉移企業資產。三是在短時間內大量出售企業所有權，在急躁冒進的情況下，極可能造成國有資產的貶值和損失。因此要形成完善的現代社會制約機制，形成與市場經濟相適應的民主政治體制，實行民主監督，制約權力。②產權置換的徹底性。國有商業企業改革，從根本上講就是產權置換。明確最終出資人的所有權，重新構建企業法人的財產權和經營權。國有商業的改革是依照「兩權分離」的思路進行，即所有權和經營權需要嚴格分離，所有權不能干預經營權，同時經營權也不能代替所有權。這樣的目的是為企業家創造廣闊的空間，激發企業家的創造性和事業心。在產權置換的過程中，通過資本和職工的置換，為國有商業企業的繼續發展提供空間和可能。國有資產通過出售全部產權或資產完全或基本上退出原來的企業，將國有企業改制。只有通過徹底的產權和職工身分置換改革，才能改變過去的國有企業依賴政府，轉而是企業成為輕裝上陣、自負盈虧的市場主體。

（7）國有商貿業發展戰略轉型。①縱向一體化轉型。縱向一體化轉型是指國有商貿流通企業依託傳統的下游貿易優勢，介入所經營商品的中遊生產領域或上游資源開發領域。通過控制整個產業鏈或者產業鏈的多個環節，發揮協同效應，減少產業鏈各交易環節的不確定性。從20世紀70年代至今，許多大型商貿流通企業都在追求縱向一體化，即從所有權上控制整條價值鏈或價值鏈的多個環節，包括從原材料、零配件、產成品到銷售的整個過程，形成一個完整的包括上游、中遊和下游在內的產業鏈。縱向一體化可以包含整條價值鏈，也可以參與價值鏈過程中的一個部分或幾個部分的經營。企業實現縱向一體化轉型，可以採取併購、投資、參股、聯盟等方式進入。這類企業以五礦集團、中鋼集團等為代表。延伸產業鏈的轉型模式具體有三種：

A. 控制產業上游資源。採取這種轉型模式的主要是一些資源型貿易企業。目前國

有商貿流通企業紛紛注意到控制上游資源的重要性，積極介入上游資源領域。資源型貿易企業做出此種選擇主要基於以下三方面的考慮：一是中國經濟的快速發展形成了對能源、原材料產品的巨大需求，占據上游資源就掌握了發展的主動權。二是國內資源相對匱乏，人均資源佔有量在世界上處於貧困國家之列，因此，資源型貿易企業積極行動起來，積極參與國內外資源開發。三是資源作為一種戰略產品，越來越為世界各國所重視，中國企業「走出去」參與資源開發，符合國家長遠戰略安排。

　　B. 介入中遊生產領域。國有商貿流通企業在轉型中，很多都會選擇介入中遊生產領域，依託自身在國際貿易和行銷方面的經驗，延長產業鏈，培育新的經濟增長點。主要是依託下游行銷網絡和渠道的優勢，進入生產領域，形成產銷一體化格局，代表企業有中糧集團、中化集團等。產銷一體化經營模式還有利於企業統一協調生產、銷售環節。國有商貿流通企業向生產領域的滲透一般選擇自身經營的商品或者相關商品。例如，從事金屬礦產品銷售的商貿流通企業，一般在上游進行資源開發，中遊介入鋼鐵冶煉領域；從事糧食、大宗農產品和食品進出口業務的商貿流通企業，一般介入糧油原料的粗加工、精細加工、食品工業等相關行業。

　　C. 拓展商貿流通服務功能。國有商貿流通企業利用本身從事貨運、物流等相關業務的優勢，通過提供更為綜合的、「一條龍」的服務，提高服務附加值，提升企業經濟效益。目前，某些物流企業通過提供增值化服務，拓展業務經營領域，著手構築高效的物流信息系統，參與倉庫、流通中心等物流設施的營運；不斷加強流通、銷售服務、諮詢等下游領域業務，綜合運用信息、外匯、資金、保險等機能。這類代表企業有中遠、中海運、中外運等。

　　②橫向一體化轉型。橫向一體化轉型是指國有商貿流通企業在保持現有商品經營優勢的基礎上，進入其他未曾涉足的、新的商品經營領域。橫向一體化轉型往往伴隨著兼併、收購、重組等一系列資本運作，通過企業之間的聯合達到快速進入新的經營領域的目標。橫向一體化是企業充分利用外部資源以快速回應市場的經營模式，這種轉型戰略實際上是多元化經營戰略，多元化戰略有相關多元化和非相關多元化兩種形式。

　　A. 相關多元化。相關多元化是指企業的各業務活動之間存在著市場的、技術的或生產的某種關聯性的一種多元化，這種關聯性可以是相關的技術、共同的勞動技能和要求、共同的分散渠道、共同的供應商和原材料來源、類似的經營方法、相仿的管理技巧、互補的市場行銷渠道和為共同的客戶服務等。實施多元化戰略不僅能使企業挖掘現有資源，最大限度地發揮潛力、節約成本、增加利潤、分散風險，而且能把企業原有的管理經驗和企業文化運用到新的領域，通過資源共享和經營匹配，迅速建立起比單一經營模式更強的競爭優勢，獲得更多的經濟效益，對企業有極強的吸引力。

　　B. 非相關多元化。非相關多元化是指沒有資源共享和經營關聯的多元化。非相關多元化企業的各業務活動之間沒有一定的關聯性，經營風險和管理控制難度都比相關多元化企業大，因此，只有實力雄厚的企業才適合採用這種戰略。

　　華潤集團是實施橫向一體化轉型戰略比較成功的企業。第一，推進業務轉型。1986 年，華潤集團收購永達利公司，並開始實施多元化、實業化和國際化業務；1992

年，華潤集團成立華潤創業有限公司；1993年，華潤石油與嘉陵有限公司合併，改組為華潤石化（集團）有限公司，由華潤集團全權控制；1994年，華潤集團以4,700萬美元投資北京華遠房地產股份有限公司，後由華潤創業以華潤北京置地有限公司名義在香港上市。1999年年末開始的集團重組，把旗下的分銷業務注入華潤創業，使華潤創業成為亞洲區主要的商品分銷公司；房地產業務發展則通過華潤北京置地負責；家具公司勵致國際轉型為高科技產業公司。這一系列運作，華潤集團已經發展成為包括零售、地產、啤酒、食品加工及經銷、紡織、微電子、石油及化學品分銷、電力、水泥等多元化經營企業集團。第二，推進管理轉型。一是文化與價值觀的轉換；二是人才結構或者員工技能結構的轉變，加強對專業人才的招聘力度和原有員工的培訓；三是管理模式的轉變，包括組織結構的調整、績效制度的改革、薪酬激勵制度的優化等。

③混合一體化轉型。混合一體化轉型是指國有商貿流通企業在轉型路徑的選擇上，綜合運用多元化經營的橫向一體化模式和完善產業鏈的縱向一體化模式，是兩種模式的綜合運用。中國五礦集團公司是實施混合一體化轉型戰略比較成功的企業。五礦集團是以金屬、礦產品的生產和經營為主，兼具金融、房地產、貨運、招標等業務，實行跨國經營的大型企業集團。1978年，隨著中國經濟形勢的變化，五礦集團逐步喪失依靠代理貿易業務模式的競爭優勢，果斷採取了橫縱向結合的混合一體化轉型戰略，致力於依託傳統的金屬礦產貿易優勢，積極開發上游礦產資源，謹慎介入中遊金屬生產加工領域，打造包括行業上、中、下游的完整產業鏈；同時，介入金融、房地產等多元化領域，力圖將企業打造成為國際領先的跨國金屬礦產企業集團。一是重視礦產資源對於企業發展的長遠戰略意義，堅持資源發展戰略，集團公司資源控制能力大大增強，目前已擁有一定規模的鐵精礦、氧化鋁資源，同時控制了全國60%以上的鎢資源。二是充分發揮資本市場的作用，積極進入中遊生產經營領域，先後併購遼寧營口中板廠、貴州花溪鐵合金廠等中遊生產冶煉企業；同時，加強同鞍鋼、太鋼等大型鋼鐵企業的戰略合作關係，依託上游的礦產資源，結合中遊的生產力量，發揮下游的銷售優勢，打造了較為完整的金屬礦產產業鏈。目前已經形成包括鐵礦石進口、鋼鐵冶煉和生產、鋼材銷售等環節在內的黑色金屬價值鏈，通過提供綜合性的集成服務，形成獨有優勢。三是在打造企業核心競爭力的同時，與主業形成有效的戰略協同，為集團公司的發展培育新的經濟增長點，積極進入房地產、金融、貨運等行業，實現多元化經營。

2. 集體貿易業

（1）集體貿易業的性質。集體貿易業是指生產資料歸參加該集體的全體成員共同佔有的一種貿易經濟類型。集體貿易業的生產資料共同佔有形式決定了它同國有貿易業一樣，具有公有制經濟的基本屬性，同屬於中國貿易所有制形式的主體部分。但它同國有貿易業相比，具有其自身的特點。

①從理論上分析，集體貿易業的公有化程度不如國有貿易業，它屬於較狹窄意義上的公有制貿易業範疇。它所擁有的人力、財力、物力，相對來講，不如國有貿易業。因此，它對貿易規模的適應性是有限的，所承擔貿易任務的分量和範圍，都不如國有貿易業。

②其經營目的相對較狹隘。由於它是一種小範圍內的公共佔有，一般來講，經營目的所考慮的利益範圍就不如國有貿易業。由此可見，它的貿易能力及所代表的生產力水準次於國有貿易業。但應強調的是，由於集體貿易業的產權相對較明確，運行機制和效果都有明顯的優勢，它在貿易活動中所發揮的實際作用，並未受到上述理論差異的制約。而且，中國目前的貿易狀況與集體貿易業的經營特點有著諸多的相適應之處，為集體貿易業優勢的發揮提供了現實基礎，使集體貿易業與國有貿易業一道成為公有制貿易業的重要組成部分，成為貿易領域中的一支重要力量。

（2）集體貿易業的特點。集體貿易業一般具有以下特點：

①接近居民。其網點散布在街頭巷尾、集鎮小村之中。

②經營靈活。其經營和服務方式靈活多樣，既有固定的場所和建築物，也有批發和零售，還有流動貨車、設攤售貨、代購代銷、送貨上門等多種經營方式和服務項目。

③拾遺補闕。其經營的商品能夠根據消費者的需求進行調整變化，及時適應消費者的需要。

④經營時間長。其營業時間一般比較長，往往是起早貪黑，隨叫隨應。

集體貿易業的存在適應了中國目前多層次的生產力發展水準的需要，符合中國底子薄、勞動力多、經濟發展不平衡的狀況。大力發展集體貿易業，對於促進生產，搞活貿易，增加財政收入，廣開就業門路，具有十分重要的意義。

（3）集體貿易業的構成。集體貿易業包括供銷合作社、合作商店以及其他集體投資性質的貿易組織。其中，農村供銷合作社是中國集體貿易業的最主要形式。

①供銷合作社。供銷合作社是農民群眾通過集資入股建立和發展起來的群眾性的合作經濟組織，是中國農村市場商品供銷的主要力量和綜合性服務組織。它擁有遍布全國的貿易網點、龐大的職工隊伍和廣泛的消費對象，在貿易中成為國有貿易業最密切的夥伴和強有力的助手。它溝通工業與農業、城市與鄉村以及地區之間的經濟聯繫和物資交流，負有引導農業生產、指導農民發展商品經濟的任務，是國家與農民進行經濟聯繫的重要紐帶。供銷合作社作為中國集體貿易業的最主要形式，在中國經濟生活中佔有特殊地位。2015 年 4 月 2 日，中國政府網公布《中共中央國務院關於深化供銷合作社綜合改革的決定》。該《決定》包括 5 部分 19 條內容，主要是深化供銷合作社綜合改革的總體要求，拓展供銷合作社經營服務領域，更好履行為農服務職責等。

②農民專業合作經濟組織。農民專業合作經濟組織是農民自願參加的，以農戶經營為基礎，以某一產業或產品為紐帶，以增加成員收入為目的，實行資金、技術、生產、購銷、加工等互助合作經濟組織。其主要提供農業生產資料的購買，農產品的銷售、加工、運輸、貯藏以及與農業生產經營有關的技術、信息等服務。2013 年中央一號文件強調大力發展多種形式的新型農民合作組織，指出農民合作社是發展農村集體經濟的新型實體。

③合作商店。合作商店是由合股者同時又是勞動者共同投資，生產資料歸合股者共有的貿易組織類型。其經營成果，除向國家繳納一定的稅收，扣去企業擴大再生產之用和集體福利需要以及其他費用外，其餘均為合股者所有。

（二）非公有制貿易業

非公有制貿易業是指生產資料歸私人所有的一種貿易所有制類型。

非公有制貿易業主要由個體貿易業、私營貿易業、境外投資貿易業等所組成。

1. 個體貿易業

個體貿易業是指生產資料歸勞動者個人所有，以個體勞動為基礎，勞動成果歸勞動者個人所有和支配的貿易所有制類型。它主要包括個體零售業、修理業、服務業和餐飲業等。

個體貿易業是現階段中國貿易業中不可缺少的組成部分，它的存在和發展是由客觀條件所決定的，即由生產力發展的不平衡、人們消費需求的多樣性和個體貿易業本身的經營特點所決定的。

（1）個體貿易業的特點。個體貿易業具有以下特點：

①分散性。其網點遍布於全國城鄉各個角落。

②靈活性。其經營方式靈活多樣，價格隨行就市。

③及時性。在其經營活動中，能及時提供消費者所需的各種適銷對路的商品。

④方便性。其經營時間長並能走街串巷，便於消費者購買。

⑤補充性。其所經營的繁雜的、細小的、鮮活的商品，彌補了國有貿易業中網點少以及商品品種、規格、花色不全等方面的不足。

（2）個體貿易業的作用。個體貿易業的特點決定了它應有的作用包括：

①照章納稅，能為國家增加財政收入。

②根據市場變化，拾遺補闕，能滿足多層次消費者的物質和文化生活需要。

③能為社會閒散人員及城鄉剩餘勞動力的就業提供一條途徑。

④能與其他貿易業一起共同促進生產的發展和市場的繁榮。

個體貿易業有一定的積極作用。但也有一些個體貿易業主在經營中暴露出偷稅漏稅、欺騙群眾、以次充好、短斤缺兩、哄抬物價、欺行霸市等消極作用。為此，需要對其採取保護、管理、指導、幫助和監督的方針，以及運用信貸、稅收、價格等經濟槓桿，進行有效的制約，做到「管而不死、活而不亂」。對個體貿易業主中的優秀分子，要積極扶持，及時表彰。

2. 私營貿易業

私營貿易業是以生產資料私有制和雇傭勞動為特徵從事貿易活動的一種貿易所有制形式，它是社會主義市場經濟的重要組成部分。私營貿易業的存在和發展，是深化改革、調整貿易所有制形式的必然結果，反應了中國生產力發展水準的客觀要求。

個體和私營統稱為民營。民營主體在解決城鄉居民就業和促進經濟發展中發揮了重要作用。2010年，中國民營企業500強就吸納就業人員近560萬人。民營企業的年產值增長率一直保持在30%左右，遠遠高於同期國民經濟增長速度。

3. 境外投資貿易業

境外投資貿易業是指境外投資者根據中國有關涉外經濟的法律、法規，以合資、合作或獨資的形式在中國境內開辦貿易企業而形成的一種貿易所有制形式。它包括國

內與境外合資經營貿易業、國內與境外合作經營貿易業、外商獨資經營貿易業三種形式。境外投資貿易業也是組成境內貿易所有制形式的構成之一。

國內與境外合資經營貿易企業，是指境外企業、其他經濟組織或個人以及華僑或港澳臺地區投資者和大陸境內的企業或其他經濟組織共同舉辦，按一定比例聯合投資的貿易企業。其由國內與境外雙方共同主辦，合資經營，雙方按比例共同出資，按出資比例共享收益、共擔風險，同舟共濟，共同經營。合資企業的組織形式一般為有限責任公司，合資各方對合資企業的責任以各自認繳的出資額為據。

國內與境外合作經營貿易企業，是指境外企業、其他經濟組織或個人以及華僑或港澳臺同胞，在中國大陸同境內的企業或其他經濟組織共同舉辦，按合同規定的內容進行聯合經營的貿易企業。合作企業和合資企業儘管都是由國內與境外雙方共同出資、共同經營、共擔風險和共負盈虧的企業，但國內與境外合作貿易企業與國內與境外合資貿易企業不同：①國內與境外合作貿易企業的各方不以投入的資本數額比例作為分配收益的依據，而是通過合同約定各種靈活的收益分配辦法，如收入或利潤分成等。②國內與境外合作貿易企業可以辦成不具有法人形式的企業，也可以辦成具有法人形式的貿易企業，對此，由合作各方在合作企業合同中自主約定。③合作企業期滿時，其全部固定資產可以歸中國合作者所有，不必按出資比例進行分配，與此相適應，境外合作者在合作期限內，可以先行回收投資。

境外獨資貿易企業是外資經濟的又一種組織形式。它是指經中國法律程序核准，全部資本由境外投資者（包括中國香港、澳門、臺灣地區的公司、企業和其他經濟組織或者個人以及在境外居住的中國公民）承擔，自主經營、獨立核算、自負盈虧的境外獨立投資的貿易經濟組織。

我們通過利用外資，發展外資貿易業，可以吸引境外資金，提高中國貿易現代化的水準；可以吸收境外貿易業在經營管理方面的有益經驗，提高中國貿易企業的經營管理水準；可以活躍市場競爭；也可以解決一些勞動就業問題。境外貿易業必須遵守中國的法律，照章納稅，接受中國有關部門的指導和監督。境外貿易業在中國允許的範圍內和遵守中國法律的前提下從事貿易經營活動，不得有損害中國社會利益的行為。同時，外資經濟按規定應享受的各種優惠及其合法權益，也應受到中國法律的切實保護，它同樣是中國社會主義市場經濟的重要組成部分。

（三）混合所有制貿易業

混合所有制貿易業是指由國有貿易資本、集體貿易資本和非公有制貿易資本共同參股投資所形成的一種貿易所有制類型。

近幾年來，國有貿易資本、集體貿易資本、個體貿易資本、私營貿易資本間的相互參股、融合日益普遍，混合所有制貿易業經濟得到了長足的發展並顯示出很強的生命力。順應市場化發展的要求，繼續大力發展國有貿易資本、集體貿易資本和非公有貿易資本等參股的混合所有制貿易業，將會有力地推動中國貿易現代化的發展，開拓建設中國特色社會主義貿易的嶄新局面。

1. 大力發展混合所有制貿易業的必要性

大力發展混合所有制貿易業，是基於中國現階段生產資料所有制形式的特點，搞

活國有經濟，鞏固和發展公有制經濟，促進生產力發展的需要。中國現階段貿易所有制形式的特點是多種貿易所有制經濟相互促進，共同發展，大力發展國有資本、集體資本和非公有資本等參股的混合所有制貿易業，有利於改善國有貿易企業或公有制貿易企業的產權結構，推動其建立規範的現代企業制度；有利於國有或公有產權的流動、重組，優化資本配置，提高運行效率；有利於增強國有貿易資本或公有貿易資本對其他貿易資本的輻射功能，提高國有經濟的控制力、影響力和帶動力，提升整個公有制經濟的競爭力，最大限度地解放和發展貿易生產力。

2. 混合所有制貿易業的構成

混合所有制貿易業主要由股份制貿易業、聯營貿易業組成。

（1）股份制貿易業。股份制貿易業是一種在自願原則的基礎上，通過招股集資建立起來的合資性質的貿易所有制類型。從股份制的性質來看，它是一種具體的生產資料社會佔有形式。它不以所寄寓的社會屬性為轉移，無論什麼性質的所有制形式，在股份制經濟中均改變了其原有屬性，而僅成為其中的一分子。從股份制形成的原因來看，它是在經濟規模日益擴大，任何單一所有制經濟組織都難以勝任大規模生產經營任務的前提下，為集中社會資金而組建形成的。可以說，它是社會化大生產的必然產物。

（2）聯營貿易業。聯營貿易業是指不同貿易所有制或同一種貿易所有制的不同企業之間進行聯合購銷、聯合經營而形成的一種貿易所有制形式，它是不同行業、不同部門的企業之間進行聯營而形成的一種經濟聯合體。聯營貿易業是一種派生的經濟形式，它的所有制性質離不開參加聯合企業的所有制，但又不等同於原有的所有制，而是在聯合條件下形成的一種新的帶有聯合各方所有制性質因素的共有制。它可以是貿易業內部的國有貿易業與集體貿易業的聯營，也可以是工商聯營、農商聯營、農工商聯營、林工商聯營、牧工商聯營等。各種聯營的特點是大多實行產銷結合，收購、加工和銷售「一條龍」。聯營貿易企業在自願、互利、平等、協商的原則下，進行資金、設備、技術、勞務、商品購銷等方面的合作，風險共擔，利益均沾。這有利於發揮聯合體內各企業的優勢，揚長避短，有利於提高社會經濟效益，促進城鄉、地區、部門之間的經濟聯繫。

四、貿易所有制形式的發展趨勢

目前中國貿易所有制關係和所有制形式正處於改革和調整的過程中，現有的各種所有制形式和它們之間的相互關係，還處於不穩定的變化中。根據中國的實際情況和改革可能引起的變化，今後貿易所有制形式的變化趨勢是：

（1）就總體而言，多種貿易所有制將長期並存，公有制貿易業比重將會有所下降，非公有制貿易業的比重將有所上升，混合所有制貿易業將會得到迅速發展。

（2）就結構而言，國有貿易業、集體貿易業的數量比重將有所減少，但國有貿易業會在平等競爭的外部環境中，不斷提高自己的素質和優勢，在團結、引導、帶動非公有制貿易企業共同發展方面，將會發揮重要的作用；以公有制為核心的聯營貿易業、股份制貿易業等，隨著市場經濟體制的完善將會有長足的進展；個體和私營貿易業等

也會進一步發展，其比重會穩中有升；境外投資貿易業在國內市場上的發展速度將會進一步加快，多種所有制貿易業之間的競爭將會日趨激烈。

（3）就經營領域而言，根據各種所有制形式的特點和優勢，國有貿易業繼續在重點商品的批發、零售領域占重要地位，同時在諮詢、情報、代理、配送等方面發揮其優勢。而在一般商品零售業、飲食業和服務業中，則繼續鼓勵非公有制貿易業的發展，甚至在其中某些領域允許非公有制貿易業占主體地位，一些過去境外投資貿易業禁入的經營領域，也將逐步放開，允許外資貿易業進入。

第三節　貿易運行機制

一、貿易運行機制的內涵

「機制」一詞漢語釋義是指有機體的構造、功能和相互關係。任何有機體都是一個系統，所以機制實際上是系統內部各個組成部分相互依賴、相互協調並按一定方式運行的一種自動調節、應變的功能。貿易運動有賴於內部結構各層次、各要素、各環節之間的協調和互相變通。貿易主體的經濟行為是相互影響和相互制約的。為了保證這些經濟行為正常合理地運行，需要一定的機制來發揮作用，這個機制就是貿易運行機制。貿易主體是貿易運行的組織者和決定力量，因此，貿易運行機制，也可以說是貿易主體的經營機制。一個完善的貿易主體經營機制應包括動力機制、決策機制、調節機制和約束機制四部分。

（一）動力機制

按照動力的來源，動力可以分為原動力、後發力、系統外引力三種。原動力就是貿易主體為追求最大的經濟利益而產生的激勵力量；後發力是系統內部各主體之間面臨外部環境的變化，特別是面臨激烈的競爭環境而體現出來的激發力；外引力是一種遊離於系統之外，但又要在系統內實現的力量，它包括法律法規、政策、信息等的規範、指導和引導而產生的激發力或約束力。原動力機制涉及經濟行為的根本利益，亦即經濟利益的分配問題，決定著經濟主體行為的基本方向。後發力機制是貿易運行中所產生的客觀壓力，是客觀自發力量，其作用是逆向的。如面對巨大的競爭壓力，貿易主體只有積極作為，創造優勢，才能生存和發展。外引力機制是一種引誘力機制，是一種人為的自覺的力量，這種力量的作用，既可以是正向的，也可以是逆向的。如對高新技術產業的鼓勵政策，推動了高新技術產品貿易的發展，這種作用就是正向的。又如反商業賄賂法的實施，促使貿易主體不斷規範自己的貿易行為，這種作用就是逆向的。

（二）決策機制

決策機制是貿易運行機制的樞紐，會對貿易運行及其經濟利益產生直接的影響。決策機制包括決策點、決策權力的分配、授予等內容。本教材認為，決策點是指決策

33

的關鍵點、要點、內容，內容是否科學、正確，直接關係到貿易運行的成敗。決策權力的分配，是指由誰來做決策，國有企業政府也不能決策太多；決策權力授予，是指由誰發布決策，主要是實施、完成決策內容。由於貿易決策具有時效性高、短期決策比重大、不確定性大等特點，要求決策機制要靈活、快速。

（三）調節機制

貿易調節機制是貿易運行機制的重要組成部分，它是以動力機制和決策機制為基礎的。調節機制貫穿整個經營過程的始終。貿易調節機制可分為以下兩種：

1. 外部調節機制

外部調節包括兩個方面，一是市場機制自發的調節。這主要是通過市場商品供求關係的變化，以及由供求變化而引起的價格變化來調節貿易主體的貿易活動。二是自覺的調節，主要是國家或政府運用各種經濟、法律的手段以及必要的行政干預來調節貿易主體的貿易活動，規範貿易主體的市場行為。

2. 內部調節機制

內部調節機制是指貿易主體在既定的外部力量作用下，自動地保持對外部環境信號做出反應的靈敏性，以及保持主體內部的運轉協調和平衡。這種內部調節機制的效果，反應主體內在的活力和運行效率。

（四）約束機制

約束機制是指貿易主體按貿易的客觀規律以及國家有關方針、政策、法規和道德準則的要求來規範和約束自己的行為。貿易主體行為包括貿易自然人行為和貿易企業行為，其中主要是貿易企業行為。企業行為是指企業在一定的市場環境條件下，經營者對種種經濟活動所產生的理性反應，或者說，是企業在一定的目標函數驅動下，對外部環境的變化做出的有規律的或者合乎理性的反應。貿易主體經營行為目標是多元的或複合的，一般來說，它不會自動地同社會經濟運行目標完全吻合。因此，除了需要調節機制加以調控外，還需要一定的約束機制加以約束。貿易運行的約束機制主要有：

1. 市場約束

貿易活動是為實現商品價值而展開的，即為賣而買、先買後賣，連續買賣，而且要快賣快買，使投資增值。因此，市場約束實質是實現商品價值條件的約束。在市場約束下，貿易主體行為不能隨心所欲，而是要自覺地服從於市場所發出的信號，根據市場變化，確定自己的貿易規模、貿易方向和貿易方式等。由於貿易主體行為要受市場約束，因此，國家對其控制和調節主要可通過市場來進行。

2. 預算約束

所謂預算約束是指以預期的收入控制支出。這種收入對支出的約束，不是事後的結算，而是事前的行為約束。在這種約束條件下，貿易主體在經營的過程中，就會權衡哪些商品該經營，哪些商品不宜經營，是擴大經營規模還是維持現狀或縮小經營規模，資金是否需要借貸，借貸多少，利潤該如何分配等問題，由此便形成了對經營者的自我約束機制。

3. 法律約束

在現代市場經濟條件下，貿易日益受到法律的約束，這是社會進步的要求，也是社會進步的體現。通過法律約束，可以保證貿易活動的有序進行，可以合理地維護消費者的利益和社會共同利益。

二、貿易運行機制的特點

1. 客觀性

貿易運行機制是市場本身所固有的內在機制，不是外部力量所強加的。在某種特定條件下，某種機制必然會發生某種作用；而不具備這種條件時，其作用必然無從發揮。貿易運行機制在一切商品經濟社會中都是客觀存在的；人不能創造、消滅它，而必須尊重其運行的規則。

2. 關聯性

任何一個機制的作用都會引起其他機制的連鎖反應，並要求其他機制的配合。例如，供求變化會引起價格的漲落：供大於求則價格下跌，供不應求則價格上升。價格的漲落會引起利潤的增減：價高則利大，價低則利小。利潤的增減會引起投資活動的變化：利潤大投資增加，利潤小則投資減少。投資活動的變化又會引起利率和工資的變化，投資、利率、工資等變化會引起供求關係發生新的變化，如此循環往復以至無窮。如果某個機制發生停滯，則勢必影響其他機制功能的發揮，從而導致整個貿易運行機制調節功能的紊亂。

3. 調節性

價值規律是貿易運行機制的原動力，貿易運行機制通過市場上各種商品供求變化和各種商品市場價格的變化，使各種商品生產同市場需求自動聯繫起來，以免造成商品價格因供求脫節而過大地上下波動。貿易運行機制對社會生產和消費需求的調節是由市場上價格和供求關係的自發變化進行的。

4. 迂迴性

貿易運行機制的作用效果不完全是直接的，而是要經歷一個迂迴的漸進過程。貿易運行機制發揮功能的過程，包括三個相互銜接的階段，即市場競爭調節市場價格，市場價格調節供給和需求，以及供求變化引起新的競爭。只有經過這三個階段，貿易運行機制的作用效果才能顯露出來，因而具有迂迴性。

5. 自發性

在貿易運行機制運行過程中，為數眾多的市場主體盲目地為客觀必然過程所支配，往往不能預見其活動的後果，因而它具有自發的特點。要彌補市場調節這一缺陷，必須實施宏觀調控。

6. 內在性

貿易運行機制是市場運行規律作用的內在機制，是客觀的、內在的，並非來自外部力量。人們只能適應「機制」，因勢利導，調整自身的行為；利用「機制」，為實現企業的發展目標服務。例如，供求變化引起價格漲落，是價格和供求之間相互聯繫、相互制約作用的結果，是內在的機理所決定的，不為人們的意志所轉移。但人們可以

利用這個機制，調整自己的行為，即通過掌握價格變動的趨向，決定買進還是賣出，促使市場供求趨向新的平衡。

三、貿易運行機制的功能

1. 組合功能

貿易運行機制把相互聯繫的各市場主體有機地組合在一起，使它們的產、供、銷活動相互銜接和相互協調，促進產銷一致，實現供求平衡，確保市場穩定。

2. 激勵功能

在貿易運行機制的背後，各經濟當事人為了各自的物質利益，在市場上相互作用和相互制約，為了自己的物質利益而相互競爭，這種競爭的壓力激勵他們努力提高自身的生產經營能力和經濟效益。

3. 促進功能

貿易運行機制能有效地促進商品生產者改進技術，改善管理，降低個別勞動時間，從而獲得超額利潤。正是這種對超額利潤的追求，促進社會技術不斷進步，從一個水準提高到一個新的水準。

4. 導向功能

貿易運行機制通過價格變動反應市場的供求狀況，指明企業的利益所在，從而引導企業在趨利避害中使自己的活動更加符合效益原則。

5. 分配功能

價格的高低關係到企業利益的大小。貿易運行機制通過價格的變化，引導社會價值的轉移，使企業之間的利益進行再分配。

6. 經濟功能

貿易運行機制刺激著每個生產者都必須想方設法地改進生產技術和經營管理，以降低自己商品的生產費用，使自己在競爭中處於有利地位。各個商品生產者努力的結果就實現了社會勞動和其他資源的節約。同時，在競爭中，優勝劣汰的法則使規模小、效益差的企業不斷被淘汰，實現資源的集中使用，形成規模經濟，這也可以實現資源的有效利用。

7. 選擇功能

選擇功能是指通過市場競爭機制對企業的行為進行篩選，促進其不斷優化。在競爭中，素質較高的企業，必然處於有利地位，獲得較多的利益，而有些素質較低的企業則被淘汰。這種優勝劣汰的自發選擇，是一種無形的巨大力量。

8. 調節功能

貿易運行機制通過價格和供求的相互作用、相互適應來執行調節的功能。貿易運行機制能夠調節在一定時期內出現的總生產和總需求的矛盾，這是社會再生產順利進行的條件。價格上漲刺激生產而抑制需求，而價格下跌則刺激消費者的需求而又抑制生產供應，進而使市場供應趨向平衡。

9. 配置功能

貿易運行機制有效地調節著社會資源和勞動時間在產業部門之間的分配。如通過

價格隨著供求的變化圍繞價值上下波動，引導社會資源向效益高、急需發展的產業和企業流動，使有效的資源得到最佳配置和有效使用。

10. 平衡功能

貿易運行機制在其運行中是一個獨立系統，本身就具有明顯的自我平衡功能。

四、貿易運行機制發揮作用的條件

以上分析說明，貿易運行需要一定的機制來推動、執行、約束和保障，而要使貿易運行機制充分地發揮作用，必須具備一定的條件。這些條件主要包括：

（1）貿易主體必須是自主經營和自負盈虧的經濟主體。否則，貿易運行就會缺乏應有的動力、應有的決策、應有的調節和應有的約束。

（2）貿易主體必須擁有完善而簡便的決策機制。因為市場關係錯綜複雜，情況多變，貿易主體處於各種信息的包圍之中，如果沒有完善而快捷的決策機制，就不能迅速做出反應，就不能及時調整決策，以適應市場不斷變化的需要。

（3）貿易主體必須具有良好的外部聯繫機制。貿易主體的基本職能是在媒介商品交換活動即商品買賣中取得利潤。它們在組織商品流通的過程中，經常需要跨部門、跨行業、跨地區的聯合；同時，也要求信息渠道通暢，以便及時、準確地反應市場供求和價格狀況。這些都決定了貿易主體對外聯繫的廣泛性和聯合行為的重要性。因此，良好的外部聯繫機制可以確保貿易運行機制有效地發揮作用。

復習思考題

1. 試述貿易主體的分類及培育路徑。
2. 影響貿易人員數量變化趨勢的基本因素有哪些？
3. 貿易主體有哪幾種組織形式？每一種組織形式的主要特點是什麼？
4. 試述貿易運行機制的主要內容。

[本章案例]

希望集團發展之路

希望集團是中國500家最大私營企業第一名，也是中國私營企業總收入百強第一名。1982年劉氏兄弟四人賣掉自行車、手錶等湊起1,000元資本，辦起孵化良種雞廠，發展鵪鶉養殖和飼料生產業。1987年，兄弟四人興建西南地區最具規模的希望研究所，重點開發豬飼料。1989年劉永行和陳育新（即劉永美）共同創造研究出新型豬飼料「希望1號」（後獲中國農業博覽會金獎），劉氏兄弟慎重決策及時調整產業結構，以賣掉全部養殖業所得的1,000萬元為資本，全面轉向豬飼料產業。結合產業調整，劉氏兄弟也相應明確分工，這是希望集團第一次產權明晰的根本性變化，推動了企業的快

速健康發展。1995 年，當希望集團規模達到 10 億元時，他們又第二次界定產權而且進一步地明晰產權：老大劉永言創立希望大陸公司，老二劉永行成立希望東方公司，老三陳育新建立希望華西公司，老四劉永好辦起希望南方公司。兄弟四人共同擁有創業時的研究所及其飼料場，平均劃分產權，各占劉氏產業的 1/4 股份。

兄弟之間既分工又整合形成母體大、子體小的格局。至此，希望集團從親朋維繫的模糊產權關係邁向產權明晰劃分階段，從傳統家族企業過渡到現代企業制度的雛形期。1997 年 6 月劉永行出任希望集團法人代表，主持集團內外活動。完全明晰產權，完善治理結構，又一次促使企業振興和發展，1998 年希望集團資產達 50 億元。劉永行的東方公司，通過資本營運，把 30 多家國有虧損企業或兼併收購或合資控股並進行大規模擴張，使東方公司下屬企業從 14 家迅速增加到 53 家，資產規模增加 4 倍，所創利潤占集團總利潤的一半。

希望集團目前的全國市場佔有率為 5.4％。劉永行 1998 年 8 月在廣州宣稱，希望集團要與泰國正大集團（在中國投資 40 億美元，擁有 100 多家企業，中國市場佔有率為 7％）在中國市場進行「三年決戰」。

資料來源：岳興祿. 點評中國私營企業 [J]. 企業活力, 1999 (11): 12-16.

問題
1. 希望集團成功的主要原因是什麼？
2. 民營企業發展的路徑有哪些？

第四章 貿易客體與貿易行業

[學習目的] 瞭解貿易客體含義及貿易行業分類，明確商品及商品貿易的類型，掌握資本貿易、技術貿易、信息貿易、房地產貿易的特徵，熟悉服務貿易的內涵及特徵，瞭解服務貿易迅速發展原因以及中國服務貿易發展情況等問題。

第一節 貿易客體含義及貿易行業

一、貿易客體的含義

貿易客體是貿易主體在貿易活動中所指向的對象即貿易活動的承載物。貿易客體是不斷變化的，按交易的對象可以分為商品貿易和服務貿易。實物商品是最古老的貿易客體，在人類社會發展的相當長的時期內是貿易活動的基本承載物。隨著生產力水準和市場化程度的提高，人類的消費需求從物質向精神文化方面擴展，生產要素和服務也成為貿易客體，如金融保險、郵電通信、文化藝術、賓館旅遊等。因此，現代商品不僅包括實物商品，也包括服務商品，同時也包括一系列的商業活動。

二、貿易行業含義及分類

（一）貿易行業與產業的含義

行業是產業的一個範疇。行業一般是指工商業中的類別，泛指職業，如零售行業、飲食行業、服務行業。行業有多種劃分。聯合國經濟和社會事務統計局曾制定了一個《全部經濟活動國際標準行業分類》，把國民經濟劃分為10個門類，第6類為批發和零售業、飲食業和旅館業。在國家統計局現行的統計制度中，統一將中國國民經濟劃分為16大類，第8類為批發和零售貿易、餐飲業。

產業比行業概念的範疇更寬泛、外延更大。英國經濟學家費希爾、克拉克根據社會生產活動歷史發展的順序，將社會經濟活動劃分為三大類產業部門：產品直接取自自然界的部門稱為第一產業，對初級產品進行再加工的部門稱為第二產業，為生產和消費提供各種服務的部門稱為第三產業。其中第三產業涉及的領域十分廣泛，具體可分為四個層次：第一層次為流通部門，包括交通運輸業、郵電通信業、商業飲食業、物資供銷和倉儲業；第二層次為生產和生活服務的部門，包括金融保險業、地質普查業、房地產業、公用事業、居民服務業、旅遊業、諮詢信息服務業和各類技術服務業

等；第三層次為提高科學文化水準和居民素質服務的部門，包括教育、文化、廣播電視事業、科學研究事業、衛生、體育和社會福利事業等；第四層次為社會公共需要服務的部門，包括國家機關、黨政機關、社會團體以及軍隊和警察等。以上的前三個層次，應用在國內的社會經濟分類統計中，而第四個層次只是在進行國際比較時用。中國新修訂的國家標準《國民經濟行業分類（GB/T4754-2002）》，根據國情調整、修訂了新的《三次產業劃分規定》。新的劃分範圍及分類是：第一產業包括農、林、牧、漁業和農林牧漁服務業；第二產業包括採礦業、製造業、電力、燃氣及水的生產和供應業，建築業；第三產業包括除第一、二產業以外的其他行業，具體包括交通運輸、倉儲和郵政業，信息傳輸、計算機服務和軟件業，批發和零售業，住宿和餐飲業，金融業，房地產業，租賃和商務服務業，科學研究、技術服務和地質勘查業，水利、環境和公共設施管理業，居民服務和其他服務業，教育，衛生、社會保障和社會福利業，文化、體育和娛樂業，公共管理和社會組織，國際組織等。

貿易產業是第三產業中最重要的部門。流通產業是指整個流通領域中所包含的產業部門，主要有商業（內外貿易業）、物流業、倉儲業、交通運輸業、郵電通信業、金融業和保險業等。

貿易行業是指主要經營品種範圍基本相同的商品經營者（包括部分前店後廠性質的商品生產者）形成的以專業化經營為特徵的貿易主體群體。同一貿易行業內的經營主體既可以是不同所有制形態的企業，也可以是非企業的經營者個人。貿易行業出現是社會分工在貿易流通領域不斷深化的結果，是貿易流通產業內部的分工。

（二）貿易行業分類

貿易行業分類包括：

（1）根據歷史資料上對生產資料和生活資料流通的習慣劃分，中國曾把貿易劃分為物資貿易和商業。在中國，物資貿易主要經營生產資料，商業主要經營生活資料。

（2）根據買賣轉換的次數劃分，可將貿易劃分為直接貿易和間接貿易。直接貿易是指只經過一次買賣環節的貿易方式；間接貿易是指經過兩次或兩次以上買賣環節的貿易方式。

（3）根據貿易環節的功能，可將貿易劃分為批發貿易和零售貿易。

（4）根據貿易的空間範圍，可將貿易劃分為地方貿易、國內貿易和國際貿易。

（5）根據交易對象的性質，可將貿易劃分為現貨貿易、期貨貿易。

（6）根據產品序列，可將貿易劃分為初級產品貿易、中間產品貿易和最終產品貿易。

（7）根據貿易對象的屬性，可將貿易劃分為商品貿易和生產要素貿易（包括資本貿易、勞務貿易、技術貿易、信息貿易、房地產貿易等）。

第二節　商品貿易

一、商品的類型

　　商品貿易是最基本、最原始的貿易形態。科學地進行商品分類，有利於組織商品貨源，妥善解決商品購、銷、運、存、檢驗、包裝等一系列問題，有利於提高經營管理水準，有效地進行貿易經營活動。

　　1. 按商品的最終用途分類，商品可分為生產資料和消費資料

　　生產資料是人們在生產過程中所使用的勞動資料和勞動對象的總稱。生產資料按用途分，可分為工業生產資料和農業生產資料。工業生產資料是工業企業生產使用的各種物質資料——各種生產工具和設備以及原材料等。農業生產資料是農業部門使用的各種勞動資料和勞動對象——農產品原材料、農用生產資料等。消費資料是直接滿足人們消費的最終產品。消費品可以按照不同的標準進行細分。根據消費的實際用途，即按人們的吃、穿、用、住、行等，消費品可劃分為食品、服裝、用品、住房（包括裝飾用品）、交通工具（包括自行車、摩托車、小轎車等）。根據消費資料滿足人們需要的層次不同，消費資料可劃分為生存資料、發展資料和享受資料。

　　2. 按商品價值不同，商品可分為高檔商品、中檔商品和低檔商品

　　高檔商品通常為價格昂貴、需求彈性大的商品，就同等使用價值來說，高檔商品偏重於豪華新穎、名貴、炫耀等，適合於高收入消費者的消費，如名菸、名酒、高檔家用電器、珠寶、高檔時裝等。中檔商品一般為價格適中、質量穩定、廣大消費者經常追求的商品，如普通家用電器、適用型家具、時裝等。低檔商品一般為價格便宜、消費面廣、人們日常生活中所必需的商品，如日用百貨、食品、調味品等。通常，隨著人們生活水準、收入水準的提高，人們的消費開始追求更高質量的商品，也就是從追求基本生活需要的滿足轉為追求發展需要和享受需要的滿足，從追求吃飽穿暖變為追求吃好、穿好等。因此，適應消費水準的增長，貿易活動應根據消費需求的變化，積極調整經營品種、規格、質量等，提高檔次，增設消費項目、優化結構，滿足消費需求。

　　3. 按商品在國計民生中的重要程度，商品可分為骨幹商品和一般商品

　　骨幹商品直接制約生產和消費的發展，是生產、生活中最基本的、不可缺少的商品，對穩定市場起關鍵作用，如糧食、食鹽、燃油、煤炭等。通常骨幹商品品種少，但數量大。一般商品是指由市場調節的、由消費者選購的、在國計民生中作用一般的商品。這類商品通常品種多，產需量不一。

　　4. 按商品的市場競爭力與影響力，商品可分為名牌商品與普通商品

　　名牌商品一般是指具有極高市場知名度、美譽度、競爭度、盈利度的品牌商品，包括地方名牌、區域名牌、全國名牌、國際名牌商品。名牌商品憑藉其質量、聲望、信譽以及消費按質論價或高價消費的心理可制定較高的銷售價格，滿足一部分消費者

的需求。名牌商品由於獲得了消費者的認可，在消費者看來，使用名牌，在獲得物質享受的同時，還提高了自己的社會聲望，滿足了精神方面的需求。例如，金利來系列產品、茅臺酒等，這些商品的價格大大高於其實際價值，但仍然暢銷。與名牌商品相比，普通商品、一般大眾消費的商品量更大、品種更多，因此價格不宜太高，應力求在目標市場上取得更高市場份額，擴大其影響力。

二、商品貿易的基本類型

（一）按商品的來源分，可分為農產品貿易與工業品貿易

1. 農產品貿易

農產品包括農、林、牧、副、漁各業的產品，它既是人們的基本生活資料，又是工業生產的重要原料，還是出口創匯的重要物資。因此，農產品的貿易關係到生產、流通、消費、分配各環節的協調，關係到生產者、經營者、消費者的利益分配，也關係到農業作為國民經濟基礎作用的發揮，關係到農民收入的變化與新農村的建設和城鄉經濟的協調發展。

現階段，中國農產品貿易主要有以下特點：

（1）農產品貿易具有季節性。中國農產品生產受自然條件的制約，具有明顯的季節性，從而決定著農產品貿易隨季節的變化有較大的差異性。不同季節的農產品貿易具有不同的規模和結構，旺季與淡季相差甚大。因此，農產品貿易應針對每一種農產品的季節性特點，把握其生產規律和季節特點，做好各種準備工作，採取相應的經營策略，不失時機地組織好農產品貿易工作。

（2）農產品貿易具有層次性。農產品的品種繁多、性能多樣、作用大小不一、對國計民生的影響程度也不同，因此，應採取多種貿易形式，形成經營形式多樣、多層次的農產品貿易體系。應根據農產品的專業化生產程度、供求狀況、商品屬性、流通範圍等採取相應的購銷模式與經營形式，如有的可大規模連鎖集中經營，有的則宜分散經營等。

（3）農產品貿易具有分散性。目前，中國農產品生產點多面廣，具有分散經營的特點，這就決定了農產品貿易的分散性。其貿易方向是由分散到集中，由農村到城市。收購網點的設置、人員的配備、商品物流方式即商品運輸和集散、轉運以及貯存設施，都必須適應分散性的特點。

（4）農產品貿易具有不平衡性。各產地的自然條件不同，會出現災年、豐年、平年，不可能像工業品那樣在人工控制下均衡生產。針對這種不平衡性和不穩定性，在農產品貿易中，需貫徹統籌兼顧、全面安排、留有餘地、以豐補歉的原則。

2. 工業品貿易

工業品貿易主要指日用工業品貿易和生產資料工業品貿易。工業品貿易主要有以下特點：

（1）工業品貿易具有多向性。工業品生產具有較大的集中性，主要集中在大中城市；工業品消費則具有較大的分散性，遍布城鄉各個角落。工業品生產與消費的特點

就決定了工業品具有從集中到分散，從城市到鄉村的多向性特徵。

（2）工業品貿易具有相關性。消費者對工業品的需求具有多樣性、多變性且很多商品的消費必須互相配套，形成合理結構，以滿足消費者的需求。這就決定了工業品貿易應力求品種、規格、花色、檔次齊全，且從收購、運輸、銷售、服務各方面做到結構合理化、系列化、配套化。

（3）工業品貿易具有購銷差異性。同農業生產相反，工業品生產受自然條件影響小，生產週期短，均衡、批量生產，具有相對穩定性，而消費則受各種因素的影響，制約性較大，選擇性強，彈性較大。因此，工業品貿易應注意產需銜接，調節供求，促進平衡。

（4）工業品貿易具有替代性。由於工業品品種繁多，新舊產品不斷交替更迭，一物多用，不少商品具有同一或相近的使用價值，如洗衣粉與肥皂、布鞋與皮鞋等，既具有替代性，又具有互補性，既有同向發展的可能，也有逆向發展的因素。因此，應利用這些特點，安排和組織好替代工業品的貿易。

（二）按商品的最終用途分，可分為生產資料貿易與生活資料貿易

1. 生產資料貿易

生產資料是人們在生產過程中所使用的勞動資料和勞動對象的總稱。生產資料貿易基本上是生產企業之間進行的，它有其獨特的特點。

（1）生產資料貿易具有生產性。生產資料是生產消費資料的勞動產品，其貿易對象主要是生產企業，因此，生產資料貿易是生產的繼續，消費過程和生產過程同時發生，具有生產性。

（2）生產資料貿易具有相對穩定性。這是由生產資料本身具有技術性、配套性、專用性較強的特點決定的。生產資料在選用上比較嚴格，選擇性小，因此，生產資料在貿易方向、規模和結構等方面相對穩定，產銷關係較為固定，具有相對穩定性。

（3）生產資料貿易具有批量性。由於生產資料的需求者一般是具有一定規模的企業，要進行相對穩定的批量生產，因此，生產資料貿易要求頻率小、需求量大、成批交易，相對集中，具有批量性特點。

（4）生產資料貿易具有技術性。各種生產資料都有特定的用途，都有不同的技術要求，對於產品的品種、規格、質量都有嚴格的規定，結構複雜，性能不一。這就要求從事生產資料貿易的人員應具有一定的技術知識，且懂得生產資料的使用、維護和維修，以提高市場競爭能力。

2. 生活資料貿易

生活資料貿易是為滿足廣大城鄉居民的各種消費需求而進行的貿易活動，它處於社會最終供給和最終需求的交點上，因而有著自己的特點。

（1）生活資料貿易的範圍具有廣泛性。生活資料貿易範圍遍及城鄉各地，零售貿易涉及每個消費者和每個家庭，批發貿易則涉及所有消費品生產者和消費品經營者。因而其貿易範圍具有廣泛性。

（2）生活資料貿易具有差異性和多變性。生活資料的消費是從具體的消費者自身

的條件出發的，而消費者的購買力水準、消費水準、消費習慣等差異很大，這就要求生活資料的供應者應提供品種多、花色式樣齊全的商品，以滿足各層次消費的需求。同時，消費需求總量、需求結構、需求層次等都會不斷發生變化，具有明顯的多變性。因此，應不斷更新品種，提供更周到的服務，同時多設銷售網點，適應各種變化。

（3）生活資料貿易具有直接性。生活資料貿易是連接生產與消費的重要紐帶，生活資料成為消費者現實的消費對象，直接影響消費者的消費方式。因此，生活資料貿易應通過各種有效的商業宣傳，正確地引導消費，指導消費，使消費者建立合理、健康的消費習慣和方式。

第三節　生產要素貿易

生產要素是指物質資料生產所必須具備的因素，即一切生產投入品，如資本、勞動力、技術、信息、房地產等。

一、資本貿易

要對資本進行更有效的貿易，就必須首先對資本（此處是指貿易資本）的本性即貿易資本的來源、種類、運行規律等問題有一些瞭解。

（一）貿易資本概述

1. 貿易資本的來源及構成

貿易資本是開展貿易活動的前提條件，因此貿易活動的當事人必須重視貿易資本的合理籌集。貿易資本的來源主要包括國家、企業法人、個人投入的自有資本金，貿易活動主體借入的負債資金，通過發行股票或債券來籌集的資本等。通過以上種種形式籌集而來的資本，便成為貿易活動主體擁有、控制的經濟資源。如果用貨幣表現出來，就形成了貿易活動主體的資本，也稱商業資本。

根據貿易資本在貿易活動過程中存在的形態、變換的過程和狀況及所有關係的不同，貿易資本可分為不同的種類：

（1）從存在的形態來劃分，可分為商品資本、貨幣資本和物質資本。商品資本主要是指用來交換商品的價值形態，在貿易活動中佔有較大的比例。貨幣資本則是指在貿易過程中的貨幣形態，包括現金及銀行存款等形式。通常貨幣資本的比例相對來說較小。商品資本及貨幣資本的形態交換及變化速度反應了貿易活動中商品流通的時間及企業經營狀況。物質資本通常表現為主體從事貿易活動時所需的其他物質條件所占用的資本，如以營業店堂、框臺、倉庫、運輸車輛等物質形態存在的資本。

（2）從資本參與流通情況來劃分，可分為流動資本和固定資本。流動資本是指直接參與商品流通的貨幣形態，其週轉速度愈快，則說明其利用率愈高。固定資本則是指不直接參與商品流通，而是以物質形態間接參與商品流通的資本形態，一般要經過多次週轉才能改變其物質形態。

（3）從表現形式來劃分，可分為有形資本和無形資本。有形資本是指通過有形實物來表現的貿易資本，如貿易主體的營業場地、倉庫等建築物、機器設備，所採購的商品及其他物品等。這部分的資本是看得見摸得著的實體，能準確地計算其價值的大小。而無形資本則是指不以實物形態存在但能在較長時間內給貿易主體提供穩定收益的長期資本。它包括企業的商號、商譽、商標、專利、特許經營權等，這部分資本其價值的大小一般要通過有關專業部門的評估才能計算出來。由於無形資本大都能在較長時期內給企業帶來收益，與企業的繼續發展有關，所以，企業必須注意無形資本的保護。

（4）從貿易資本的所有關係來劃分，可分為自有資本和借貸資本。自有資本主要是指貿易主體自己所有的那部分資本金，包括申請註冊的資本金，及企業自籌的資本金，企業的公積金、公益金及未分配的利潤等部分。對自有資本，企業擁有所有權和使用權。而借貸資本則是為了補充自有資本的不足而向銀行、投資機構等部門借入的資本金，企業對借貸資本僅有使用權而沒有所有權。

總之，對貿易資本的劃分，是根據不同的標準而進行的，它們在資金運動過程中存在不同的形態，有各自的運動規律，正確地區分和認識其運動的特殊性，對於企業合理運用資金有重要的意義。

2. 貿易資本運行規律

貿易資本是貿易企業和經營者為從事貿易活動所擁有、占用和支配的商品、貨幣以及其他一切財產的貨幣表現，是能夠在貿易活動中增殖的價值。在現代市場經濟中，資本是一切經濟活動得以順利進行的血液，是推動貿易活動的前提與要素。貿易資本運行規律主要有：

（1）資本運動增值規律。資本的不斷運動即資本的循環和週轉是資本維持自身的價值和增值的前提。資本只有不停地週轉運動，不斷循環，並且快速週轉，才能產生更大增殖。

（2）最大利潤規律。資本的本能就是要獲得利潤，並且獲取最大利潤，以最小的投入，得到最大的產出。這種本能形成了資本運動的內在的衝動力，驅使持有資本的企業家奔走於世界各地，把資本投到土地、勞動力和其他資源相對便宜的地區，通過在世界範圍內配置生產要素獲得最好的資本回報；也驅使企業家千方百計地提高技術裝備水準，加強經營管理，降低物化勞動和活勞動耗費，提高服務質量，最大限度地提高利潤率。

（3）產業資本、商業資本和銀行資本日益融合規律。在當代，隨著市場競爭的日益激烈，為獲得壟斷利潤，一方面，產業資本力圖擺脫商業資本的控制，自己承擔產品銷售職能，另一方面，商業資本也通過對生產企業的收購、兼併滲透到產業資本中控制商品貨源，商業資本出現了迴歸產業資本的趨勢。另外，隨著工業化程度的提高，需要投入到生產和貿易領域的資本量不斷增加，擁有產業資本和商業資本的企業家對銀行資本依賴程度亦不斷增強，並且為了擴大企業的知名度和商譽，拓寬經營活動空間，獲取較多的融資機會和融資便利，產業資本和商業資本還往往以參股、控股等形式直接進入金融領域。而銀行資本為了監督產業資本和貿易資本的經營活動以及資本

使用的狀況，也會通過參股等形式，滲透到產業資本和貿易資本之中，於是產業資本、商業資本與銀行資本日益融合起來，成為現代社會資本集中的重要形式之一。

3. 貿易資本規模

貿易資本是社會總資本的一個重要組成部分。貿易資本規模和配置，不僅直接影響貿易的規模、佈局和結構，而且還直接影響到國民經濟的秩序與效率。從社會整體來說，貿易資本規模不能過大也不能過小，應有一個適當的量度。貿易資本規模量度的確定受多種因素的影響。從貿易領域內部來看，影響貿易資本規模的因素主要有：

（1）貿易利潤率。利潤率的高低是決定貿易資本規模大小的主要基準。

（2）貿易規模和特點。貿易量的大小、網點佈局以及與其相適應的加工、倉儲、運輸等物資設施規模以及貿易的技術經濟特點等都會影響貿易資本的規模。

（3）貿易資本週轉速度。通常來說，貿易資本規模的大小，一方面取決於商品交換的廣度和深度，另一方面取決於資本的週轉速度。貿易資本數量與資本週轉速度成反比，由於貿易資本的週轉速度較快，相對於生產資本，貿易資本的總體規模要小些。

（二）資本貿易概述

1. 資本貿易的功能

資本貿易是指資本經營者為了使資本增值而對資本進行買賣、存放或借貸所形成的貿易。參與資本貿易的有企業、金融機構、居民個人，其中專門從事資本貿易的市場主體有商業銀行、保險公司、券商、證券與期貨交易所、期貨經紀公司、基金管理公司、信託公司、非銀行金融機構等。

資本貿易能有效組織資金的橫向流動，調節資金的供求，實現資金的融通，提高資金使用效率。其功能主要有：

（1）融資功能。資本貿易可通過多種渠道、多種形式籌集資金和融資。通過各種金融工具的買賣，為資金供需雙方提供各種各樣的投融資和籌資選擇，適應不同需要。因此，資本貿易通過其特有的融資方式，解決資金供求的矛盾，實現資金融通。

（2）優化資源配置功能。資本貿易通過價格機制和利率機制的影響，使資金流向經營好、收益高的企業或部門，從而優化了資源配置，減少資源浪費，促進經濟的發展。

（3）競爭功能。資本貿易的各方都有各自獨立的經濟利益，為實現自身利益的最大化，他們必須注意市場動向，關注市場的行情，做出正確的融資決策，在競爭中求得自身的生存和發展。

（4）分散風險功能。資本貿易可以通過多種證券組合的方式，為投資者分散風險，提高投資的安全性和營利性。同時，資本貿易還可以通過期貨交易和期權交易等各種交易手段為投資者提供方便，迴避風險。此外，資本貿易依靠其完善的制度和法規，還可以規範各投資者的交易行為，防止各類不良行為的發生。

2. 資本貿易的內容

資本貿易也稱資本經營、資本營運或資本運作，是對企業可以支配的資源進行籌劃、重組和優化配置，最大限度地使資本增值，以促進企業發展的一種經營方式。資本貿易的內容主要包括：

（1）實業資本經營。

實業資本經營是企業投入資本購建經營設施、設備和商品等，形成實體資產，使企業資本存量增加、經營能力擴大和競爭能力增強的行為。實業資本經營實質上是貿易企業從事具體貿易經營活動，它是從事資本營運的基礎環節。貿易企業投入資本從事實業資本經營之時，就是企業媒介商品交換、提供有關勞務的開始。由於實業資本經營的運作主要以物質形態的固定資本和流動資本為載體，資本的變現能力差，因此，貿易企業應根據市場需求以及經濟發展趨勢正確決定資本的投向、投入數量和結構，並在整個實業資本經營過程中對各個方面的資源進行合理調配和管理，以實現企業經營目標。

（2）金融資本經營。

金融資本經營是以金融資本為對象而進行的一系列資本經營活動，主要以買賣股票、債券等有價證券和期貨合約為表現形式。貿易企業在從事金融資本經營活動時自身並不參加直接的生產經營活動，而只是通過買賣有價證券或期貨合約等來進行資本運作。因此，金融資本經營活動的收益主要來自有價證券的價格波動以及本身的固定報酬，如股息、紅利等。同時，貿易企業通過金融資本的經營，籌集資本，如在國內和國際金融市場發行債券和商業票據、收購其他公司股票經包裝後重新上市、收購空殼公司上市，然後擴股，使資本存量短時間內成倍增長。金融資本的經營具有高風險、高回報的特點，在整個資本經營中運作最複雜、操作難度最大。金融資本的經營主要包括以下內容：

①資金的借貸。

資金的借貸是貨幣持有者將約定數額的資金按約定的利率暫時借出，借款者在約定期限內，按約定的條件還本付息的信用活動。

現代的資金借貸主要發生在投資者與銀行、貨幣持有者之間。銀行起一個中間人的作用，以較低利率把持有者的閒散貨幣集中起來，然後以較高利率貸給投資者。投資者通過借貸取得的貨幣支配權可投資工商等業務，在一定期限內還本付息。銀行則通過經營貨幣獲取利差。持有者通過儲蓄投資取得利息收入。利率則是貨幣這種特殊商品借貸的價格或費用，它體現為一定期限內利息和投資貨幣額的比率。居民手持的用於流通的貨幣只是過去勞動的一般體現，僅僅是貨幣而不是資本。只有當投資者通過資金借貸業務取得這些貨幣並用於投資時，貨幣就資本化了，它才能夠完成資本的職能，獲取一定的利潤。在商品經濟發展過程中，資本處於不斷流動的狀態，流動的目的是盡量使資本增殖。哪裡的條件使資本增殖，哪裡利潤高，資本就會向哪裡流動。當國外投資的預期利潤比國內高時，投資者就會通過各種靈活多樣的方式使資本流向國外。

資金的借貸種類很多：A. 按貸款期限，可分為短期貸款（不超過1年），中期貸款（1年以上，一般2～5年），長期貸款（5年以上，10～20年甚至更長）。B. 按貸款的利率，可分為無息貸款、低息貸款、中息貸款和高息貸款。C. 按借款和還款的方法，可分為統借統還貸款、統借自還貸款和自借自還貸款等。

②證券資本的買賣。

證券是以證明或設立權利為目的而發行的憑證，包括各種商品所有權的證券（如

提單）、財產所有權證券、收益請求權證券、股票、債權證券（如銀行債券、公司債券、國債券等）。證券資本的買賣是指已發行的證券在投資者之間通過證券交易所或證券經營機構進行買賣證券的活動。

證券資本買賣的方式多種多樣。按交易有無固定場所可分為公開交易和議價交易；按交割時間可分為現貨交易和期貨交易；按有無交易媒介可分為委託交易和自營交易。

證券資本買賣的類型主要包括股票買賣、債券買賣和外匯的買賣。

A. 股票買賣。股票是股份公司發給股東作為入股憑證並借以取得股息收入的一種有價證券。股票持有者就是公司的股東。就股票本身的屬性來看，它是代表對一定的經濟利益分配請求權的資本證券。股票既能給持有者提供定期收入，又能當作商品進行買賣和轉讓，但它本身沒有價值，公司股票之所以具有價格，能夠買賣，就在於憑藉股票可以向該股份公司獲取一定的股息收入，而股票的交易價格是由預期股息和銀行利息率之比決定的。同時，股票價格受市場供求關係、人們的心理預期、經濟政治穩定狀況的影響較大。

股票的種類很多，依據不同的分類方法，可將股票分為：優先股、普通股和後配股，面額股和無面額股，記名股和無記名股等。

B. 債券買賣。債券是一種負債憑證，證明持有者有權按期取得固定利息和到期收回本金。按發行債券的主體不同，債券可分為公司債券和政府債券。

公司債券是企業對外舉債並承諾在一定期限還本付息所發行的借款憑證。債券持有人同企業存在一般的債權債務關係，每年可以從公司獲得固定的利息收入，但債券持有人不是公司的股東。債券到期時，公司應償還本金，贖回債券。

政府債券是由國家出具的借款憑證，是政府為籌措資金而發行的，債券持有人可以按規定取得利息，到期收回本金。從性質上看，政府債券與公司債券是一樣的，只是發行人以及其信譽不同。

股票和債券都是具有一定票面金額的有價證券，都是籌集資本的一種方式，它們自身沒有任何價值，只是代表資金投資及其收益的要求權。但它們之間亦有很大不同：第一，股票是一種所有權證書，而債券則是一種債權要求證書；第二，股票的紅利並不約定，而債券的利息支付是事先約定的；第三，股票沒有期限，公司債券則約定在一定期限內返還一定數額的本息；第四，股票交易大都在證券交易所內進行，而債券交易則多在場外完成。

C. 外匯的買賣。外匯是指一國對另一國擁有資金要求權的所有貨幣憑證，它包括進入國際貨幣流通領域的各國貨幣，體現國際債權、債務關係的信用工具，具有國際流動性的金融資產。在外匯市場上，一國貨幣以一定兌換率換取另一種貨幣的買賣，稱作外匯交易。

（3）產權資本經營。

產權資本經營包括兩個含義：一是指資本所有者及其代理人依據出資者的所有權經營企業的產權資本，通過改變企業的資本結構和增加投資主體等，來實現資本的擴張和資本的保值增值。如通過合資或合併，擴大資本規模；通過對產權的轉讓或收購，分散風險，保證資本收益最大化等。二是企業經營者依據企業的法人財產權經營企業

法人資產，以實現企業法人資產的保值增值。如企業進入資本市場，發行企業債券，或進入企業產權交易市場進行兼併、收購、參股、控股和租賃等，為企業帶來更大的收益。產權資本經營是現代企業制度下貿易企業優化資源配置的方式和手段。

（4）無形資本經營。

無形資產經營是企業對所擁有的各類無形資產進行運籌和謀劃，使其實現最大化增值的活動。其有兩種經營方式：一是無形資產交易。無形資產交易通常採用許可合同方式來進行，主要是對自己擁有的專利、專有技術和商標的使用權，通過簽訂許可合同有償轉讓他人使用；經過技術經濟論證後，購買其他企業或個人的專利、專有技術和商標的使用權；通過各種途徑獲得某項業務的特許權等。二是利用無形資本籌資。利用良好的商譽，取得合作夥伴在供應價格、貨源、結算方式等方面的優惠待遇；利用自己良好的信用，優先獲得銀行貸款和金融機構提供發行企業股票債券的方便條件，加快籌資速度；利用企業在長期經營中創造的名牌、商譽、銷售網絡等無形資產引進外資，拓寬籌資渠道；利用企業的管理優勢、商譽、銷售網絡等無形資產盤活有形資產，通過聯合、承包、租賃、參股、控股、併購形式實現資本的擴張等。無形資本經營通過將投資、參股、轉讓和特許經營，可以有效地擴大企業經營規模，實現規模經濟效益，同時，無形資本經營是知識形態生產力向現實生產力轉化的橋樑，無形資本經營過程也是推廣應用新的科學技術和管理技術的過程。

二、勞動力貿易

勞動力貿易是指勞動力市場上的勞動力的有償轉讓和流動。勞動力貿易的對象是勞動者的勞動能力，包括體力和智力兩個方面。勞動力商品與其他商品一樣，具有價值和使用價值兩重性。勞動力的價值是由勞動力再生產費用構成的，包括衣、食、住、用、行以及學習、娛樂等費用；勞動力的使用價值的最大特點是能夠創造出超出自身價值更大的價值，它是剩餘價值的源泉。

（一）中國勞動力貿易發展現狀

1. 勞動力市場初具規模

全國各地大中小城市都普遍建立了勞動力交易市場，包括各類人才交流中心、企業勞動者招聘中心，各類規模不一的人才交流會、人才供求洽談會等十分普及。各級勞動部門所屬的職業介紹所構成了就業市場上的經營主體。各種類型的就業培訓中心、職業學校也遍及城鎮，為活躍就業市場和提高勞動者素質創造了條件。

2. 勞動力市場仲介服務組織十分活躍

以各類勞動服務公司為代表的勞務貿易的組織機構已分佈在全國各個城鎮，並逐步向鄉村延伸，形成了一個組織和管理社會勞動力的網絡。各種勞動力的仲介服務機構不斷出現，如技術諮詢公司、信息交流中心、獵頭公司等。

3. 勞動力大規模跨區域流動已成定勢

由於區域經濟發展水準的差異和勞動力供求的空間差異，中國農村勞動力跨區域流動就業的規模不斷擴大。農村勞動力跨區域流動包括跨省、跨市、跨縣、跨鄉流動，

年流動規模為1億~2億人。此外，各類各層次的專業技術人員的跨區域流動也有一定規模。

4. 地區間、單位之間勞動力合作貿易日益受到重視

在許多城市，湧現了不同類型的專業勞務合作公司，各地區之間各種形式的勞務合作已十分普遍，同時校企聯合、定向培養、供求結合、按訂單接受職業技術人才的勞動力輸出方式也十分通行。總之，形成了多層次、多渠道的勞務合作形式和勞動力市場的多渠道流動格局。

但也必須看到，中國勞動力貿易在各地區、各行業之間發展很不平衡。新舊體制間的摩擦給勞動力流動帶來了障礙，影響了勞動力貿易的發育。特別是勞動力市場的法規建設與管理滯後，勞動者的社會保障機制還不健全，勞動者的合法權益得不到有效保障，特別是數量巨大的農民工的就業權、收入權、健康權、安全權還不同程度受到損害。

（二）勞動力貿易特點

勞動力貿易的特點包括：①勞動力市場交換對象的抽象性。勞動力存在於勞動者身體裡，是看不見摸不到的，質量的好壞只能通過對勞動者素質的考察大致瞭解，而量的體現也要從勞動力使用後去測定。②在勞動力市場交換出去的僅僅是它的使用權，而不是所有權。所有權屬於勞動者本人，而且勞動力的讓渡具有暫時性。在讓渡方式上是一次一次進行，不是一次性完成。③勞動力的流動速度因勞動者的本身差異而不同。具有較高素質的勞動力流動較慢，而僅能從事簡單勞動的勞動力則易於流動。勞動力的流動速度還受到職業特點和部門特點的影響。

三、技術貿易

技術指為社會生產和人類物質文化生活需要服務的、供人類利用和改造自然的物質手段、精神手段和信息手段。技術貿易是一種有償的技術轉讓，即擁有技術的一方通過貿易方式，把技術使用權讓渡給另一方，包括技術成果轉讓或專利買賣、技術引進、技術承包、技術諮詢、技術培訓等。基本組織形式有技術成果交易會、技術諮詢服務公司、技術開發中心、許可證貿易等。

（一）技術貿易作用

（1）技術貿易可以促進生產與科研的緊密結合。如果沒有發達的技術貿易，科研成果就不能及時被生產部門所瞭解，就很難轉化為生產力。中國科研成果轉化為生產力的比例低，同中國長期沒有技術市場有直接關係。

（2）技術貿易可以增強科研單位的發展能力。如果不把科研成果當成商品，不實行有償轉讓，科研投入不能收回，科研人員的勞動得不到承認，不僅造成科研經費不足，而且也會影響科研人員的積極性、創造性。

（3）技術貿易可以推動科技成果的轉移。通過技術貿易，可以使企業及時找到所需技術，促進企業生產的發展，提高企業技術素質和經濟效益，提高產品的科技含量，提高產品的市場競爭力。

（4）技術貿易可以促進技術推廣和應用。在社會主義市場經濟條件下，技術成果、發明創造，凝結著勞動並具有商品屬性。通過技術市場，可以使技術轉化為現實生產力，促進技術的應用和推廣，這不僅是技術革命的需要，也是完善市場體系的一個重要方面。

（二）技術貿易特點

1. 技術貿易的標的是技術

技術作價進行貿易，即為商品，作為商品的技術是一種非常特殊的商品：它沒有固定形狀，無法「稱量」，不能在貿易之前對它進行周密的「質量」檢驗；它可以多次進行貿易，不需要多次「再生產」。在實際業務中，所交易的主要是技術知識，有時也包括實施技術的手段——機器設備、檢測儀器等。前者即所謂「軟件技術」，後者為「硬件技術」，兩者可結合在一起買賣。但是技術貿易必須含有無形的技術知識的成分，單純機器設備的買賣是一般貨物買賣，不屬於技術貿易。

2. 技術貿易所轉讓的只是技術的使用權

在技術貿易中，技術受讓方從供方轉讓某項技術後，並沒有取得該技術的所有權，而只是取得在一定期限內該技術的使用權，通常不發生技術所有權的轉讓。

3. 技術貿易雙方既是合作者，往往又是競爭對手

技術貿易通常不是簡單的一次性買賣，貿易雙方要在相當長一段時間內進行合作。因為一項技術貿易合同的簽訂與執行，其週期少則 3～5 年，有時多達 10 餘年，在此期間，技術受讓方希望從供方那裡獲得先進的技術，以提高自己的生產能力和水準來滿足需要；而技術供方則想通過轉讓技術獲取更多的利益，並設法阻止受方增強競爭力，以免受讓方搶奪自己的生意。所以，這樣就構成了技術貿易雙方的競爭關係。

4. 技術貿易的作價方法特殊

一般商品的作價大多是以成本為基礎加適當的利潤，但技術貿易的作價卻比較困難，因為技術貿易作價不能與其他資產相比較，也不能找出有意義的相關物價指數來計算出它的現行市場價值。而單純地按成本計價，則往往會低估其真實價值。在實踐中，一般對技術商品採取不同方法來重估其價值，並考慮各種相關因素來確定其價格。對企業外購的技術商品，按購入成本和該項技術商品的獲利能力來估計其價值；企業自創或自身擁有的技術商品，按自創所耗費的實際成本及其具有的獲利能力來估計其價值；企業自創或自身擁有但未單獨計算成本的技術商品，按該商品的獲利能力來估計其價值。

5. 技術貿易涉及的問題多而且複雜，貿易難度大

技術貿易涉及技術風險、產權保護、報酬的確定、支付方式、貿易雙方的權利、義務與責任、限制與反限制，涉及投資、勞動管理、土地使用、工程建設等問題，還涉及多種法律（如專利法、商標法、所得稅法等）。而且技術貿易既關係著企業的利益，又與國家的戰略部署和國民經濟的發展有著密切的關係，因而政府要嚴加控制。由於受多種問題困擾，技術貿易往往是一個複雜的過程。

在技術貿易中，可採用的方式有多種，但主要是通過許可證貿易方式。此外，還

有技術諮詢、技術服務與協作、工程承包以及含有技術轉讓內容的幾種經濟合作方式，如補償貿易方式、合營方式、合作生產與合作開發方式等。

(三) 中國技術貿易發展的演變歷程

1. 中國引進技術的發展歷程

（1）改革開放前，中國技術引進的概況。中華人民共和國成立後，中國的技術引進一直是以進口設備，尤其是以成套設備的引進為主。20世紀50年代，由於受到主要資本主義國家的禁運封鎖，中國的技術引進主要來源於蘇聯和東歐國家。此期間引進的內容涉及冶金機械、汽車、煤炭、石油、電力、電信、化學以及一些軍工項目，引進成套設備和技術共400多項，用匯27億美元。至60年代，由於中蘇關係惡化，中國技術的引進出現轉軌，轉向發達國家。先後從日本和西歐等10個國家引進了涉及石油、化工、冶金、礦山、電子和精密機械等方面技術設備84項，用匯2.8億美元。雖仍以成套設備的引進為主，但也開始引進生產製造技術。1968—1971年，中國的技術引進完全中斷。從1972年開始，中國的技術引進又得以恢復，至1977年，中國先後從美、日等10多個國家引進技術和設備222項，用匯39.6億美元。

（2）改革開放後，中國技術引進進入大發展階段。自20世紀80年代始，中國的技術引進在總結以前經驗的基礎上，發生了兩個方面的轉變：一是從進口大型成套設備轉向引進單項技術；二是從引進技術主要為新建企業服務轉向為現有企業技術改造服務。這些轉變促進了中國能源、交通、原材料、農業生產資料和新型產業的發展，同時外國專家技術指導、我方人員的技術培訓、精密儀器的技術專利使用、運行軟件等技術貿易進口大大增加。在國家政策上，與硬件進口相配套的技術貿易進口享有免除海關關稅及增值稅的待遇。20世紀90年代，技術引進逐步轉變進口模式，從全盤引進轉變為進口重點設備、核心部件。國家縮小了設備免稅的範圍，對國內已經具備成熟生產能力的設備不再給予免稅優惠政策。同時，開始注重知識產權的引進，並注意對知識產權的合法性保護和合法轉讓。國家在政策上也對有關知識產權的技術貿易進口給予大力支持。進入21世紀，伴隨著鋼鐵、交通、通信、能源等各大基礎設施產業的設備需求的大部分國產化，與硬件相結合的技術軟件貿易進口在這一時期大幅度減少，設計領域的技術服務進口成為技術貿易進口的主要表現。

2. 中國技術出口的發展

改革開放以來，通過引進技術的消化吸收，中國已擁有大量成熟的產業化技術。隨著技術自主研發能力的提高，中國硬件水準已經逐漸進入國際先進行列，並培養出一批技術人才。20世紀90年代以來，中國已成功實現電力、通信、建材生產、石油勘探、汽車製造、化工和冶金技術出口並帶動大量成套設備出口。技術力量的增強讓我們不斷地為第三世界發展中國家提供技術貿易出口和技術援助。在中東、非洲等技術相對落後的國家開展國際援助承包工程，為其提供通信、電力甚至油田滅火、救災搶險等技術勞務服務；從通信網絡設計到設備供貨、安裝和管線鋪設，最終建成整個區域通信網絡的網絡工程承包服務。中國的建築工程、電力設計等行業企業均具備了雄厚的技術實力，不斷地開拓國際市場，以國際工程承包的方式最大限度地實現技術出

口的價值。另外，中國的運載火箭、多媒體軟件、專用系統集成電路等高新技術產品的出口也逐年攀升，占出口貿易的比重也逐年增長。

（四）中國技術貿易發展應注意的問題

1. 努力提升核心技術，提高自主研發能力

中國的技術引進經歷了從全盤技術引進到核心技術的引進。其一方面說明中國的技術水準在不斷提升，另一方面說明中國的核心技術競爭力有待提升。核心技術競爭力已成為中國商品競爭力提升及在整個生產鏈條中利益獲取的主要瓶頸。中國高新技術出口產品的九成核心技術不被我方掌握，使得我方受制於人，利益受損。我們應在引進技術的同時，在消化、吸收的基礎上，加大科研投入，增強核心技術的自主研發能力。加強科研技術聯盟，加強同行業企業間的技術合作，提升民族自主研發能力，以增強國際競爭力。

2. 避免重複引進，降低引進成本

重複引進，不利於規模經濟效益的實現，易導致供過於求，從而增加引進成本。這是中國長期引進技術的累積的經驗，也是老生常談的話題，但在現實引進中又總難以完全杜絕。以新興太陽能光伏產業為例，許多省份出抬發展規劃，引進相應技術且差異不大，使得光伏產能過剩，價格呈下降預期。

3. 積極應對技術性貿易壁壘

制約中國技術出口的突出因素是他國的知識產權壁壘和技術性貿易壁壘。我們要促進技術出口貿易的健康發展，就要積極有效地應對技術性貿易壁壘。一方面，政府應根據國際標準建立健全相關技術法規、合格評定程序的建設，建立統一規範的產品認證體系，並有效地建立起預警和快速反應機制；另一方面，企業在積極參與國家技術標準的制定工作的同時，應參加各種標準認證，爭取國際市場的通行證。

四、信息貿易

要對信息進行較好貿易，就應對信息特別是貿易信息的含義、內容、構成等知識有所瞭解。

（一）貿易信息概述

1. 貿易信息定義

貿易信息是反應市場供求、價格、競爭狀況及其變動的各種信息的統稱。它通過消息、數據、情報、信號等形式對市場狀況進行描述。貿易信息實際上也就是市場信息，它是貿易主體進行經營決策的依據。

2. 貿易信息內容

（1）需求信息。其主要包括目標市場消費者的現實需求量和潛在需求量，消費者對價格水準的反應，消費者對售前售中售後服務的反應，消費者數量、結構與分佈，消費者的購買力大小及投向，單項商品需求量及飽和度，消費者的購買動機及購買行為模式等方面。需求信息是貿易主體應特別掌握的信息。因為貿易主體所開展的貿易活動都是圍繞消費者需求這個中心來進行的，如果沒有掌握需求信息或所掌握的信息

不準確，那麼貿易主體就會無的放矢，企業的貿易活動也不可能取得理想的收效。因此，貿易主體應瞭解需求信息並把它放在各類信息之首。

（2）供給信息。其主要包括滿足目標市場需求的商品生產規模、結構和更新換代的情況，商品供應渠道、供應方式、供應價格和供應者所能提供的服務，商品供給與需求在數量和結構上的適應程度及未來的變動趨勢，所供給商品的質量、性能及特點，供給商品在市場上所處的市場壽命週期階段以及新產品的開發狀況等。商品供給信息是貿易主體應該掌握的重要信息，只有瞭解各種商品供給信息，才能採購到最適當的商品和最適合市場需求的商品；也只有掌握了商品供給信息，才能有效地溝通產需情況，正確地指導消費者的消費。

（3）競爭信息。其主要指經營同類商品的同行業競爭信息，包括現實和潛在的競爭者的數量，主要競爭對手的經濟實力、經營能力、銷售方式、銷售價格、服務項目和促銷策略，未來的競爭格局等。隨著生產力水準的提高和經濟的發展，競爭將愈演愈烈，成為市場的常態現象。所以，貿易主體在開展貿易活動時，必須重視競爭對手，研究競爭對手，掌握競爭對手的基本情況，以便及時地採取和調整自己的市場行銷策略，從而獲得較大的市場佔有率。

（4）國家宏觀信息。其包括宏觀控制信息和宏觀導向信息兩大類。宏觀控制信息是指貿易主體應瞭解的國家最近頒布的有關方針、政策、法律、法規等。宏觀導向信息主要包括目前經濟形式現狀及未來的發展趨勢，如國民經濟的增長態勢、居民收入的增長速度、物價水準狀況、利率的變動及失業率、通貨膨脹的變動率等。宏觀控制信息將直接影響貿易主體正常的經營生活，而宏觀導向信息則對貿易主體抓住機遇、擴大經營或調節經營結構有重大的影響作用。

（5）貿易主體內部信息。貿易主體在開展貿易活動時，不僅要掌握來自企業的各種外部信息，而且還要清楚地知道企業內部的各種信息，以達到知彼知己的目的。貿易主體的內部信息主要包括企業現有的經營水準與經營條件，從業人員的素質高低及數量的多少，企業的現有資產規模及結構，流動資金的週轉速度等。

總之，由於企業的經營活動受內外環境的影響，貿易主體要能較好地完成其貿易目的，取得好的貿易效益，就必須掌握各種各樣的貿易信息。

3. 貿易信息的特點

（1）具有較強的目的性和連續性。由於貿易活動是圍繞商品的買賣而開展的一種活動，從一開始就決定了它的目的，伴隨這種活動而產生的信息並不是原始狀態下的信息，而是經過了人們不同程度的收集、整理、加工及傳遞等處理過程。所以，無論是發出還是接收這種信息，人們都有明確的目標，且有序化程度也比較高。同時，貿易活動並不是單獨的一次交易，而是一連串的交易過程，這也就決定在其過程中所發生的信息並不是孤立的，而是具有較強的連續性。

（2）具有複雜性和多變性。由於貿易活動本身就是從事商品買賣，它一頭聯繫生產者，一頭聯繫消費者，是生產與消費的仲介。影響貿易活動的因素，不僅有生產、消費及貿易活動自身等因素，而且還有決定生產和消費的各種經濟的、社會的、自然的、歷史的因素。因此，貿易活動必然與社會再生產的各個環節及各部門、各地區之

間發生關係及相互作用。於是，也就決定了貿易信息無論是構成，還是其來源，都具有複雜性和多變性。

（3）貿易信息的傳遞具有雙向性。貿易部門在組織貿易活動時，不僅要負責信息的發送，而且還要注意信息的反饋，貿易信息的反饋對於貿易活動有特別重要的作用。無論是貿易經營計劃的制訂、實施與修正，還是貿易經營策略的調整等，均離不開貿易信息的反饋。貿易信息的雙向傳遞是貿易活動順利開展的必要條件，也只有通過貿易信息的雙向傳遞，才能溝通產需，使生產者生產出來的產品及時銷售出去，使消費者的需求得到滿足。

（4）貿易信息是圍繞市場這個中心流動的。由於市場是貿易活動賴以進行的舞臺，是各貿易主體展開競爭的舞臺，只有通過市場，商品的價值和使用價值才能得以實現，人們的物質利益才能最終實現，所以，為貿易活動而提供的各種貿易信息也必將圍繞市場進行流動。如果離開了市場這個中心，貿易信息及其流動也就失去了其應有的意義。

4. 貿易信息的分類

（1）按照組織管理的角度不同劃分，貿易信息可分為系統性信息和非系統性信息。系統性信息是指按照有關規定有嚴格的計算口徑、指標體系、傳遞的時間間隔和期限，有一定的固定格式的傳遞的信息。如貿易主體內部統計、會計等部門定期地提供關於商品購、銷、運、存，資金使用和週轉情況，經營利潤盈虧情況的報表和資料。這類信息反應了貿易活動過程的內在聯繫，是貿易主體進行日常管理的基本依據和衡量其經營成果的基本尺度。非系統性信息也可以說是系統外信息，它沒有固定的格式和時間規定，是一種隨機性和偶發性的信息。如國家金融政策的變化對商品供求的影響，社會流行和時尚對商品供求的影響，氣候變化對經營活動的影響，等等。由於這類信息往往給貿易主體帶來新的市場機會或造成不利的影響，因此，貿易主體必須掌握這類信息，以便及時而準確地調整自己的經營方式和經營策略，從而保證貿易活動的順利進行。

（2）按照信息的渠道來源劃分，可分為正式渠道信息和非正式渠道信息。正式渠道信息是指通過正式渠道，如各類報告、報表、報紙、雜誌等方面而獲取的信息。這類貿易信息一般比較容易獲取，不需多大的成本和費用，這類信息不具有保密性和競爭力。而非正式渠道信息則是指通過非正式渠道，如貿易主體本身進行的市場調查研究、顧客意見反饋、召開各種聯誼會、走訪顧客等各種途徑而獲取的信息。這類貿易信息的獲取相對而言比較困難，且要求耗費更高的成本。但這類信息具有較強的針對性、保密性及競爭力，對於貿易的主體而言，非正式渠道信息的利用價值更大。

（3）按照信息所涉及的範圍劃分，可分為宏觀信息和微觀信息。宏觀信息是指從社會全局的角度來描述和反應貿易活動變化及其特徵的信息，這類信息的綜合性和概括性非常強，所涉及的範圍和內容也非常廣泛，如貿易整體規模、貿易的結構和佈局等。微觀信息則是指從企業微觀的、局部的角度來反應貿易活動的具體狀況的信息。這類信息與宏觀信息相比，數量大、時效性強，內容相對較少，如從企業的角度來分析某地區市場狀況及發展前景等。微觀信息主要是為基礎管理部門及不同貿易主體的

經營決策提供參考。在現代的貿易活動中，我們不能把兩者完全分開，而應把兩者結合起來，互相印證，從而更好地為社會和貿易企業的決策服務。

（4）按照信息的變動狀況劃分，可分為動態信息和靜態信息。動態信息是指隨著社會經濟環境和貿易主體內部情況的變化而發生變化的信息，這類信息對於貿易主體對市場進行調查預測，以做出較正確的決策有很大的幫助作用。靜態信息則是指通過對大量動態信息的觀察、分析，從而揭示出規律的東西，形成一定的規章、制度、定額等的信息，靜態信息雖然不能給貿易主體提供及時的情況，但其反應了歷史的變化規律，對於貿易活動有一定的指導作用，所以，我們應同樣重視靜態信息的收集和整理。

除了以上幾種劃分標準之外，還可以根據信息發生的時間把貿易信息劃分為過去貿易信息、現在貿易信息及未來貿易信息；根據產品層次可劃分為產品品種信息、產品大類信息和行業信息；等等。為了貿易主體經營決策與計劃的需要，我們可以有選擇地對貿易信息加以科學的分類，以更好地發揮貿易信息對貿易活動的作用。

5．貿易信息在貿易活動中的作用

貿易信息作為貿易活動中的必備要素，作為一種資源運用，它對於改善貿易部門的經營管理，提高貿易經濟效益，有著十分重要的作用，具體表現為以下幾個方面：

（1）能提高貿易預測及決策的科學性和準確性，為全面有效地組織和開展貿易活動提供可靠的依據。在激烈競爭的市場環境條件下，企業所面對的是紛繁複雜、瞬息萬變的市場。貿易企業要想在這種環境下使自己的經營活動取得成功，就必須廣泛地與生產者、消費者等各部門、各環節進行接觸，既掌握生產者新產品的信息，又瞭解消費者不斷變化的需求，同時還要分析對生產和消費產生影響的各種情況。只有這樣，貿易主體才能合理地安排貿易活動計劃，制定正確的經營決策。所以說，企業能否獲取全面、準確、及時的信息，並能否正確做出正確的經營決策，是企業經營成敗、競爭取勝的關鍵。

（2）貿易信息及其運用，既能實現信息作為貿易資源的使用價值，又能為貿易主體帶來更多的財富，提高貿易主體的經濟效益。信息，作為一種貿易資源有自身的使用價值，但又不像具體的商品一樣直接提供實體，也不像能源等能提供動力。如果一條信息寫在紙上，沒有主體去運用它，它就會一文不值，只有通過貿易主體有效地利用，使信息作為生產力的結合因素滲透到貿易活動過程中，才能實現信息本身的使用價值，並在此基礎上間接為貿易主體帶來財富，提高貿易經濟效益。在現實生活中，不乏一條信息救活一個企業的事例。所以貿易主體重視對貿易信息的收集、加工和整理、運用，對提高企業經濟效益，有著十分關鍵的作用。

（3）貿易信息及其應用，能夠促進各企業、各部門及各個地區之間的聯繫，有利於貿易主體在較大的範圍內開展貿易活動。通過各種渠道多種方式搜集來的信息，數量多，內容豐富，能夠較為全面地反應市場的最新動態。如企業之間的相互發展動態，地區之間的供求狀況等。貿易主體通過對這些信息的運用，就能及時地調整自己的經營方針，在更大的範圍內開展貿易活動。

（二）信息貿易

信息是客觀世界各種事物運動狀態和特徵的反應，是客觀事物經過傳遞後的再現。信息產品作為一種勞動成果，與其他商品一樣具有價值和使用價值，但信息的使用價值是抽象的，它不能像其他商品那樣以被感知的形式轉化成最終產品，信息的使用價值最終表現為通過信息的使用，可以提高企業的經濟效益，而且所提高的經濟效益要大於信息本身的價值。信息的價值則表現為，信息工作者根據貿易經營管理的要求，進行有目的的收集、加工、處理、傳遞、貯存等一系列勞動所獲得的創造性成果，凝結著人類一般勞動。

信息貿易的特點有以下幾個方面：

（1）信息貿易的產品是一種特殊產品——知識型產品。它不同於一般商品，購買後即可發揮效用，而是需要接受信息商品的人將它「物化」後才能發揮效用，而且效用的發揮，不僅取決於信息商品本身，更重要的是取決於使用者所具有的主客觀條件。

（2）一般商品的壽命有兩種消耗形式，即有形磨損和無形磨損，而信息壽命完全是種無形的磨損，受時間的影響極大。因為任何商品都始終處於不斷發展變化之中，呈現出錯綜複雜的運動狀態，表現出各種各樣的不同特徵，時時刻刻形成新的信息。隨著市場經濟的發展，科技水準及生產力水準的提高，使產品壽命不斷縮短，加之人們消費結構變化的加快，使信息的形成會更快、數量會更大，信息貿易的貿易量加大，貿易速度加快。

（3）同一種信息產品可以多次出售，可以賣給不同的使用者，具有售出不缺少、存留不重疊的特點，但信息商品出售次數的多少，將直接影響信息貿易價格的高低。信息的出售次數越多，其價格中所含的成本越低，從而價格也將越低；相反，價格信息的出售次數越少，其價格中所含的成本則越高，相應價格也將越高。

（4）一般商品的生產是重複的，可以千家萬戶同時製造同一種商品，而信息成果在一定範圍和區域內是獨一無二的。由於信息生產的不重複性，貿易中不會出現完全相同的信息，因而不可能形成信息的統一的社會必要勞動時間，信息價格只能由生產它所花費的個別勞動時間決定。

信息貿易的交易方式主要有信息服務、信息諮詢、信息資料有償轉讓、信息軟件開發、計算機語言程序設計等。

當今人類已進入信息時代，社會各項活動越來越離不開信息，能否獲得準確、及時、全面的信息關係到商品生產者、經營者的生存和發展。因為市場經濟的充分發展需要有發達的橫向聯繫，這就需要更多更充足的信息在各地區、各部門、各企業之間及時交換傳遞，使信息的生產、儲存、分配和交換日益成為一個專門的部門和行業。信息貿易的發展既可使從事信息業的勞動者得到補償，促進信息業的發展，又可促使信息使用者對信息進行有效利用。因此，信息貿易的發展可大大提高信息社會化程度，使其發揮更大作用，加快信息向社會生產力的轉化。

五、房地產貿易

（一）房地產貿易的含義

房地產貿易包括房產貿易和土地貿易，房產貿易和土地貿易各具有相對獨立的內容，同時又密不可分。中國的房地產貿易是指房產的買賣、租賃、拍賣、抵押以及土地使用權的轉讓、租賃等貿易活動及其貿易關係的總和。

房產貿易的交易對象是房屋，無論作為消費資料還是生產資料，房屋都是商品。按用途不同，房屋可分為住宅、生產經營用房和非生產經營用房。中國目前房產貿易的經營對象主要是寫字樓和住宅。房產貿易的基本前提是房產產權明確，房產的商品化。

土地貿易的交易對象可以是土地的所有權，也可以是其使用權。在中國，土地所有權都屬於國家，進入市場貿易的主要是國有土地的使用權。就整個社會而言，由於土地的供給數量固定不變，土地的租金和地價主要取決於土地的需求。需求越大，地租越高，地價也隨之上漲。但就單個土地的使用者而言，都可以在既定地租的條件下租用任何數量的土地，土地肥力不同以及交通便利程度的差異，形成了兩種形態的級差地租。

房產貿易和土地貿易是緊密相連的，交易對象可以是房產的所有權，也可以是其使用權。房產貿易和土地貿易一起，構成完整的房地產貿易。

（二）房地產貿易的特點

1. 貿易對象具有固定性，只有商流，沒有物流

土地是固定的，不能移動，這就決定了任何一塊土地只能因地制宜地利用或開發，而不能移到較為有利的市場去利用。因而每塊土地都受制於所在地的社會經濟條件，土地的貿易通過土地所有權或使用權的轉換來實現。房屋具有固定性，它必須建造在土地上，不能進行運輸，不能易位。因此，房屋的貿易通過買賣房屋所有權或使用權來實現。所以說，房地產商品的交換只有商流，沒有物流，商流可以多次進行，而物流為零。

2. 貿易形式具有多樣性

房地產使用期限長、價值大、價格高，並含各種稅費，實物形態大、位置固定等特點，以及人們對房地產多種多樣的需求，決定了房地產貿易形式的多樣性。房地產貿易的主要形式有：土地買賣，土地使用權出讓、轉讓及出租，房屋的買賣、租賃和調換。此外，還有房地產抵押、典當、信託等貿易形式。

3. 多種經濟成分和多種經營方式並存，公有制經濟居主導地位

全民所有制房地產企業資產多、經營範圍廣、能力強，實力遠非其他經濟成分房地產企業所能比擬。尤其是地產業，國家把城市土地的支配權交給地方政府或它們委託的代理單位，因而只有它們才有權將土地使用權轉讓、租借給企業或個人使用。集體的房地產企業資金來源廣、經營靈活、應變能力強，是房地產交易活動的重要參加者。民營經濟是房地產貿易不可缺少的組成部分，近幾年來一大批民營房地產商人迅速崛起，已成為中國房地產貿易市場的新生力軍。同時，中國的房地產貿易領域也有外資進入投資。

（三）房地產貿易的組織形式

房地產貿易的組織可大體劃分為：

1. 土地的一級市場

土地的一級市場是由國家採取公開拍賣、招標、協議等方式將國有土地的使用權出售或劃撥給開發者及使用者。

2. 房地產開發貿易

房地產開發貿易指房地產經營者為了獲得可交換的房地產商品所從事的各種開發活動的總和，主要包括資金籌措和建築施工兩大環節的活動。

3. 房地產交易

房地產交易可以容納所有與房地產經營有關的活動，包括集資建房、房屋互換、房地產信託代辦、新房出售和預售、舊房買賣和租賃、房地產法律諮詢、裝飾修繕、各種維修服務等。

4. 商品房銷售貿易

商品房銷售有兩種形式，一種是房屋產權買賣，另一種是房屋使用權出讓。前者是通過產權證書的產權人更替來實現商品房的銷售；後者是通過將房屋使用權讓渡給承租者，獲得相應租金的一種銷售方法。

5. 房地產金融貿易

從事房地產貿易需要大量資金融通，金融對房地產的滲透是房地產貿易得以發展的重要條件。租賃、抵押、典當等融資性交易活動，使房地產貿易變得靈活方便。一些有條件的房地產公司還在積極尋求上市募集資金，廣東碧桂園房地產股份有限公司等就已在香港交易所上市，並獲得投資者的青睞。

6. 涉外房地產貿易

涉外房地產貿易主要包括三種形式：一是由我方出資開發房地產，然後把開發好的工業廠房和民用設施租給或賣給外商使用；二是先與外商商定投資建設的項目，以項目帶動房地產開發；三是將土地使用權批租給外商，外商開發土地並在土地上按合同要求進行建設和經營。

（四）發展房地產貿易應注意的問題

房地產業是國民經濟的支柱產業之一，是創造財富、增加國民收入的重要產業部門。有了房地產貿易，使國有土地有償使用得以實現，土地的使用權就能按商品經濟原則進行交換。

今後，培育和完善房地產市場要做到：①要合理地確定房地產價格。在現實生活中，土地價格的形成要受到許多因素的影響，因而確定一個合理的價格非常困難，必須綜合各方面的因素，逐步確定一個合理的價格標準。②要積極推進住房制度改革，強化城鎮住房商品化，加大經濟適用房建設，打擊房屋投機買賣。同時，要加快大城市的衛星城建設，以緩解城市中心的住房壓力。③加快城鎮土地使用制度改革，在各級政府統一管理下，制定必要的規章和制度，克服目前房地產交易中的混亂現象，建立規範化的房地產市場，消除浪費土地資源的種種不合理現象。

六、飲食貿易

飲食業是指購進農副產品原料，加工烹制飲食品，提供消費設備、場所和服務性勞動，供顧客就地消費的行業，具有商品購銷、加工和勞動服務三種職能。它包括各種類型的酒店、飯館、面館、小吃店、冷飲店、早點鋪、夜宵店以及流動飲食攤等。中國飲食業歷史悠久，經營品種繁多，烹調技術精湛，早已馳名中外。

（一）飲食貿易的特點

飲食業是集加工、服務、商品銷售於一體的貿易活動。它既不同於一般的零售商業，也不同於其他的加工業和服務業，它有自己的行業特點，具體地說：

1. 具有明顯的地域性

中國是一個多民族國家，幅員遼闊，各地區、各民族的風俗、信仰和消費習慣各不相同。人民群眾對飲食的要求也不完全相同，而且飲食業所需原料基本上是就地取材，就地生產和加工，就地出售成品，因此形成了明顯的地域性特點。中國的飲食業經過歷史的長期發展形成了魯、川、粵、閩、湘、浙、蘇、徽八大菜系（也有一說為魯、川、粵、蘇四大菜系），另外還有一些菜系和不同流派，其烹飪、製作方法各有專長，菜餚各具風味特色。在少數民族地區，飲食業的地方性表現為民族性，且與宗教信仰有密切關係。這一特點要求飲食業要合理安排企業經營分工，科學劃分經營類型，充分發揮經營特色，滿足顧客多種需要。

2. 具有較強的技術性

飲食業出售的飲食品，是由購進的原材料加工烹制而成。其質量好壞和操作者的技藝高低有直接關係。中國的烹調技術歷史悠久，製作精湛，是中國勞動人民創造的燦爛文化遺產的一部分。菜的花色、品種繁多，各種菜在選料、調味和火候等方面均有所不同，有燒、炒、炖、炸、烤、鹵、腌、扒等烹制方法，講究色、香、味、形，許多菜餚不僅是美味的食品，而且是很好的藝術品，因此，中國的飲食業累積了許多優良的傳統技藝。上述這一特點，要求飲食業重視培養技術力量，不斷提高業務水準，提高服務質量。

3. 具有廣泛的空間性

飲食業經營形式多樣，既有正餐小吃、午點夜宵，又可以以生換熟，來料加工，適應多層次的消費需要，具有空間分佈的廣泛性。不僅要求區域內要有合理的行業結構和規模結構，而且要求區域之間、交通中心地帶和分散居住區、城市與農村都要有合理的空間結構。

4. 具有服務的直接性

飲食業與消費者的聯繫，較之其他行業更為直接和更為密切。它直接為人們提供活勞動服務，或者提供現做現賣的勞動產品。飲食業職工向顧客提供飲食品和勞務服務的過程，同時就是顧客的消費過程，兩者直接結合，因此具有服務的直接性。根據這個特點，飲食業必須盡量方便群眾，要求服務網點多而分散，服務方式靈活多樣，講究服務態度和服務質量。

5. 具有經營的複雜性

飲食業接待的顧客來自四面八方，甚至來自世界各地。顧客有男有女，有老有少，還有病殘等特殊顧客。由於他們的風俗習慣和要求等各不相同，要接待好這些顧客是比較複雜的工作。就飲食業本身而言，它的經營項目多，又各具不同的特色。它的類型多，既有綜合性的又有專業性的，既有固定的又有流動的，既有大型的又有中小型的，既有國營的又有集體的，還有個體的，等等。這些不同類型的企業都有一套與它相適應的經營管理方式。這就使飲食業在業務經營上具有一定的複雜性。

6. 具有結構的層次性

飲食業由於經營範圍和服務對象不同，在規模、結構上存在著明顯的差別性，形成了多層次的行業結構。目前，中國主要分為大、中、小三種類型。大、中型飲食店有飯店、飯莊、酒樓、酒家、菜館、餐廳等，提供以筵席、名菜為主的綜合性服務；小型飲食店有點心店、茶樓、茶館、茶室、咖啡店、小吃部等，以提供一般飯菜、小吃、點心和飲料為主。

（二）發展飲食貿易的基本對策

發展飲食貿易的基本對策包括：

（1）要貫徹「面向大眾，分級劃類，發揚傳統特色，適應多種需要」的經營原則，建立多層次、多行業、多形式的飲食業內部的合理結構，滿足不同消費地區、不同消費階層的不同消費需要。

（2）飲食貿易的發展要與消費水準的提高、人口的增加和旅遊事業的發展相適應。隨著國民經濟的發展，人民生活水準的提高，旅遊事業的擴大，高檔飯店應該相應增多，適應人民日常生活的一般消費水準的中、小型網點也需要同步發展。

（3）目前的戰略重點應放在城市、集鎮、交通要道和人口稠密的居民住宅區，發展以快餐、家庭餐廳、各種面點鋪、風味小吃店和飲食攤為主體，在大城市、旅遊區和重要口岸有計劃地發展一批中、高檔飯店和餐館，逐步形成遍布城鄉、服務上乘、分工合理的飲食業結構。

（4）從社會主義初級階段的現實出發，要充分發揮集體、個體和私營飲食業的積極作用。放寬政策，積極支持，鼓勵經營，使其成為遍布城鄉、服務社會的重要力量，逐步建立一個多種經濟形式並存的飲食業結構。

第四節　服務貿易

一、服務貿易的含義、種類及特點

（一）服務貿易的含義

服務是指不以實物形式而以提供活動的形式滿足他人某種需要的活動。服務是一個經濟範疇。一般來講，服務是以活動的形式提供具有特殊使用價值的勞動，服務不

是作為物而有用，而是作為活動而有用。

服務貿易有廣義與狹義之分，廣義的服務貿易泛指以提供直接服務活動形式而不是提供實物商品來滿足他人的某種需要而取得報酬的活動。提供的這些服務項目，既有生產性服務，也有生活性服務；既有與人們物質需要相關的服務，也有與人們精神需要相關的服務。狹義的服務貿易特指國際貿易結構中的服務貿易，是指一個國家或者一個地區以提供直接服務活動形式滿足另一國或者地區某種需要以取得報酬的活動，服務貿易一般情況下都是指廣義含義。

（二）服務貿易的類型

由於服務貿易的範圍比較廣，存在的方式也相對比較複雜，因此對服務貿易進行分類仍存在分歧。目前主要的分類方法有以下幾種：

1. 按行業劃分

根據《服務貿易協定》，世界貿易組織將服務貿易分為商業服務、通信服務、建築及相關的工程服務、分銷服務、教育服務、環境服務、金融服務、與醫療有關的服務、與旅遊及與旅行有關的服務、娛樂文化和體育服務、運輸服務、其他服務12個類別。每個部門下又再分為若干分部門，共計155個分部門。這一分類目錄與聯合國中心產品分類目錄是一致的。

2. 按服務提供方式劃分

根據世界貿易組織的界定，服務貿易被劃分為四種提供方式。一是跨境提供方式，指服務的提供者在一成員方的領土內，向另一成員方領土內的消費者提供服務的方式，這種服務不構成人員、物資或資金的流動，而是通過電信、郵政、計算機網絡等手段實現對境外的外國消費者的服務。二是境外消費方式，指服務提供者在一成員方的領土內，向來自另一成員方的消費者提供服務的方式，如接待外國遊客、接收外國留學生、享受國外的醫療服務等。三是商業存在，指一成員方的服務提供者在另一成員方領土內設立商業機構，在後者領土內為消費者提供服務的方式，如一國的公司到國外開辦銀行、商店，設立會計事務所等。四是自然人流動，指一成員方的服務提供者以自然人的身分進入另一成員方的領土內提供服務的方式，如一國的醫生、教授、藝術家到另一國辦公司，提供服務。

3. 按要素密集程度劃分

根據服務產品的要素密集程度，可以將服務貿易分為以下幾類：①勞動力密集型服務貿易，主要是指國際勞務的輸出、輸入，如建築工程承包等；②資本密集型服務貿易，主要是指國際資本的輸出、輸入，如金融保險等；③人力資本密集型服務貿易，主要是指諮詢、管理等專業服務，運用產權、特許權、專利權等權益性資產提供的服務，以及以提供知識信息和其相關服務的貿易。隨著知識經濟的發展以及信息技術的傳播，人力資本密集型服務貿易在國際服務貿易中的比重將不斷增加，這在一定程度上反應出服務貿易的未來發展趨勢。

4. 中國統計制度的分類

商務部、國家統計局遵循國際服務貿易統計的最新標準，借鑑世界發達國家服務

貿易統計方法，並結合近年來中國服務貿易發展的實際情況和特點，修訂了《國際服務貿易統計制度》，該制度於 2010 年 8 月 1 日起正式施行。該統計制度將服務貿易分為：①運輸，指一個經濟體的居民為另一個經濟體的居民提供的海運服務、空運服務、鐵路運輸服務、公路運輸服務、內陸水道運輸、空間運輸、管道運輸服務、運輸輔助服務以及其他運輸服務等。②旅遊，包括旅行者在其訪問的經濟體逗留不滿一年期間從該經濟體購買的貨物和服務。③通信服務，包括郵政和信使服務、電信服務兩個子目。④建築及相關工程服務，包括建築服務、建築工程和其他技術服務以及其他服務。⑤金融服務，包括金融仲介和輔助服務。人壽保險企業和養恤基金的金融服務、居民和非居民之間進行的其他保險服務不包括在內。⑥保險服務，包括居民保險企業向非居民提供各種保險和非居民保險企業向居民提供各種保險。⑦計算機和信息服務，包括硬件和軟件的相關服務和數據處理服務。⑧教育服務，包括初等教育、中等教育、高等教育、成人教育和其他教育。⑨環境服務，是環境保護的一個整體概念，涉及由廢物、廢氣和廢水以及三廢處理、噪音和生態系統引發的環境污染，對環境進行監測、污染預防、環境改善以及污染限制的相關服務，分為污水服務、廢料處理服務、衛生和類似服務以及其他四個類別。⑩醫療、保健和社會服務，包括醫療、醫院服務，其他人類健康服務和社會服務。⑪娛樂、文化與體育服務，包括影視、音像及相關服務，娛樂服務、通訊社服務、圖書館、檔案館、博物館和其他文化服務，體育和其他娛樂服務，以及其他相關服務。⑫特許使用費和許可費服務，包括特許專營費和為使用註冊商標支付的特許使用及由於核准使用無形的、非生產的和非金融的資產與所有人權利以及由於根據許可協議使用創作的原作或原型。⑬分銷服務，指一經濟體成員通過跨境提供為另一經濟體成員提供的佣金代理服務、批發銷售服務、零售服務、特許經營服務以及其他服務等。⑭其他商業服務，包括營業租賃服務，法律、會計、管理諮詢和公共關係服務，廣告、市場調研和民意調查，研究和發展服務，農業、採礦和其他就地處理服務等。

（三）服務貿易的特點

1. 服務貿易的無形性

服務貿易的無形性即在消費之前服務沒有一種直觀的具體的物理存在形態，消費者購買服務之前，往往不可感知服務和瞭解服務的質量，提供的服務具有不穩定性和潛在的可變性，其質量難以標準化。比如教育服務、餐飲服務等，購買服務的風險比購買貨物的風險大。

2. 服務貿易過程中服務生產與消費的不可分離性

貨物貿易的生產與消費過程往往是分離的，商品一旦投入市場體系或流通領域便成了獨立的交易對象，許多商品在甲地生產，卻在異地甚至異國消費，生產者和消費者之間沒有任何接觸。服務貿易要求生產者和消費者同時在場，直接接觸並互動，兩者（生產者和消費者）在時間上和空間上是不可分離的。這種不可分離性要求服務不能脫離服務對象，服務提供者和購買者不能與服務在時間或空間上分割開來。比如，理髮師為顧客提供服務，理髮師和顧客兩者需要在同一時空內直接接觸才能進行服務。

3. 服務貿易過程中服務的不可儲存性

貨物商品在生產出來以後，到進入消費領域之前，或長或短均有一個儲存過程，但由於服務的無形性以及服務生產和消費的同步性，絕大多數情況下服務是不能被儲存和運輸且不能被包裝和反覆進行轉讓的。例如，航空運輸業和旅遊業，不論在需求淡季時有多少空位，都不可把此時賣不出去的空位儲存到旺季時出售，也不可能通過運輸把甲地賣不出去的座位和床位轉移到乙地進行出售。服務一旦被生產出來，如果不在當時當地被消費掉，往往就會造成損失，只是這種損失不像有形商品的損失那樣明顯。

4. 服務貿易過程中服務產品質量的差異性

服務產品的差異性要比商品差異性明顯得多。企業在設計和生產有形商品時，可以通過對產品物理、化學性能的測試和鑒定，保證產品達到一定的質量標準，並通過採用先進的生產工藝實現標準化生產，使同批量產品之間具有高度的一致性和替代性。但服務產品不同，服務業是以「人」為中心的產業，大多數服務的提供者和接受者都是活生生的人，因而服務很難批量生產。同時，由於不同的服務提供者的素質和能力存在差異，提供的服務質量也存在差異。即便是同一服務人員，由於在提供服務過程中的工作態度和技能發揮的差異，也會導致服務具有差異性。比如教育服務業中，學生專心聽講，表現出強烈的求知欲，必將激發教師的授課熱情，提高講授的質量；相反，如果學生竊竊私語，必將挫傷教師的授課熱情，影響講授的質量和效果。因此消費者的知識、經驗、誠實的動機，影響著服務的生產力。質量差異性是服務重要的特徵之一。

5. 現代服務業發揮著越來越重要的作用

現代服務業是指伴隨著信息技術和知識經濟的發展產生，用現代化的新技術、新業態和新服務方式改造傳統服務業，創造需求，引導消費，向社會提供高附加值、高層次、知識型的生產服務和生活服務的服務業。現代服務業的核心是現代生產者服務，如設計研發服務、金融服務、網絡服務、信息服務、商務服務、物流服務等。服務外包是現代服務業的重要經營形式。

二、服務貿易迅速發展的原因

1. 國內外服務貿易的需求迅速增長

一方面，隨著經濟的發展，本國人民生活水準的普遍提高，消費者的需求結構和需求偏好將發生較大變化，人們對生活方式和生活質量有了更多和更好的追求。國際經驗表明，人均國內生產總值5,000～10,000美元正是需求結構和偏好發生重要轉變的一個節點，超過這一節點，物質產品的邊際效用將逐步遞減，而對享受型服務消費的偏好將逐步增加，由此產生了對各種個人服務直接的巨大需求。20世紀60年代初，世界主要發達國家的經濟重心開始轉向服務業，產業結構呈現出「工業型經濟」向「服務型經濟」轉型的總趨勢。隨著中國城鄉居民收入水準的提高和社會保障制度的逐漸完善，城鄉居民的消費將逐步從過去的物質商品為主向服務商品為主或兩者並重轉變，對服務貿易的需求將迅速增長。另一方面，跨國公司服務業國際轉移（服務外包、業

務離岸化等）在迅速增加。表現為跨國公司把非核心輔助型業務委託給國外其他公司，目前項目外包、業務離岸化已經廣泛應用於產品製造、IT 服務、人力資源管理、金融、保險、會計服務、法律服務等多個領域，轉移到成本相對低廉、人員素質相對較高的國家和地區，使這些國家和地區服務貿易需求增加。

2. 社會分工的不斷深化

服務是社會生產和銷售中不可或缺的一部分，在社會分工不發達的情況下，許多服務環節由生產企業獨立承擔。隨著競爭的不斷深入，生產企業將一些非核心環節分離出來，外包出去，專注於核心業務。這就推進了商品生產的社會化、專業化發展，一些為製造業服務的知識擴展、設計、供應鏈管理、研究與開發等生產性服務業得到發展，服務業對分工深化的作用越來越大。

3. 科學技術的進步

科學技術水準的提高促進服務貿易的發展，主要表現在：科技進步增強了服務貿易的可貿性，如電子信息技術的發展拓展了服務貿易的領域，原來必須在同一空間內才能實現的服務貿易可以在不同的空間內實現，如原來不可貿易的知識、教育服務現在可以存儲在光盤中，以服務產品的形式交易，通過衛星電視、互聯網等實現醫療服務；科學技術進步增加了服務貿易的內容，科學技術本身是服務貿易的重要內容。

4. 政府產業政策的支持

服務業是國民經濟的重要組成部分，其發展水準是反應一個國家或地區經濟發展水準、經濟潛力、競爭力以及現代化程度的重要標誌，各國都比較重視服務貿易發展。中國無論是中央人民政府，還是地方人民政府都很重視服務業的發展。2007 年國務院發布了《關於加快發展服務業的若干意見》，2008 年國務院辦公廳發布了《關於加快發展服務業若干政策措施的實施意見》，還出抬了關於軟件、動漫、現代物流等部分服務行業發展的指導意見，各省市開展了服務業綜合改革試點，一些地區實行了鼓勵第二、第三產業分離的政策。這一系列政策措施的推行，有力地促進了中國服務業的發展。

三、當代國際服務貿易發展的特點

（一）服務貿易在國際貿易中的比重不斷加大

第二次世界大戰以後的半個多世紀當中，特別是 20 世紀 70 年代以來，由於國際分工的深化，產業結構不斷調整，科技革命加劇以及跨國公司的崛起，促使國際服務貿易以高於貨物貿易增長的速度迅速發展。根據專家統計，1960—2009 年的 50 年間，西方主要國家的服務業產值占國民生產總值的比例已高達 2/3 以上，服務業就業人數占整個就業人口的比重由 1/2 上升到 2/3 左右。

（二）國際服務貿易結構不斷優化

第二次世界大戰以前，服務貿易的主要項目是勞務輸出。當時雖然已有電信服務、金融服務和運輸服務，但發展緩慢，所占比重很小。第二次世界大戰以後，不僅如運輸、旅遊、勞工等勞動密集、資源密集的服務業由於採用了先進技術手段，貿易規模

不斷擴大，而且許多從製造業中分離出來、獨立經營的新興服務業發展也很快；那些以高新技術為載體的資本密集、技術密集、知識密集型的服務業，如金融、保險、信息、諮詢、數據處理等發展最快。

（三）國際服務貿易的發展不平衡

一是發達國家在世界服務貿易中占據主導地位。服務進出口前十位中基本都是發達國家，有時中國和印度能進入此列。

二是地區間發展不平衡。西歐是世界上最大的服務貿易地區，其次是亞洲、北美、拉美、非洲。

三是行業間發展不平衡。服務貿易通常被分成運輸、旅遊和其他商業服務（主要包括通信服務、建築服務、保險、金融、計算機和信息服務、專有權利使用以及特許、諮詢、會計、法律、廣告及文體娛樂服務等）三大類別，其他商業服務年均增長率（一般為12%）都要超過運輸服務（一般為10%）、旅遊服務（一般7%）。增長速度的差異導致世界服務貿易總體結構發生變動。世界貿易組織的統計顯示，運輸和旅遊等傳統服務貿易部門在世界服務貿易中所占比重呈下降之勢，而其他商業服務所占比重顯著上升，占50%以上。

（四）國際服務貿易保護主義盛行

各國為了自身的經濟利益，或者出於國家主權、文化需要、社會穩定安全方面的需要，對服務進口往往施加各種限制性法規及政策，以保護本國服務業及促進本國的服務出口。這種情況不僅出現在服務業不發達的發展中國家，在服務貿易占絕對優勢的發達國家也同樣如此，整個世界在服務貿易方面存在著巨大的、多重的貿易壁壘。比如，為保護美國的印刷業，美國的版權法禁止進口美國作者在海外印刷的作品；阿根廷、澳大利亞、加拿大等對外國產的廣播和電視作品有嚴格限制；韓國、馬來西亞和菲律賓不允許外國銀行擴展分支機構；西歐各國借口保障本國居民的就業，近年來大批辭退來自發展中國家的服務人員。這些例子說明服務貿易保護主義措施廣泛存在於各國不同行業之中。

（五）國際服務貿易越來越受到各國的重視

由於第三產業日益成為一國經濟的支柱，由於服務貿易的迅速發展與國際競爭日趨激烈，各國為了自己的利益都加大了國際服務貿易的發展力度，國際服務貿易和國內服務業的發展更成為政府、工商界關注的熱點。許多發達國家與發展中國家都紛紛組織力量加大對這一領域的研究，力圖在這一新的國際經貿領域中真正做到知己知彼，以努力提高決策的科學性與服務貿易拉動經濟增長的有效性，以便在進入和開放國際服務貿易市場的實踐中處於主動地位。

四、中國服務貿易的發展

（一）中國服務貿易的發展特點

改革開放以來，中國的服務貿易發展迅速，基本形成了較為完整的服務業體系。

1978—2011 年的 30 多年間，服務業平均增速超過 10%，高於同期國內生產總值的平均增長速度，表現出以下特點：

1. 服務貿易額不斷擴大，貿易規模顯著擴大

隨著全球經濟的較快發展和國內經濟的強勁增長，中國對外服務貿易額不斷攀升，規模不斷擴大。1997—2011 年的 10 多年間，中國服務貿易進口額增長了 4 倍，服務貿易出口年平均增長率為 21%，進口額年平均增長率為 18%。

2. 傳統部門仍占主導，新興部門快速成長

旅遊、運輸和其他商業服務為中國傳統優勢部門，三者合計約能達到總進出口額的 80%，這些傳統勞動密集型行業發展較快，成為中國對外服務貿易的主要增長源泉。值得關注的是，諮詢、計算機和信息服務兩個新興知識密集型行業都呈現出快速增長的趨勢，成為新的增長點，無論進口還是出口，所占比重均有所上升，成為繼傳統優勢部門之外新的增長點。2010 年計算機和信息服務、專有權利使用費和特許費、諮詢和廣告宣傳出口占服務出口總額的比重為 21%，比 2005 年上升了 10 個百分點。「十一五」期間，計算機和信息服務、諮詢出口額分別增長了 4 倍和 3.3 倍，年均分別增長 38% 和 34%。

3. 服務貿易對國民經濟發展的貢獻增強

隨著改革開放的不斷深入和產業結構的調整，服務貿易在對外貿易中的地位逐步提高，對經濟發展的貢獻逐步增大。這主要表現在：一方面，服務業占國內生產總值比重不斷提高。1978 年，中國服務業的增加值為 872.5 億元，占同期國內生產總值的比重僅為 23.9%；2010 年中國實現服務業增加值 17.1 萬億元，占同期國內生產總值的比重達到了 43%。另一方面，服務業就業人數大幅增長，占就業總人口比重不斷提高。1978 年，中國服務業就業人數只有 2,890 萬人，占當年就業人口的比重僅為 12.2%，而 2009 年服務業就業人數占全社會就業人數比重為 34.8%。[1]

(二) 中國服務貿易發展中存在的問題

1. 中國服務業發展水準與世界水準有較大差距

2011 年中國服務貿易總額為 4,191 億美元，達到歷史最高水準，但為美國的一半，美國服務貿易出口總額在 2009 年就已達到 4,700 億美元，2010 年，中國的服務貿易出口額只有 1,702.5 億美元，排名世界第四。中國服務業發展水準仍低於世界平均水準，主要表現在：一方面中國服務業增加值的比重與國際水準相比存在較大差距。2009 年中國服務業增加值占國內生產總值的比重為 43.4%，低於 2007 年世界平均水準 (69.4%)；另一方面，中國服務業的就業人口比重與國際水準相比存在較大差距，2009 年服務業吸納就業的比重為 34.8%，不僅低於發達國家，甚至還低於某些發展中國家。

2. 中國服務業結構有待優化

中國服務業內部結構尚不合理，表現在商業、飲食業、運輸業、倉儲業和郵電通

---

[1] 中華人民共和國國家統計局. 中國統計年鑑 2010 [M]. 北京：中國統計出版社，2010.

信業等傳統服務業比重偏大，信息服務業、技術服務業、諮詢業、廣告業、現代信業、旅遊業、金融保險業、房地產業等新興服務業比重偏小。2009年中國旅遊和運輸服務分別占服務貿易產品的30.9%、18.3%，而在全球服務貿易量最大的金融、保險、通信、計算機與信息服務、專利服務、諮詢等技術密集和知識密集的行業，仍處於較低的發展階段，國際競爭力較弱。

3. 中國服務貿易地區發展不平衡，出現東強西弱的現象

由於中國各地區發展的不平衡性，城市化水準較低，導致現代服務業地區發展也不平衡，服務貿易的地區分佈過於集中，出現東強西弱的現象。東部沿海地區服務貿易發展態勢良好，在諮詢、計算機和信息服務等行業所占份額較大，中西部地區服務貿易雖然有所發展，但規模較小，所占份額仍然很小。同時服務貿易收支也主要集中在上海、北京、浙江、江蘇和廣東等經濟相對發達的地區。

（三）中國服務貿易發展的對策

1. 調整優化服務貿易產業結構

目前中國服務貿易總體水準落後，服務貿易結構不合理，其中，最大的制約因素是中國第三產業規模和比重較小，服務業發展水準較低，且服務部門、種類和設施尚不健全。為此，必須大力發展服務業，加快產業結構的調整和優化。大力發展有影響力的戰略產業與行業，重點發展信息、科技、會議、諮詢、法律服務等行業，加大政策傾斜與扶持力度，具體包括完善信貸、財政等優惠措施，以及積極的產業政策、技術政策，帶動服務業整體水準的提高。

2. 加大服務貿易的開放力度

政府管制總體上是不利於競爭的，政府管制對競爭性服務行業的影響更為顯著，加大國內服務貿易市場的開放力度，改革部分行業壟斷經營嚴重，市場准入限制過嚴和透明度不高的狀況，按市場主體資質和服務質量，逐步形成規範、統一的市場，有利於中國經濟與國際經濟接軌，可以吸引大量外資，引進先進技術和管理，可以提高企業生產效率，增強創新動力，改變中國服務業發展落後的現狀，最終將有利於國內服務業的發展和服務貿易國際競爭力的提升。

3. 完善服務貿易法規體系

中國目前服務貿易的立法工作還很落後，服務業中許多部門都無專項法律法規。因此，為保證服務貿易健康發展，應加強對世界貿易組織等有關條款原則的研究，盡快建立健全既符合本國經濟發展目標又不違背國際法律準則的法律、法規。對服務市場准入原則、服務貿易的稅收、投資、優惠條件等要以法律形式規定下來，以增加中國服務貿易的透明度。

4. 建立和完善服務貿易管理體制

對中國國際服務貿易實施有效的宏觀管理，關鍵是要迅速建立科學的管理體制。首先，要明確國際服務貿易的管理範疇。中國服務貿易主管部門的宏觀管理職能主要是規劃服務貿易發展戰略，制定或參與制定服務貿易法律、法規，對外協調與其他國家的服務貿易關係，並落實《服務貿易總協定》的有關條款。其次，建立國際服務貿

易管理的組織機構和協調機制。服務貿易涉及諸多部門，有必要成立全國性的服務貿易管理組織，在政府的相關法規、政策引導下，對服務業進行法制化管理，並通過一些半官方和非官方的行業協會、同業組織引導和監督服務業進行自我約束和自我管理。

5. 鼓勵民間資本進入生產性服務業貿易

中國的電信、金融、保險等行業主要以國有大型企業為主，缺乏足夠的市場競爭。應逐漸鼓勵民間資本有序進入，從而促進市場競爭，加速服務業企業制度創新和技術創新，提高國際競爭力。在另一些新興的計算機和信息服務、諮詢服務等產業，民間資本已經發揮了重要作用，這些服務業出口額迅速增長，屬於中國現階段應該重點發展的行業。但這類新興服務行業的知識含量、技術含量都較高，需要投入大量的資金。可以通過更多的實際措施，例如財稅優惠、創新金融產品解決融資問題等辦法帶動民間資本的進入，擴大服務貿易出口。

復習思考題

1. 商品貿易有哪些類型？各有什麼特徵？
2. 簡述資本貿易與貿易資本內容的區別。
3. 簡述技術貿易、信息貿易、房地產貿易的特徵。
4. 服務貿易有什麼特徵？服務貿易迅速發展的原因是什麼？
5. 中國服務貿易發展情況如何？

[本章案例]

不同國家服務業發展比較

美國作為最大的發達國家，在發展服務貿易上有很多經驗值得借鑑。長期以來，美國服務貿易基本居世界首位，2010年，美國服務貿易出口5,183億美元，進口3,581億美元，貿易順差1,602億美元。美國的服務貿易出口額約為中國的3.6倍，英國的2.3倍，德國2.2倍，法國的3.6倍，佔世界服務貿易出口總值的14%；進口也遠超過其他國家，佔世界服務貿易進口總額的10.2%。美國服務貿易的前三大領域分別為運輸、旅遊和其他商業服務。一直以來，美國政府積極推動服務貿易的發展，一方面建立了比較完善的服務貿易法律法規體系和管理機制，促進服務業的充分競爭，為服務業發展營造良好的國內環境；另一方面主導服務貿易總協定（GATS）的簽訂和實施，推動國際服務貿易自由化，為其服務業發展贏得了發展空間，政府部門及民間團體還通過專門的諮詢機構，為本國企業提供多種服務。同時，美國還利用各種灰色條款保護本國不具有競爭優勢的服務行業和敏感性服務行業。

日本作為後起的發達國家，是通過實施外向型發展戰略實現經濟起飛的範例。出

口導向的發展戰略使日本一躍成為世界上最大的商品貿易順差國和最大的債權國。與商品貿易相比，日本的服務貿易發展相對滯後，從表 1 可以看出，日本的服務貿易競爭力相對較低，這與其製造業在國際市場上所達到的水準極不相稱，大大落後於世界其他一些發達國家。這種現象被一些日本學者稱為「日本病」。日本服務業的三大領域是運輸、旅遊和其他商業服務。2010 年日本服務貿易出口占世界服務貿易出口總值的 3.8%。較低的開放度是影響日本服務服務貿易競爭力的重要原因。

表 1　　　　　2000—2010 年日本服務貿易進出口額　　　　單位：億美元

年份	2000	2001	2002	2003	2004	2005	2006	2007	2008	2009	2010
出口	694	648	661	718	897	1,021	11,151	1,271	1,464	1,259	1,389
進口	1,052	988	979	999	1,199	1,224	1,339	1,487	1,674	1,470	1,558

近年來，印度服務業發展較快，國際服務貿易競爭力不斷提升，許多做法值得發展中國家學習和借鑑。從表 2 可以看出，近年來印度服務貿易呈現出較快增長，2004 年以後出現貿易順差，2007 年貿易順差達 162 億美元。2007 年印度的計算機和信息服務業具有比較明顯的比較優勢，是第一大出口部門。印度積極發展服務外包，其他商務服務業發展很快，成為第二大出口部門。1991 年印度政府就出抬了發展軟件產業的鼓勵政策。印度大力鼓勵本土企業承接外包業務。從 20 世紀 90 年代開始，印度在金融、保險、電信等部門向私人投資和外資開放，激發了私人和外商的投資熱情。2009 年印度出口貿易中服務貿易占 28.7%，高於世界平均水準的 8.3%。

表 2　　　　　2000—2010 年印度服務貿易進出口額　　　　單位：億美元

年份	2000	2001	2002	2003	2004	2005	2006	2007	2008	2009	2010
出口	160	168	191	236	379	522	695	866	1,067	926	1,233
進口	189	198	208	247	353	468	582	704	878	803	1,161

資料來源：[1] 張莉. 發達國家服務貿易經驗及啟示 [J]. 中國經貿，2011（2）：36-38.
　　　　　[2] 楊廣. 中印服務貿易發展比較之研究 [J]. 國際貿易問題，2010（2）：68-73.

問題

1. 分析日本和印度服務貿易國際競爭力，探討美國、日本、印度服務貿易發展的影響因素。

2. 美國、日本、印度發展服務貿易的做法對中國的啟示是什麼？

第五章　貿易與市場

[**學習目的**]　瞭解市場的含義、市場的基本功能及市場類型，明白市場商品供給與商品需求的來源及商品供求規律的內容，熟悉市場競爭的形式及市場競爭效應等理論。

第一節　市場是貿易的載體

商品交換需要一定的場所，即市場，各種社會貿易活動都必須通過具體的市場進行。市場是貿易的載體，貿易的發展離不開市場的發展和完善。

一、市場的含義

市場有多種解釋，一般包括以下主要內容：①市場是商品交換的場所。這是市場最原始、最基本的概念。②市場是商品交換關係的總和。偶然的、個別的交換活動地點不能稱之為市場。③市場是商品的「銷路」。如講有無市場，就是指有無銷路。④市場是交易的組織形態。如講批發市場，就是指批發的組織形態。

二、市場的基本功能

1. 經濟聯繫功能

市場是貿易的載體，通過市場可以實現國家之間、地區之間、城鄉之間、不同行業之間、不同經濟成分之間、同一經濟成分不同企業之間、生產和消費之間的經濟聯繫。

2. 價值實現功能

在市場經濟條件下，無論是個別再生產，還是社會再生產，只有通過市場才能將商品出售給消費者，才能購進所需的生產要素。無論是生產生產資料的第Ⅰ部類，還是生產消費資料的第Ⅱ部類，只有通過市場才能獲得價值的補償和物質形態的替換，兩大部類之間、各部門之間才能按比例協調發展。

3. 經濟調節功能

商品生產和商品消費在任何條件下總是存在著一定的矛盾，在市場上表現為供不應求或供過於求。平衡是暫時的，局部的。通過市場可以調節社會勞動總量在不同部門之間的分配比例，優化社會資源的配置。

4. 信息傳導功能

市場能夠通過交易活動或其他形式的聯繫手段，把市場的供求變化、價格變動、賣方或買方的生產、經營、消費等信息傳導給生產者、經營者、消費者，使其能夠依據這些信息來分析研究市場現狀及發展趨勢，為其生產消費決策提供依據。市場傳播、交流、反饋的信息同樣也是作為市場調控主體的國家進行宏觀調控決策的依據。

三、市場類型

（一）按交換的對象分為商品市場與生產要素市場

商品市場包括消費品市場、生產資料市場，這些市場還可以根據商品性能、用途等繼續細分。例如，消費品市場可以分為家電市場、食品市場、服裝市場、日用品市場等。生產要素市場包括金融市場、勞動力市場、技術市場、信息市場等。其中金融市場是生產要素市場的樞紐和血液，包括資本市場和貨幣市場。資本市場又可分為股票市場、債權市場、基金市場等。

（二）按交換的空間範圍分為城鄉市場、區際市場、國際市場

城鄉市場，可以分為城市市場與農村市場。城市市場是指在城市發生和完成的各種交換活動，購買者主要是城市居民。農村市場是指在農村發生和完成的各種交換活動，購買者主要是農民。區際市場是國內各地區之間發生的各種貿易活動的統稱，包括行政區際和經濟區際之間的貿易。國際市場是指商品貿易活動跨越國界以世界範圍為交換空間的市場，可以分為區域性國際市場和全球化國際市場（世界市場）。區域性國際市場是指一些國家聯合為一體的跨區市場，如歐盟、北美自由貿易區等。全球化國際市場是指世界一體化的市場，貿易的範圍是全球。和國內市場相比，國際市場上的交換涉及的是國家與國家之間的經濟聯繫，國際市場的交換規模更大，容量更大，競爭更激烈，並且國際市場上的交易結算涉及不同國家的貨幣交換，影響因素更複雜，風險更大。

（三）按交換的時間界限和商品交割的程度分為現貨市場與期貨市場

現貨市場包括即期現貨市場與遠期現貨市場，進行的都是現貨貿易。即期現貨交易的規則是錢貨兩清，基本上是一手交錢一手交貨，商流物流同時完成；遠期現貨市場實行遠期合同交易，交易規則是合同簽訂成交在前，商品實物交割在後，或者商品實物交割在前，全部貨款結清在後。期貨市場是指在期貨交易所發生的商品期貨合約的買賣，交易目的是套期保值或投機牟利，絕大多數交易以對沖結束。

（四）按交換的場所分為有形市場與無形市場

有形市場是指交換與貿易活動有固定的交易場所，如傳統的集鎮貿易、商業步行街、批發交易市場、證券交易所大廳等。無形市場是指交換和貿易活動無固定的場所，交易雙方通過電話、網絡、信函等方式洽談成交的市場。隨著現代信息技術和網絡技術的發展，以及電子商務、網上銀行、電子貨幣的出現，無形市場的規模將越來越大。

（五）按市場競爭程度分為完全競爭、壟斷競爭、寡頭壟斷、完全壟斷市場

在完全競爭市場上，交換的商品具有同質性，買賣雙方眾多，競爭充分，廠商沒有市場勢力，只是價格的接受者。壟斷競爭市場的廠商數量少於完全競爭市場的廠商數量，競爭程度也有所緩和，在現實中更為多見。寡頭壟斷市場的廠商數量僅有幾個，互相之間的產量決策和定價決策等廠商行為相互影響，廠商的競爭策略也更多樣，如：中國目前的電信市場就僅有移動、電信、聯通三家營運商。完全壟斷市場的廠商只有一個，廠商根據利潤最大化原則確定壟斷價格和壟斷產量，嚴重損害社會福利。

第二節　市場供求與貿易

在商品經濟條件下，生產者進行生產不是為了滿足自身的消費需要，而是為了交換。隨著生產的不斷進行，商品源源不斷地湧進市場，所有待售商品形成商品供給。消費者手中持有一定量的貨幣，只能通過市場購買來獲得自己需要的商品，進而形成商品需求。商品供給和商品需求是形成市場商品流通的兩個基本條件，也是貿易賴以存在和發展的基礎。

一、商品供給

（一）商品供給含義

商品供給是指一定時期內已經存在於市場上的和能夠提供給市場銷售的商品總和。既可以是待售的物質產品，也可以是非物質產品，如勞動力、資金、技術、信息等。商品供給的形成要受多種因素的制約，主要取決於商品資源總量及其在市場供應量和非市場供應量之間的分配比例。

（二）商品供給量的主要來源

1. 國內生產部門提供的商品

這是商品供給最主要、最基本的來源。生產部門提供的商品資源數量取決於生產力和生產的商品化程度，其中生產力包括生產規模、高新技術的市場化程度和供給創新能力等。只有生產不斷發展，商品率不斷提高，市場供給量才會相應增加。

2. 進口物資

在現代市場經濟和開放式貿易存在的條件下，進口是商品資源的重要來源。任何國家和地區都不可能生產一切產品，都不可能是其商品供給的唯一來源。當本國生產的產品不能滿足或者不能適應本國需求時，就需通過進口來增加商品資源，改善商品結構。隨著國際分工的深化，進口就不僅僅是互通有無、長短相補的問題，而是怎樣利用國際市場和國外資源獲取比較利益的問題。各國經濟對國際貿易的依存度不斷提高，進口在商品供給中的作用也越來越重要。

3. 國家儲備撥出的物資

為保證國民經濟的正常運行，應付重大的非常事件，國家必須儲備一些物資。這

些物資一般不能動用，除非遇到重大災害、戰爭或者國民經濟發展出現大的波動時，為保障社會穩定、保障戰爭供給和國民經濟協調發展才能動用。但由於產品自然屬性方面的原因，這類物資在儲存一定期限之後需要更新，否則就會失去使用價值。這些應急臨時動用的儲備物資和經常性的儲備物資更新，投入市場，便形成商品供給的補充來源。

4. 國家財政撥出物資

財政部門通過稅收取得的實物和財政處理物資，如過去以農業稅形式徵收的糧食、財政罰沒物資等，投放市場形成商品供給。

5. 社會潛在物資

社會潛在物資指行政機關、企事業單位、居民等暫時不用或不適用的物資，以及廢舊物資再生資源等。由於市場變化，一部分生產消費儲存和生活消費儲存的物資出現逆向運動，即重新投放市場，補充社會商品供給。廢舊物資再生資源是指儘管商品已被生產或生活所消費，但仍有部分使用價值或可作其他用途，可進入再生資源或舊貨市場再流通、再使用，成為社會商品資源的一種補充。隨著科學技術的發展，廢舊物資將被開發出更多的利用途徑。

6. 計劃期初儲備的物資

計劃期初儲備的物資是由計劃前期結轉下來的在本計劃期內可以使用的物資。這些物資也是本計劃期內社會商品資源的一項來源。

多種途徑形成了商品供給，但國家在一定時期內所獲得的社會商品資源總量並不能全都形成市場商品供給。其中大多數用來供應國內市場，其餘則用於出口、撥付國家新增儲備物資、撥付國家財政、外援以及其他用途，只有用來供應市場銷售的這部分商品才形成市場商品供給。因而需要合理確定市場供應量和非市場供應量之間的分配比例。

二、商品需求

（一）商品需求含義

商品需求是指一定時期內用於購買商品的貨幣支付能力。需求不等於需要，需求必須以貨幣購買力做基礎和保障。人的需要分為不同的層次，而且從低層次需要臺階不斷向高層次需要臺階逐步上升。在自然經濟形態下，人的需要不必通過市場實現。在市場經濟條件下，實現消費需要必須通過市場上的商品與貨幣交換，前提是具有足夠的貨幣支付能力。但擁有購買能力，沒有購買慾望也不能形成現實的購買力和商品需求。因而商品需求的形成條件是，既有貨幣支付能力，又有購買慾望。

一定時期內的市場商品需求量由社會實際購買力決定，因而市場商品需求量也稱為社會商品購買力。商品購買力和貨幣購買力是兩個不同的概念。商品購買力是指一定時期內能夠用於在市場上購買商品的貨幣量，它所回答的是用於購買商品的貨幣有多少；而貨幣購買力是指單位貨幣購買商品的能力，也就是貨幣所包含的價值量，它所回答的是用於購買商品的單位貨幣能買到多少商品。貨幣升值，貨幣購買力就提高；

貨幣貶值，貨幣購買力就下降。在紙幣流通條件下，如果紙幣發行量超過流通中所需要的金屬貨幣量，紙幣就會貶值，購買力也會下降。由於貨幣的價值直接關係到價格的漲落，因而貨幣購買力的升降關係到一定數量的貨幣所形成的購買力對商品供給的適應程度。因此，在貨幣購買力既定的情況下，商品購買力的大小取決於貨幣量的多少；在商品購買力既定的情況下，它能夠購買多少商品，則取決於貨幣購買力的高低。

（二）商品需求構成

市場商品需求可以分為消費需求、投資需求與出口需求，俗稱經濟增長的「三駕馬車」。

1. 消費需求

根據購買對象和用途不同，可以分為居民消費和社會集團消費，其中居民消費占主要部分。

（1）居民消費品購買力，是指一定時期內城鄉居民用於購買消費品的有支付能力的貨幣量，是居民消費水準高低的標誌，它取決於居民貨幣收入總量和居民的貨幣支出結構。居民的貨幣收入分為基本貨幣收入和非基本貨幣收入。城市居民的基本貨幣收入包括企業職工的工資收入、經營管理者的貨幣收入、個體經營者收入和私營企業主收入等；鄉村居民的基本貨幣收入包括農民的經營收入、出外打工的勞務收入、非農的個體經營收入等。城鄉居民的非基本貨幣收入主要包括儲蓄存款的利息收入、股息分紅和購買債券的利息收入、房地產的買賣和租賃收入、社會福利和保障性收入等。居民購買力的大小不僅取決於居民的貨幣收入，還取決於居民的貨幣支出結構。居民的貨幣支出包括商品性支出、非商品性支出、儲蓄和投資支出、手存現金等。其中的非商品性支出是居民的實際貨幣支出中不用來購買商品的支出，如繳納賦稅、捐納和攤派、贍養和饋贈、支付貸款利息、保險費、罰款等。居民的貨幣收入中只有居民的商品性支出才能形成居民購買力。

（2）社會集團購買力，是指居民以外的企業、機關、部隊、學校等社會團體的消費品購買力。社會集團購買力大致可以歸納為以下四類費用：①辦公費用。這主要是指購買文具紙張、書報雜誌、家具設備等的費用。②各種器材和維修工具購置費用。這主要是指購買職工乘用的交通工具和油料、取暖設備和燃燒、零星維修器材及工具、日用電器和電信設備等的費用。③科學研究和教學費用。這主要是指購買各種儀器儀表、教學用具和設備、材料等的費用。④職工勞保福利費用。這主要是指購買勞動保護用品、醫療器材、藥品、食堂設備、文娛體育用品等的費用。關於社會集團購買力的資金來源，廠礦、企業由本單位的經營收入形成，機關、團體、事業等單位則主要由國家財政撥款形成。社會集團購買力基本上屬於管理費用支出，應根據勤儉節約的原則加以嚴格控制。

2. 投資需求

投資需求是指一定時期內國家、企業、居民個人、社會團體用於基礎設施建設、公用事業和生產經營項目等方面的貨幣投入所形成的市場需求，投資需求的資金來源有國家財政預算撥款、各類金融機構的貸款、企業和個人的自有資金投入、國際組織

援助、民間捐助等。

3. 出口需求

出口需求是指國家把一部分產品和勞務輸出國外,以換取必要的外匯收入。

(三) 影響商品需求量的因素

1. 人口因素

這是影響消費品市場需求量的各種因素當中最主要的因素。從人口的規模上來講,人口數量的變化對消費品需求的數量有著最直接的影響,人口數量與消費品的需求量呈正比例關係,人口增長勢必引起消費品需求量的相應增長。

此外,在人口因素中,還有生理特點、民族特點、籍貫、文化教育程度等,這些方面的構成變化對市場商品需求量都會產生影響。

2. 收入因素

這是影響市場需求量變化的決定性因素。收入及由此引起的消費者購買力的增長會直接促使人們消費結構發生變化,從而引起市場需求量的變化。

3. 商品因素

商品本身產銷活動的變化是影響市場商品需求的另一方面的因素。

4. 槓桿因素

利率、價格等經濟槓桿對市場商品的需求量的變化均有重大影響。就利率而言,利率、利息是消費者對現在消費與將來消費(儲蓄)進行選擇的機會成本。因此,利率的提高,將使人們減少消費增加儲蓄;反之,儲蓄就可能減少而消費增加。就物價而言,消費者對物價水準變動的支出反應,主要取決於物價水準的變動同消費者實際可支配收入的變動之間的關係。如果物價水準的變動同消費者的貨幣收入的變動是同比例的,那麼實際收入不變,則消費者的消費需求與儲蓄就會保持不變;但是,如果物價的變動與消費者的貨幣的收入變動不是同比例的,就必然導致實際收入水準上升或下降,進而會引起消費需求的增加或減少。另外,消費者的價格預期也會影響當前的消費開支。實際資料顯示,伴隨收入水準和物價水準的相應上升,居民實際消費開支也會增加,這種情況常在物價水準猛烈上漲的時候出現。這種消費支出的變動是消費者預期未來的價格將繼續劇烈上漲這一心理因素所導致的。相反,如果消費者預期未來物價將會下降,就會減少當前的消費支出,把當前的部分消費支出向後推延,以提高消費效率,實現經濟消費。

5. 社會因素

影響市場商品需求量變化還有其他許多社會方面的因素,如國家政策措施、法律法令、社會風尚、自然氣候等政治、社會、文化、自然因素都對市場商品需求量的變化有直接影響。如中國實行計劃生育政策,獨生子女增多,對兒童用品的需求會帶來新變化;職工業餘學習、文娛活動廣泛開展,對文化用品的需求量會逐漸增多;自然氣候發生異常變化,對季節性商品的需求也會帶來直接影響,這些都會對市場商品需求的完善及其構成產生重大影響。

三、商品供求關係與商品供求矛盾

（一）商品供求關係

商品供給和商品需求既相互聯繫又相互對立，從流通過程的商品運行規律來看，商品是使用價值和價值的統一體，但在現實流通運行過程中表現為使用價值與價值的對立。商品對於其售賣者而言，不是使用價值，而是商品價值；商品對於其購買者來說，才是使用價值，是消費對象。因而商品供求關係體現著使用價值與交換價值的關係。由於售賣者手持的是商品，購買者手持的是貨幣，因而商品供求關係又表現為商品與貨幣的關係。不論商品還是貨幣，都是一種無意識的物，它們之所以能夠來到市場交換，是其所有者推動的結果。因此，使用價值與交換價值的關係、商品與貨幣的關係只是商品供求關係的外在表現，在這種物與物之間關係的背後隱藏著人與人之間的關係，也就是買者與賣者的關係。

分析商品供求關係不能只停留在流通過程，因為流通過程只是商品供給與商品需求發生聯繫和實現結合的階段，從本質上而言，商品供給與商品需求的形成是由社會再生產過程的各種比例關係決定的，尤其是由生產與消費的比例關係決定的。從整個社會再生產過程來看，流通是聯繫生產和消費的仲介；從循環往復的社會再生產過程來看，流通則是社會再生產的中心。

（二）商品供求矛盾

商品供給和商品需求相互依存、相互制約、相互對立，形成商品供求矛盾。一方面，供求雙方彼此以對方的存在作為自己的存在前提。沒有需求，供給就毫無意義；沒有供給，需求就無法得到滿足。因此，供求的發展要求彼此相互適應。另一方面，供求雙方都是變量，形成條件不同，影響因素各異，導致兩者經常不相適應。供求雙方這種既對立又統一的辯證關係就是商品供求矛盾。

商品供求矛盾始終處於運動和發展之中，具體表現為供求平衡與供求失衡兩種狀態。供求之間互相適應叫作供求平衡，供求之間不相適應叫作供求失衡。供求平衡是相對的、暫時的，供求失衡是絕對的、普遍的。相對平衡包含著絕對不平衡，只不過在相對平衡狀態下，供求大體協調，不平衡不明顯，矛盾沒有暴露出來。而當其發展到不平衡的狀態時，矛盾便明朗化了，明顯地表現出供不應求或供過於求。可見在商品供求相適應時，就包含了不相適應的因素，平衡和失衡只是絕對不平衡隱藏和暴露著的兩種形態而已。

之所以供求失衡是供求矛盾運動的經常的、絕對的、基本的狀態，而供求平衡只是暫時的、相對的狀態，是因為：首先，供求關係是生產消費關係在市場上的反應。產銷本身存在總量、結構、時間、空間方面的矛盾，導致市場供求總量、結構、時間、空間方面的失衡。其次，供給和需求的形成條件不同。從生產到供給，從消費到需求，各自受一系列因素所制約。即使產銷一致，在其形成供求關係的過程中，由於雙方制約因素不同以及制約因素的作用程度不同，也會發生供求失衡。最後，即使影響供求形成的因素是一致的，但在其實現過程中，受市場上種種客觀條件和環境的制約，作

用的方向和程度不一致，也會產生供求失衡。

供求失衡包括一般失衡和嚴重失衡。一般失衡是貿易運行的正常情況，是供求比例協調所允許的，而嚴重失衡是供求矛盾惡化，會造成嚴重的供求比例失調，進而破壞貿易和整個社會經濟的正常運行，甚至可能導致整個社會經濟秩序混亂。因此，必須避免出現嚴重的供求失衡。在市場存在一般不平衡時，就要控制不平衡發展的趨勢和程度，防止發展為嚴重不平衡。

從失衡到平衡，再從平衡到新的失衡，失衡—平衡—失衡是商品供求矛盾運動的趨勢。供求矛盾總是運動的、發展的，或者從不平衡向平衡轉化，或者從平衡向不平衡轉化，推動市場不斷發展。

（三）實現供求平衡的措施

市場商品的供求平衡，是整個經濟結構比例關係是否協調的反應，是國民經濟的基本比例關係是否適應的標誌。組織市場商品供求平衡需要各方面的努力。

1. 安排並組織實現國民經濟主要比例關係的綜合平衡

國家通過加強宏觀規劃與對市場進行有效的宏觀調控，搞好國民經濟中的主要比例的綜合平衡是組織實現市場商品供求平衡的基礎。根據消費品生產增長和市場商品可供量增長的可能性來安排社會商品購買力是需要遵循的一個原則。人民生活提高的幅度和工農業擴大再生產的程度取決於當年生產可供的商品量。這樣一來，社會商品購買力的提高幅度，在很大程度上要依賴於市場商品可供量的增長程度。如果社會商品購買力的提高不考慮消費品生產增長的可能性，不考慮可能提供給市場銷售的商品量，那麼，勢必會出現社會商品購買力大於社會商品可供量的情況。其結果，會有一部分社會商品購買力得不到實現，造成市場商品供給不足，引起物價上漲。因此，要在大力發展生產，增加社會產品總量的基礎上，提高社會商品購買力，去改善人民生活，就必須正確安排國民收入中的累積與消費的比例關係，必須以農、輕、重為序安排好物質生產部門的比例關係，並將上述規劃在國家宏觀調控下，由市場在農、輕、重之間合理配置社會資源來加以實現。其中，要先把為市場提供生產消費品的農業和輕工業安排好，把市場安排好，保證人民生活在生產發展的基礎上逐步提高，在此基礎上，再適當提高工農業生產資料購買力，擴大基本建設。

2. 合理調整產業結構，按需組織社會生產

產業結構是否合理，農、輕、重的比例關係是否協調，對能否實現供求平衡至關重要。因此，應合理調整產業結構：①要大力促進農業生產的發展。農業是國民經濟的基礎，它是人類的基本生活資料——食物生產的主要部門，是社會生產的起點，中國市場商品供應狀況如何，最終取決於農業生產狀況。貫徹執行以農業為基礎的方針，發展農業生產，是關係國民經濟全局的戰略問題。只有把農業搞上去，才能實現國家宏觀調控的目標，才能逐步提高人民的物質和文化生活水準，才能使市場繁榮，物價穩定。使農副業更多地為市場提供商品貨源，有利於商品供給和商品需求的相互適應。②要大力促進輕紡工業生產的發展。輕紡工業是提供生活資料的生產部門，發展輕紡工業，不僅可以為城鄉人民提供日益豐富的食品、紡織品、日用品和文化用品，更好

地滿足人民的物質和文化生活需要，而且還能為發展農業、重工業累積資金，促進整個國民經濟的發展。輕紡工業要壓縮長線產品，增加短線產品，在加強調查研究的基礎上，根據市場需求的變化，瞻前顧後，調整好內部生產結構，使得各種產品在數量上和結構上與市場需求的數量和結構相適應，達到供求平衡。

3. 合理組織貿易，科學搞好商品購銷

科學組織貿易也是緩和市場商品供求矛盾的一個重要方面。儘管市場商品供求能否平衡的關鍵，是國民經濟的綜合平衡，但這絕不是說，貿易部門對於市場商品供求平衡是無能為力、無所作為的。恰恰相反，在生產分配既定的條件下，貿易工作做得好壞，對供求平衡的關係影響很大。解決商品供應中商品結構是否合理，質量是否優良，品種、花色是否適銷對路，供應是否及時，商品在城鄉之間、地區之間的擺布是否合理，以及服務態度、服務質量是否使群眾滿意等問題，也是實現市場商品供求平衡的重要條件。在供求失衡的條件下，貿易部門應該及時應對，有效地緩解、解決供求矛盾。

（1）當商品供不應求時，貿易部門應採取以下措施：

①大力發展生產。這是最根本的措施。按照社會主義基本經濟規律的要求，從最大限度地增加生產人民需要的商品出發，積極促進工農業生產，特別是農業、輕紡工業生產的發展，使商品貨源不斷增加。在實際工作中，為了解決有些商品供不應求的問題，還要實行以銷定產，增加短線產品，壓縮長線產品，調整好產業結構。

②努力擴大收購。在發展生產的基礎上，貿易部門應把一切可能進入市場的貨源全部掌握起來，這有利於平衡市場供求關係。因此，必須做好工業品和農副產品的收購工作，積極擴大收購。

③適當組織進口。貿易部門應適當組織一些輕工業品和市場緊缺的物資進口，增加國內市場商品供應量；開展內外交流，利用國際市場上不同品種的差額，進行品種調劑，增加商品可供量。

④壓縮、挖掘庫存。商品供不應求時，貿易部門應適當壓縮庫存，充分挖掘庫存，利用清倉商品。必要時可動用一部分國家儲備商品，以擴大商品投放，調節市場供求。

⑤控制商品購買力。供不應求時，應該注意有計劃地控制社會商品購買力，包括控制職工人數、工資總額的增長以及獎金的發放，適當控制國家對農業的投資，嚴格控制社會集團消費品購買力，這樣就可以減輕商品供應的壓力。

⑥擴大非商品支出。要積極辦好飲食、服務業，發展旅遊事業和文化娛樂事業，以擴大居民的非商品支出的比重。

⑦開展社會節約。應大力開展節約代用、回收再製、修舊利廢、綜合利用，以延緩某些商品的購買時間，減少購買數量，調節供不應求的矛盾。

⑧鼓勵城鄉居民儲蓄。供不應求時，應適度提高銀行存款利率，開展多種形式的儲蓄業務，鼓勵城鄉居民儲蓄，吸收社會上的閒散資金。

⑨適當提高商品價格。在政策允許的範圍內，可適當提高某些非生活必需品和高檔商品的價格，積極開展議購議銷活動，運用價格槓桿，增加貨幣回籠。

（2）當商品供過於求時，貿易部門應採取以下措施：

①積極擴大推銷。這是最主要的措施。貿易部門可通過刊登商品廣告增設供應網點、開展試銷、展銷活動、舉辦交易會等，積極擴大推銷，打開商品銷路。

②適當充實庫存。對於暫時供過於求的商品，貿易部門要根據不同情況進行區別對待。有些重要商品，又宜於儲存的，應適當增加庫存，以便發揮商品庫存在調節供求中的「蓄水池」作用。

③適當降低商品價格。通過市場調查和預測，某些商品確實因過時或價格偏高而影響消費時，就要適當降低價格，以便擴大銷售。

④正確調整生產。對於某些長期積壓，且確實不適合人民需要的沒有銷路的產品，或趨於淘汰的產品，貿易部門應及時反饋信息，引導生產部門及時改產、轉產。

⑤努力擴大出口。對國內市場飽和的產品，要積極開拓國外市場，擴大國際市場佔有份額，提高國內產品在國際市場的影響力，擴大生產能力，提高創匯水準。

四、商品供求規律

商品供給和商品需求都是不斷變動的，儘管影響供求變動的因素很多，但商品價格是影響供求變動的主要因素。價格是供給與需求兩者運動的聯結點，價格變動直接導致買賣雙方收益的變化，從而引起商品供求的變動，而供求的變動又會引起價格變化。商品供求規律就是商品供求變動和商品價格變動相互作用、相互影響、相互決定的規律，或者說，是供求變動和價格變動互為因果的規律。

商品供求規律的基本內容為：

（1）供求變動引起價格變動。商品供不應求，引起價格上漲；商品供大於求，引起價格下跌。

（2）價格變動引起供求變動。商品價格上漲，刺激供給增加和需求減少；商品價格下跌，刺激供給減少和需求增加。

（3）供求變動和價格變動以相反方向形成循環。供過於求時，價格下跌，刺激消費，使供過於求逐漸趨於平衡進而走向反面——供不應求。這樣，價格不斷圍繞價值上下波動，供求和價格不斷變動以相反的方向形成循環。

（4）不同種類的商品，由於價格彈性不同，供求變化對於價格變化反應的靈敏程度也不相同。例如，奢侈品對於價格變化反應的靈敏程度較為劇烈，生活必需品對於價格變化反應的靈敏程度則較為平緩。

商品供求規律是流通領域特有的經濟規律，組織貿易活動時必須予以遵循。例如，商品價格的形成，既要以商品價值為基礎，又要考慮供求條件。當商品滯銷積壓時，應適當調低價格，以刺激需求，擴大銷售，同時約束生產，減少供給；反之，當商品供不應求時，則應適當調高價格，以刺激生產，增加供給，同時抑制消費，減少需求。價格變動的幅度應以生產者、消費者能夠接受的程度為界限，體現等價交換的原則，符合商品供求彈性變化規律。這樣才能增強貿易運行的流暢性，形成生產與消費、供給與需求的良性循環。

第三節　市場競爭與貿易

一、市場競爭的含義與作用

市場競爭是指經濟主體為了獲得有利的商品交換條件，謀取更多的經濟利益，相互之間展開的市場較量與對抗。市場經濟條件下的各種貿易活動都是在競爭中進行的。市場競爭是商品經濟的必然產物。競爭具有以下作用：

（1）從微觀層面而言，競爭是貿易主體生存和發展的活力源泉。適度的競爭形成貿易主體的外部經營壓力，以非常現實的利潤損益給企業帶來危機感，從而刺激企業不斷提高經營管理水準，優化產品結構，提高服務質量，改進經營方式，調整經營範圍，擴展經營規模，與外部環境保持動態適應，不斷提高競爭能力。市場競爭既為貿易主體提供了市場機會，又給貿易主體帶來了市場風險。貿易主體既要善於把握有利的市場機會及時進入，又要避免進入或適時退出過度競爭、風險過大的市場。

（2）從宏觀角度而言，公正、公開、公平的市場競爭是推動社會經濟進步的基本力量。市場競爭的優化功能、協調功能和擴張功能能夠促進資源的優化配置，提高資源的利用效率；能夠促進社會分工的發展和經濟規模的擴大，提高社會經濟效益；能夠促進經濟關係的自我協調，保證國民經濟又好又快的可持續發展。

二、市場競爭的客觀必然性

1. 市場競爭源自價值規律的客觀性

市場競爭可以帶來市場活躍、商業繁榮，可以使消費者的需求得到更充分的滿足。通過競爭，可以促使貿易企業不斷加強經濟核算，努力降低貿易費用，認真研究消費心理，自覺改進服務手段，提高服務質量，擴大服務領域，開發新的品種，開闢新的市場，誘導新的需求，從而滿足消費者日益增長的千差萬別的需求。

2. 市場競爭源自經濟利益的驅動性

任何貿易經營者的經營活動，都必然要追求自身利益的最大化，無論商品所有者還是貨幣所有者，都是如此。任何一個貿易經營者只有在市場環境中才能實現自身的物質利益，只有通過市場才能使手中的貨幣轉化為商品，或使手中的商品轉化為貨幣。因此，通過市場環境才能實現自身的物質利益。

3. 市場競爭源自經營主體利益的差別性

由於經營主體即買賣雙方的交易目的的不同，經營利益的差別，經營者經常處於對立統一的狀態。每一個經營者都企圖以盡可能有利的條件，盡快和盡量地出售商品，實現利益的最大化；而每一個買者都希望在市場上買到物美價廉的商品，盡可能地爭取更多更優惠的服務，以提高消費品的物質效益和時間效益。這就決定了買賣雙方必然要為爭取最為有利的交易條件而進行較量。競爭既是相互制約，又是相互促進和提高的過程。買者和賣者的競爭力度是由市場上商品供求態勢決定的，供求越是失衡，

競爭越是激烈；供求越是平衡，競爭越為平緩。

三、市場競爭的特徵

1. 客觀性

競爭是由貿易內部經濟活動的矛盾差異所形成的，是市場運行機制中客觀存在的現象。只要有市場，就必然存在競爭，它不以人們的意志為轉移。

2. 自發性

競爭主體大力爭取和實現的是自己的經濟利益。為此，競爭者必然要根據自身對市場狀況的實際理解，自主、自發地選擇生產或經營的目標，實行以自我利益為中心的決策。這種自發性表現為單純的利益動機和局部利益，有時也可能會導致盲目行為，侵犯他人和社會的正當利益。

3. 廣泛性

競爭存在於一切貿易活動之中，存在於貿易的不同形式之中，如商流、物流、信息流等，同時也存在於所有貿易活動的各個環節、各個層次之中，競爭是市場機制中普遍存在的現象。貿易領域是競爭的領域，競爭無處不有，無時不在，它不可避免。

4. 強制性

在商品經濟中，買賣雙方都自覺或不自覺地受到競爭的支配和制約。競爭以不同形式在強加給對方的同時，也強加給自己。正是由於競爭的強制性要求，買賣雙方不得不接受挑戰，只有銳意進取才能向前發展。

5. 排他性

競爭的過程，實際上也就是市場經濟利益的調整和再分配的過程，這種調整和再分配，是在一定利益基礎之上進行的，必然存在你多他少、他多你少，討價還價，表現為利益的對立性、手段的相克性、過程的互斥性。當各經濟主體為追求各自的經濟利益而進行激烈的抗爭時，經濟利益的排他性在競爭中就體現得尤為突出。

6. 激烈性

為自身利益之爭會激勵貿易經營者在市場上奮力拼搏，喚取他們的進取意識、危機感和主觀能動性，激烈的較量、抗爭，在競爭中就不可避免。

7. 風險性

競爭是經營實力的對比和較量，優勝劣汰本身就意味著機會與風險同在，成功和失敗的兩種可能性並存。因此，競爭風險一方面要求競爭者抓住機會大膽決策，另一方面又迫使競爭者謹慎行事，力求穩妥。

8. 不確定性

競爭是一種前向行為，由於市場情況變化無常，受到多種因素的影響和制約，決定著市場競爭的不確定性。競爭變化莫測，結果難以預料，成與敗、盈與虧、得與失、進與退各種可能都會存在。

四、市場競爭的原則

市場競爭必須有一定的原則和規範。市場競爭的原則主要有：

1. 公平原則

公正、平等是市場競爭的首要準則。公平原則要求在法律、規則、制度面前人人平等，任何人都有參與競爭的權利，也都有保護自己利益的權利。公平原則一方面要求競爭者在市場上進行交易活動的地位應當是平等的，他們參與競爭的條件應該是平等的，競爭者參加競爭的機會也應該是均等的；另一方面要求競爭者不得以大欺小、以強凌弱。

2. 誠信原則

誠信原則即誠實守信，遵守公認商業道德的原則。此項原則要求經營者無論進行任何經濟活動均應出於正當的商業動機，以正當的、符合商業道德的手段實現其經濟目的。誠實守信、遵守商業道德的原則應該是經營者在競爭中必須遵守的基本原則。

3. 自主原則

自主原則即經濟主體要有獨立的經濟利益、獨立的自主權，因而能為實現和擴張利益自主地參與競爭；否則，經濟主體就會失去求生存、求發展的動力，競爭推動社會經濟進步的作用就難以發揮出來。除了特殊的行業以外，一般的經濟主體不應受到過多的干預和控制，應該根據自己對競爭形勢的判斷，遵循競爭規律，以獨立自主的身分展開競爭。

4. 自願原則

自願原則主要指競爭者不得強迫、脅迫或利誘交易對方同自己進行交易或不與競爭對手進行交易。經營者對於經營方向、經營產品、貿易渠道、經營方式，以及人、財、物的合理配置等有選擇的自由。如果沒有選擇自由的條件作為保障，競爭者就無法依據經濟合理性去追求效率的不斷提高。

5. 效率原則

效率原則即參與市場競爭的各方，在公平、自主的基礎上，通過創新和改進工作，使經營活動各要素得以充分利用，提高效率，降低費用，爭取最佳效益。這種效益必須是企業效益和社會效益的統一，微觀效益和宏觀效益的統一，是建立在正當競爭和維護消費者利益的基礎之上的。

五、市場競爭條件

流通競爭並不是產生於任何經濟環境中的，而是必須具備以下兩個條件：

1. 經濟體制方面的條件

流通競爭必須在市場經濟條件下才能運行。在早期的計劃經濟體制下，政府已經對商品的產銷進行了嚴格的控制，流通企業只是按國家制定的政策來執行，企業之間沒有根本的經濟利益衝突，因此也就不會存在流通競爭。而在市場經濟體制下，流通企業成為自主經營的產業，政府不直接干涉。因此，為了在這種市場經濟體制下得以生存和發展，就必須計算經濟利益損失，關注自己企業的盈虧狀況，相應地，競爭也就產生了。

2. 市場中的供求關係條件

市場中商品的供給和需求關係對流通競爭有決定性作用。如果市場處於供不應求

的狀態，賣方市場就會形成，這時，商品流通企業所經營的市場就比較大，商品的價格就會相對較高，風險比較小，流通企業之間的競爭程度就會比較輕。而如果市場處於供過於求的狀態時，就會出現買方市場，商品的價格就會下降，經營這種商品的利潤空間比較小，風險相對而言就要大一些，流通企業之間為了眾多有限的市場和需求，就會產生激烈的競爭。

六、市場競爭的形式

（一）行業內競爭和行業間競爭

行業內競爭是指經營同種或同類具有很強替代性商品的貿易主體之間的競爭。由於所經營商品的替代性很強，行業內競爭主要是爭奪市場份額。這種競爭激勵企業不斷提高生產效率，並且促使資源流向產生最高效益的企業。

行業間競爭是指不同行業的企業為爭奪有利的投資項目和超額收益而展開的競爭。行業間競爭引導生產要素在行業之間轉移，優化產業結構，並最終使各行業獲得平均利潤。根據行業間產品的相關程度不同，行業間競爭可以分為：①滿足同類需要的不同商品之間的競爭，如自行車、摩托車、小轎車之間，這些商品具有為消費者提供出行方便的相同功能；②滿足同一層次不同需要的商品之間的競爭，如電視機、電冰箱、洗衣機之間，這種競爭主要是爭奪購買者可自由支配收入的支出投向；③為爭奪有利的貿易投資項目而展開的競爭，這種競爭不是爭奪商品銷售市場，而是爭奪勞動力、資金、技術等生產要素。

（二）環節內競爭和環節間競爭

環節內競爭是指處於同一流通環節，經營同類商品或具有較強替代性商品的企業之間的競爭，包括批發商之間的競爭和零售商之間的競爭，目的是爭奪有利的銷售市場和有利的銷售條件。通過環節內競爭，可以優化環節內部結構，具有行業內競爭的效應。環節間競爭是指商品流通過程中前後兩個相關環節之間的競爭，競爭結果是通過環節之間的協調，保持各環節的合理比例，盡量減少商品的耽擱和停頓。

（三）價格競爭和非價格競爭

1. 價格競爭

價格競爭是指質量相同或相近的商品，以低於其他競爭對手的價格出售來吸引購買者、擴大銷售的一種行為。為獲得價格競爭優勢，零售商往往要在供貨渠道、物流配送、銷售方式等方面優化流程，盡可能減少成本。折扣就是一種典型的價格競爭行為。

折扣是商家為讓顧客及早付清貨款、大量購買、淡季購買等而給予一定的價格優惠，包括數量折扣、現金折扣、職能折扣、季節折扣、折讓等。數量折扣是指購買的數量越多，價格越低；現金折扣是指商家給予當場或提前付清貨款的顧客一定的價格優惠；職能折扣是批發商給予零售商的一種額外折扣，促使其執行推銷、儲存、服務等市場行銷職能；季節折扣是商家鼓勵顧客淡季提前購買的一種折扣；折讓是不改變

售價、另給一定優惠的折扣，如舊家電可以抵部分金額的以舊換新折讓。

儘管價格競爭簡便易行、見效迅速，但也存在一定局限性。這具體表現在：①價格下降的前提條件是成本下降，但降低成本是有一定限度的。況且節省管理費用、工資福利等降低成本的方式只是把職工收入轉化為企業利潤，並沒有增加總附加值。②通過降價擴大銷售不一定就會增加銷售額。如果銷量的增加不能彌補降價的損失，商家銷售額將減少。③價格競爭容易引發價格戰，損害貿易主體的經濟利益，特別是競爭雙方勢均力敵時，更易兩敗俱傷，致使商家研發後勁乏力。④價格競爭容易損害貿易主體和商品的形象。在現代市場經濟條件下，價格高低代表著商品的質量和性能，降價銷售有可能事與願違。因而價格競爭已經不是重要的競爭方式，在國際市場更不能隨意低價銷售，否則將遭受反傾銷投訴，接受制裁。

2. 非價格競爭

非價格競爭是指通過在商品中體現性能、質量、品牌、專利技術、服務等方面的差異，使商家獲得一定市場勢力，即使價格高於競爭對手，仍有穩定的顧客群體。非價格競爭包括品種質量競爭、服務競爭和促銷競爭等。具體表現在：

（1）品種質量競爭。品種質量直接影響著人們的生活和工作，關聯著千千萬萬家庭的舒適和安樂，是人們衣食住行的基礎，是國內外企業激烈競爭的焦點，是企業的生命。提升品種質量是一場攻堅戰、持久戰。品種質量競爭包括產品品種設計、生產、包裝、監管、創新能力、消費需求滿意度等多方面內容，一般通過質量競爭力指數檢測。

質量競爭力指數是按照特定的數學方法生成的、用於反應中國製造業質量競爭力整體水準的經濟技術指標。它包括2個二級指標（質量水準和發展能力）、6個三級指標（標準與技術水準、質量管理水準、質量監督與檢驗水準、研發與技術改造能力、核心技術能力和市場適應能力）和12個統計指標（產品質量等級品率、微電子控制設備比重、質量管理體系認證率、質量損失率、產品監督抽查合格率、出口商品檢驗合格率、研究與試驗發展經費比重、技術改造經費比重、每百萬元產值擁有專利數、新產品銷售比重、平均產品銷售收入和國際市場銷售率），見圖5-1。

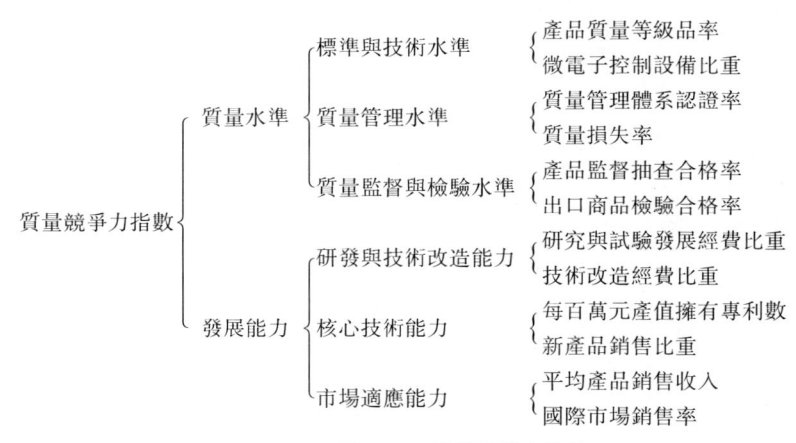

圖5-1 質量競爭力指數

二級指標質量水準反應的是「質量發展的當前狀況」，是對「現狀」的測量。二級指標發展能力主要評價企業的質量可持續發展能力。每個三級指標又進一步由兩個易於測量、具有明確經濟意義且相互獨立的統計指標構成。質量競爭力指數通過對12個統計指標的分行業和分地區的原始數據進行標準化轉化，再對相應的標準化得分進行線性加權的方法計算獲得。

　　（2）服務競爭。服務競爭是指廠商在商品售前、售中和售後提供的服務內容和服務質量方面進行競爭。對於結構比較複雜、知識含量比較高的產品，如智能家用電器、計算機及其配件等，消費者往往不能很快地熟練使用，而且使用中還經常由於操作不當出現故障，這就要求廠商不能僅僅是出售產品，還要在產品上添加各種各樣的附加服務，由此產生了服務競爭。廠商若能提供高品質的服務，不僅能使消費者對其實體產品產生偏好，而且還能使消費者對其服務方式、服務手段等形成持久偏好，有助於廠商高於邊際成本定價，獲得超額利潤，以及阻止潛在進入者，保持長期的競爭優勢。

　　（3）品牌競爭。品牌是一種無形資產，是企業經營理念、技術水準和管理水準的綜合體現，代表產品的形象和聲譽。當貨架上眾多同類商品展示在顧客面前供其選擇時，品牌的作用就凸現出來。一個知名品牌的產品質量是優異的、技術是領先的，並在同類商品市場上具有壓倒性的市場佔有率和豐厚的利潤回報。產品有生命週期，但品牌沒有生命週期，這就要求企業不斷創新，保持品牌持久不衰。

　　（4）廣告競爭。廣告的產生源自商家和消費者之間的信息不對稱，商家希望通過廣告傳達自己商品的信息，而消費者同樣希望通過廣告瞭解商品特性，以幫助自己做出購買決策。成功的廣告可以吸引大量顧客，提高市場份額，廣告競爭也就成了商家主要的競爭形式。廣告包括信息性廣告和勸說性廣告，信息性廣告描述商品的存在、特徵（如重量、尺寸、速度等）和銷售條件（如價格等），而勸說性廣告旨在改變消費者的偏好。廣告的投放量可以用廣告強度，也就是廣告費用與銷售收入的比例來測度。

　　（5）搭售競爭。搭售競爭是指消費者購買一種商品時必須同時購買另外一種商品。例如，消費者買咖啡時必須購買糖，否則就買不到咖啡（咖啡是購買品，糖是搭賣品）。搭售可以分為捆綁和動態捆綁。捆綁是指購買品和搭賣品以固定比例搭配銷售，如商店規定購買一罐咖啡必須購買一袋糖。動態捆綁是指廠商要求購買一種商品的消費者必須購買與該商品消費相關的另外一種商品的所有數量，也就是說不規定購買品和搭賣品的搭配比例，因為不同的消費者消費的搭賣品數量不同。

七、市場競爭效應

（一）貿易聯合

　　貿易聯合是指競爭雙方或多方，為了發展和獲取更多的利益，以自願、平等、互利為原則，進行貿易要素的合理組合，實現資源共享下的雙贏或多贏。貿易聯合可以是以大型貿易企業為骨幹、若干個規模不同的各類企業形成的企業群，也可以是中小企業之間、小型企業之間連鎖經營形成的聯合。聯合的內容既可以是資金方面的聯合，

也可以是商品資源、營業設施、信息、促銷手段等方面的聯合；既可以在生產環節聯合，也可在物流等環節聯合；既可以是單項商品的產銷一體化的聯合，也可以是多種商品的經營聯合。

聯合的組織形式有三種：①法人式聯合，亦稱緊密型聯合，是企業之間通過共同出資或參股、合併等方式聯合，形成具有獨立財產、獨立核算、自負盈虧，獨立承擔經濟責任的新企業法人；②合作式聯合，亦稱半緊密聯合，是聯合各方共同出資、共同經營的不具有法人資格的聯合組織；③合同式聯合，亦稱鬆散式聯合，是聯合各方按照協議和合同規定的經營、銷售、信息、服務等方面相互提供優惠、便利和協作的聯合。

（二）貿易併購

貿易併購是指貿易企業在資本市場和產權市場兼併或購買其他企業產權的一種企業整體式交易方式。併購動機有的是為了減少投資成本，縮短投資產業的時間差；有的是為了實現規模效益；有的是為了增強企業對市場的控制力；還有的是為了減免稅金或提高公司聲譽，提高股票價格等。貿易併購可以是不同所有制企業之間的併購，可以是跨部門、跨地區甚至跨國併購，也可以是貿易企業與生產企業之間的併購，還可以是橫向併購、縱向併購或混合併購等。

（三）貿易壟斷

一般來講，競爭產生了聯合、併購，而當聯合與併購發展到出現控制生產與市場的經濟現象時，便產生了壟斷。壟斷的動機，一是為了避免勢均力敵的少數大企業兩敗俱傷，二是為了通過控制生產與市場獲得高額利潤，但歸根究柢是為了後者，前者是實現後者的必不可少的途徑。壟斷的出現，並不排斥競爭，在共同市場上，各大企業之間、企業集團內部之間以及大企業與眾多小企業之間存在著廣泛的競爭，尤其是在貿易領域，中小型企業在數量上更占絕對優勢，因此，競爭不可避免。一定程度的壟斷的存在是必然的，也是必要的，它有利於形成規模效益，提高資源的利用率，提高產業集群能力及產業集中度，提高一個國家在某一領域、某一行業的整體競爭能力，從而有利於促進經濟與貿易的發展。但經營過於集中，過分壟斷，又會限制競爭的正常展開，不利於生產與貿易的發展，不利於市場需求的滿足和實現，因而必須採取有效措施（經濟的、行政的和法律的）加以防範。

復習思考題

1. 如何理解市場的含義？市場有哪些基本功能？
2. 什麼是商品供給與商品需求？
3. 商品供給來源於哪些方面？
4. 商品供求規律的內容是什麼？
5. 非價格競爭有哪些形式？
6. 簡述市場競爭效應。

[本章案例]

普洱茶價格瘋漲背後的推手

2007年以來，廣州普洱茶價格瘋狂飆升，很多人大量收藏普洱茶。據瞭解，在廣東珠三角地區有數十萬噸普洱茶被收藏。

據《工人日報》報導，普洱茶價格瘋狂飆升並非因為喝普洱茶的人瘋狂多到翻幾番的程度，而是莊家「經營有方」，「培育」了一個「新市場」——珍藏普洱茶的人多了，普洱茶叫價也因此高達2萬元/每件。

最近從廣州茶葉市場搜集到的部分普洱茶行情顯示：「下關甲級便沱」農歷春節後僅為100多元/千克，4月初已經升至300餘元/千克，4月中則叫價高達380元/千克；「黎明7540生茶（501批次）」農歷春節後入貨價為5,000餘元/件（84片/件），4月中旬被追捧至8,000～9,000元/件；「勐海7572熟茶（502批次）」去年11月底出貨價為6,000元/件（84片/件），現在已經飆升至2萬多元/件。

如此巨大的變化，是否因為普洱茶產量大幅度降低，或者是喝普洱茶的「茶客」數量猛然大增呢？據廣東茶葉進出口有限公司總經理張燕平說，現在的茶市由茶廠、經銷商聯合坐莊，操控大盤，小買家只是跟著大戶跑。莊家捂貨，謊稱沒貨，炒至天價後再放貨。茶根本沒有賣到消費者手中，更不用說被喝掉了。茶一直在經銷商手裡，他們通過不斷地吹風叫價，把茶炒至天價後，這時才大量出貨換錢。

謊稱沒貨炒至天價後再放貨僅僅是莊家「經營有方」的其中一招。拍賣、公關等多種方式，同樣是莊家「行之有效」的高招。

普洱茶價格瘋狂飆升的面上表現，使得在一些人眼裡，普洱茶已經不再是一種茶品那麼簡單。很多人把它當成越放越值錢的「古董」，認為收藏普洱好過存錢入銀行收利息，甚至好過炒股。但業內人士警告說，這些價格「泡沫」破滅後，最後接手的市民往往成為被套牢的對象。

資料來源：廣東珠三角：數十萬噸普洱茶被收藏［EB/OL］.（2007-06-05）［2012-07-06］. http://www.gdxinhuanet comnewscenter/ ztbd/2007-06/05/content-10215667.htm.

問題
1. 試用供求規律分析普洱茶價格飆升的原因。
2. 試分析普洱茶價格泡沫破滅後，普洱茶價格會呈現什麼變化。
3. 為什麼這種價格泡沫的事件會常常發生？

第六章　貿易運行

[**學習目的**]　瞭解貿易商流、物流、信息流的含義及特點，熟悉貿易運行渠道的構成要素及渠道類型，掌握影響貿易主體對貿易渠道選擇的因素、貿易渠道建設及渠道管理的內容，熟悉貿易運行環境的內容。

第一節　貿易運行形式

貿易運行是指商品生產出來以後，通過買與賣的形式，從生產領域向消費領域運動和行銷的過程。在貿易運行過程中，既要完成由商品到貨幣（W—G）和由貨幣到商品（G—W）的價值形態變化和所有權的轉移，又要完成商品實體在空間位置上的移動以及商品信息的收集、傳遞和接收。因此，貿易運行過程是商流、物流和信息流的統一運動過程。

一、商流

（一）商流的含義

商流，是商品從生產領域向消費領域運行過程中一系列價值形態變化和所有權轉移的過程。在貿易活動中，與商品價值運動有關的商流活動，主要包括與收購和銷售環節相連的活動，如市場調研、廣告、公關、洽談、看貨、訂貨、簽約、結算、收款、售後服務等。

（二）商流特徵

1. 商流的本質是商品價值流通

商流即通過商品買賣，實現商品變貨幣，使商品價值得到補償的過程。馬克思曾把這個過程比作是「驚險地一跳」，也就是說，與其他過程相比，商品變貨幣過程要困難得多、艱鉅得多。

2. 商流集中體現商品交換關係

商流是商品所有權轉手的過程，集中地體現了商品所有者和商品交換當事人的經濟利益關係，商品交換過程中的利益矛盾都將在商流過程中表現出來。因此，正確處理商流過程中的經濟關係是商流過程中的重要任務。這種利益關係處理得好，可以變成商流的動力；否則，也可能成為商流的阻力。

3. 商流的主要手段是商品購銷

商流是通過商品購銷活動實現的，這些活動包括採購洽談、訂購合同的簽訂、商品促銷宣傳、貨幣結算等。因此，合理地選擇商品購銷渠道，靈活採用購銷方式，對加大、加快商流具有十分重要的意義，是商流活動過程中需要認真探討的課題。

4. 商流要以物流為支撐

商流既可以與物流在時間和空間上同時運動，也可以與物流分離運動，如期貨交易中商流與物流是分離運動的。但是，任何商流活動都必須以物流運動為依託，全脫離物流的商流活動是不存在的。

二、物流

（一）物流的含義

物流有多種解釋。日本的《物流手冊》認為：「物流是物資從供給者到需求者的物理移動，是創造時間價值和場所價值的經濟活動，包括包裝、裝卸、倉儲、庫存管理、流通加工、輸送、配送等活動領域。」中國學者從商品流通視角闡述物流的概念，認為物流是商品使用價值的運動過程，是商品實體從生產領域向消費領域的空間位置移動以及為實現這種位移運動所發生的各種經濟活動。

（二）物流特徵

1. 物流以商流為依託

商流是流通的核心，其他流都是商流的派生物。沒有商品的買賣活動，就不會有物流運動，因此，物流的流向、流量、流速是由商流決定的。

2. 物流是商流得以完成的條件

物流是保護商品使用價值的活動，是完成產品使用價值空間位移的運動，是聯繫購銷的橋樑與紐帶。除特殊商品外，沒有物流活動，也難以實現商流活動。物流活動的規模、效率等對商流活動有重要影響，制約著商流活動的發展。

3. 物流受物質技術條件的影響更大

物流涉及的運輸、保管、儲存、包裝等活動必須依賴於一定的物質技術裝備。這些物質技術裝備的先進與否直接決定了物流活動的效率水準，如條形碼技術使商品的保管、分揀、統計等活動的效率大幅度提高。

（三）物流與商流關係

1. 商流與物流同步進行

商品流通過程中，隨著所有權轉移，商品實體也同時發生移動，物流運動路線與商流運動路線一致。如「一手交錢一手交貨」的貿易，買賣雙方獲取使用價值和價值的活動是同時進行的。

2. 商流與物流在時間上分離

商品流通過程中，當商流活動與物流活動不同時發生時，會出現商流在前物流在後或物流在前商流在後的情況。如商品預購形式下，賣方通常能取得全部或一部分貨

款，實際的物流則發生在商品生產出來之後。再如，在商品賒銷形式下，買方經過一定的物流活動先得到商品，並使之進入消費領域或進行轉賣，而賣方的貨款結算則在物流運動完成之後約定的期限內進行。

3. 商流和物流在某些環節及時間上分離，而後結合在一起

如在批零貿易中，商品的所有權在批發環節可能會發生多次易手，但物流活動並不伴隨商流活動同步進行，但最終商流與物流結合在一起，完成商品流通全過程。再如在期貨貿易交貨活動中，幾乎全部是商流活動，很少有實際的物流活動，只有在期貨合約實際交割時才發生物流活動。

4. 動態的商流與靜態的物流相結合

如在房地產交易活動中，商流活動異常活躍，甚至發生所有權多次轉移，而物流卻自始至終保持靜止狀態。

（四）物流的內容

物流的內容包括包裝、裝卸、運輸、儲存、保管、養護，以及對商品的分類、整理、加工、清潔、干燥等各種活動。

1. 運輸

運輸是現代物流功能體系中最為重要的一個子系統，中國國家標準《物流術語》中對運輸做了如下定義：「用設備和工具，將物品從一地點向另一地點運送的物流活動。其中包括集貨、分配、搬運、中轉、裝入、卸下和分散等一系列操作。」運輸的職能是對物資進行長距離的空間移動。運輸的主要實現方式有鐵路運輸、公路運輸、水路運輸、航空運輸和管道運輸（一般只適用於特殊品種的氣體、液體運輸）。公路運輸靈活、方便，偏遠地方也易到達，但顛簸較大。水運和鐵路運輸的覆蓋範圍較廣、運費較低、運量較大，比較適用於「重、厚、大」的貨物運輸。而航空運輸則依靠其速度優勢，在運輸重量輕、價值大的貨物中佔有重要地位。上述不同運輸方式的組合形成了聯合運輸（一次委託，由兩家以上運輸企業或用兩種以上運輸方式共同將某一批物品運送到目的地的運輸方式），聯合運輸使貨主能夠按一個統一的運輸規章或制度，使用同一個運輸憑證，享受不同運輸方式的綜合優勢，有利於降低運輸成本、提高運輸效率。

合理組織商品運輸的措施：

（1）建立分區產銷平衡合理運輸制度。分區產銷平衡合理運輸制度是根據商品的產銷情況和交通運輸條件，按照近產近銷的原則，在產銷平衡的基礎上，劃分產銷聯繫區域，選擇最合理的運輸路線，制定合理的商品流向，編製調運方案，合理組織商品運輸。

（2）合理選擇運輸方式。在商品運輸中，要正確選擇運輸方式，減少不必要的中間環節，縮短商品運輸時間。這就要求積極開展直線、直達運輸和「四就直撥」。直線運輸即是按照商品的合理流向，選擇最短的運輸路線，使商品運輸直線化；直達運輸即是在商品運輸中越過不必要的中轉環節，將商品直接從產地運到銷地；四就直撥即是將商品直接就工廠直撥、就車站和碼頭直撥、就倉庫直撥、就車船直撥。同時，要

求實行合裝整車運輸和轉棧運輸。

（3）合理選擇運輸工具。在商品運輸中，要根據商品的自然屬性、市場供求狀況，結合運輸工具的經濟特徵，合理選擇運輸工具，保證商品運輸的合理化。

2. 倉儲

倉儲是指對物品進行保存及對其數量、質量進行管理控制的活動。倉儲是現代物流功能體系中另一個比較重要的子系統，倉儲和運輸共同構成了物流的兩大支柱，物流的時間調節功能主要是通過倉儲來實現的，倉儲的作業流程主要包括入庫、保管和出庫三個階段。

倉儲要高效實現其在物流功能體系中所扮演的角色，必須解決好如下三個問題：

（1）庫存量的控制。庫存量過多不但會占用大量的流動資金，還要為此付出大額的倉儲費、管理費等費用；但是，如果庫存量過少，又會帶來很大的缺貨風險，導致缺貨成本的上升，因此庫存量的控制至關重要。

（2）倉庫的佈局規劃。即在倉庫作業區內，合理安排每一項庫存物資的存放地點和位置。一般情況下可以按照物資的自然屬性劃分，可以分為金屬材料保管區、非金屬材料保管區和機電產品保管區等。另外，對存入同一庫房的物質品種要考慮其彼此之間的互容性，如粉塵材料同精密儀器儀表、化學危險品同一般物資不能混存，大多數化學危險品彼此之間也不能混存等。

（3）保管方法的科學合理。物資的物理、化學性質是選擇合理保管方法的主要依據，一般來說，風吹、日曬、雨淋及溫度變化對其無顯著影響的物資可放在露天貨場，如生鐵錠塊、毛坯、鋼軌、鑄鐵管和原木等。而對於那些風吹、日曬、雨淋及溫度變化對其有顯著影響、容易損壞的物資，應存放在專業庫房進行保管，如汽油、炸藥、壓縮氣體、腐蝕性物品和放射性物品等。

3. 裝卸搬運

裝卸搬運是指物品在指定地點以人力或機械裝入運輸設備或從運輸設備卸下。裝卸是一種以垂直方向運動為主的作業活動；搬運則是指在同一場所內，對物品進行以水準移動為主的物流作業。常見的裝卸搬運機械按作用可分為兩類：①起重搬運設備，包括起重機、叉車等；②輸送設備，包括卡車、牽引車、連續輸送機和推車等。裝卸搬運按照裝卸搬運作業活動發生的場所不同可以分為三類：①車間裝卸搬運，指在車間內部工序間進行的各種裝卸搬運活動；②站臺裝卸搬運，指在企業車間或倉庫外的站臺上進行的各種裝卸搬運活動；③倉庫裝卸搬運，指在倉庫、堆場和物流中心等處的裝卸搬運活動。

對裝卸搬運活動在物流功能體系中地位的理解要把握好以下要點：

（1）合理選擇裝卸搬運機械。這是提高裝卸效率、降低裝卸搬運成本的重要環節。一般來講，裝卸搬運按其機械化程度可分為三個等級：一級是用簡單的裝卸器具，如地牛、傳送帶等；二級是使用專用的高效率機具，如吊車、電動叉車等；三級是依靠電腦控制實行自動化、無人化操作，如自動堆垛機、軌道車和電子小車等。

（2）提高物品裝卸搬運的活化性與可運性。活化性就是要求裝卸搬運作業必須為下一環節的物流活動做好準備；可運性就是裝卸搬運的難易程度。

（3）利用重力作用減少能量消耗。
（4）合理選擇裝卸搬運方式，力求減少裝卸次數、消除無效搬運。
（5）改進裝卸搬運作業方法，提高機械化和自動化裝卸水準。

4．包裝

《中華人民共和國國家標準物流術語》對包裝的定義是：「為了在流通過程中保護產品、方便儲運、促進銷售，按一定技術方法而採用的容器、材料及輔助物等的總體名稱。也指為了達到上述目的而採用容器、材料和輔助物的過程中施加一定技術方法等的操作活動。」商品包裝處於生產過程的末端和物流過程的開端，它既是生產的終點，也是物流的起點，物流過程中的包裝包括換裝、分裝和再包裝等活動。從功能上看，包裝分為商業包裝和工業包裝。

商業包裝也稱「銷售包裝」「零售包裝」或「逐個包裝」。商業包裝要講究包裝的外形美觀、具有吸引力，並且便於消費者識別和攜帶。國外一位研究市場銷售的專家曾說：「在通往市場的道路中，包裝是最重要的一條。包裝對商品整體形象的促進作用並不亞於廣告。」當今國際市場對商品包裝的總體要求是：一要符合標準，二要招徠顧客，具體有以下幾方面的要求：名稱易記、印刷簡明、體現信譽、外形醒目、顏色愉悅、有地區標誌和環保意識。

工業包裝也稱為運輸包裝，工業包裝的目的是保證商品在運輸、保管和裝卸搬運過程中不散包、不破損、不受潮、不污染、不變質，即重在保持商品的數量和質量不變。另外，工業包裝不僅可以保護商品在運輸過程中免受損傷，還可以使商品集合成一定的大單位，便於裝卸搬運和運輸作業的進行，是從物流需求的角度所進行的包裝，其關係到整個物流效率的提高和成本的降低。

常用的包裝工具有裹包包裝機械、充填包裝機械、灌裝機械、封口機械、貼標機械、捆扎機械、熱成型包裝機械、真空包裝機械和收縮包裝機械等。常用的包裝容器主要有包裝袋、包裝盒、包裝箱、包裝瓶和包裝罐等。常用的包裝材料主要有紙質包裝材料、木質包裝材料、金屬包裝材料、塑料包裝材料、玻璃、陶瓷包裝材料及複合材料等，另外還包括黏合劑和捆扎等輔助材料。其中，如紙質包裝材料、玻璃包裝材料和可降解的複合材料被稱為「綠色包裝材料」，是被提倡使用的。包裝材料的選擇非常重要，因為它不僅直接關係到包裝質量的好壞和包裝費用的高低，還對運輸、裝卸搬運和儲存環節作業的便利性和成本有著重大的影響。

5．流通加工

《中華人民共和國國家標準物流術語》對流通加工的定義是：「物品在從生產地到使用地的過程中，根據需要施加包裝、分割、計量、分揀、刷標誌、組裝等簡單作業的總稱。」流通加工是相對於生產階段對產品所進行的各類加工而言的，產品從生產領域進入流通環節之後，為了彌補生產過程中加工程度的不足，為了更好地促進銷售、滿足客戶的需要，為了更好地銜接產需或者為了方便物流作業的進行，而對流通領域的產品進行一定簡單的、輔助性的加工活動，從而成為物流活動的一個組成部分。流通加工活動可以完善商品的使用價值，提高商品的附加價值，也可以看成是加工活動在流通領域的延伸，是物流功能的擴大。

從流通加工的內容來看可以把流通加工分為三個方面：①對食品的流通加工。食品領域發生的流通加工最為普遍，為了便於保存、提高流通效率，食品的流通加工是不可缺少的。如魚等海產品的開膛、去鱗，肉類的冷凍、分割、去骨和磨碎，蔬菜水果的分類、清洗、貼標和裝袋，大米的自動包裝，上市牛奶的滅菌，把過大包裝或散裝物分裝成適合一次銷售的小包裝的分裝加工等。②消費資料的流通加工。消費資料的流通加工是以服務客戶、促進銷售為目的，如衣料品的縫商標、改換包裝，家具的組裝，地毯剪接等。③生產資料的流通加工。具有代表性的生產資料加工是鋼鐵的加工，如鋼板的切割、使用矯直機將薄板卷材展平加工，玻璃的套裁和開片加工，木材改制成枕木、板材和方材等的加工，以及混凝土攪拌車根據客戶的要求，把沙子、水泥、石子和水等各種不同材料按比例要求裝入可旋轉的罐中等。

流通加工的地位主要表現在以下兩個方面：首先，流通加工是物流的重要利潤來源。流通加工是一種低投入、高產出的加工方式，往往以簡單加工來解決大問題。實踐中，有的流通加工通過改變商品包裝，使商品檔次升級而充分實現其價值；有的流通加工可將產品利用率大幅提高30%，甚至更多。這些都是採取一般以期提高生產率的方法所難以做到的。實踐證明，流通加工提供的利潤並不亞於從運輸和保管中挖掘的利潤，因此我們說流通加工是物流業的重要利潤來源。其次，流通加工在國民經濟中也是重要的加工形式，對推動國民經濟的發展、完善國民經濟的產業結構具有一定的意義。

6. 配送

配送也是通過設備和工具將物資從一個地點運送到另外一個地點，但是配送和運輸的功能有著明顯的不同。《中華人民共和國國家標準物流術語》對配送的定義是：「在經濟合理區域範圍內，根據用戶要求，對物品進行揀選、加工、包裝、分割和組配等作業，並按時送達指定地點的物流活動。」可見配送是專指短距離、小批量、面向終端用戶的、更加注重服務性與時效性的運輸活動，配送服務所輻射的半徑範圍一般在幾十千米以內。另外，運輸一般是干線輸送或直達送貨，批量大、品種相對單一，而配送處於支線的「二次運輸」的地位，其特點是小批量、多品種，提供的是「門到門」的服務。

配送在物流功能體系中佔有重要的地位。首先，配送與運輸互相補充，完善了物流輸送系統；其次，由於配送可以將各種商品配齊後集中向某一特定用戶發貨，或者將多個用戶的小批量商品集中在一起共同配送，這大大提高了末端物流的經濟效益；再次，用戶只要向一處配送中心訂購，就可以達到同時採購多種商品的目的，這大大簡化了手續，方便了用戶。

按照配送服務的組織者分類，配送的發生大致有以下幾種情況：第一，企業內部配送。一般大型的生產企業，其生產所需的原材料或零部件是由企業總部負責統一採購、統一儲存的，然後按照各分廠或生產基地的需要進行配送。另外，企業內部配送也經常發生在連鎖零售企業，其配送任務一般由區域內的配送中心來完成。統一採購、統一配送有利於各連鎖零售店向消費者提供統一標準的商品。第二，企業之間的配送。企業之間的配送多是發生在產業關聯性比較大的上下游企業之間，例如，汽車零部件

生產企業與汽車生產企業。上游企業對下游企業的配送任務多是委託專業的物流配送企業來完成。第三，面向消費者的配送。例如，對各居民所需的純淨水、牛奶和報紙等日用消費品的配送。配送主要包括集貨、分揀、配貨、配裝、配送運輸和送達等活動環節，配送作業所要協調的主要要素包括物品、客戶、車輛、人員、路線、地點和時間幾個內容。對於配送來說，合理的車輛配置、科學的路線選擇對於提高配送效率、降低配送費用都有著決定性的影響。

三、貿易信息流

1. 貿易信息流的含義

貿易信息流是指反應商流、物流的各種消息、情報、數據資料的傳遞和反饋。貿易信息從信息源發生，經過貿易渠道傳遞，到被貿易主體吸收、反饋，貫穿於整個貿易活動過程中。貿易主體在貿易運行過程中需要不斷從外部輸入各種信息，並對這些信息進行加工、整理和分析，形成決策信息。同時，貿易主體在商流、物流過程中又不斷向外部反饋各種信息。

2. 貿易信息流的內容

貿易信息從內容上，可分為商流信息和物流信息。商流信息是商品交易活動所產生的信息，主要包括市場信息和交易信息。市場信息是關於市場狀況的信息，包括供求變動信息、價格變動信息、生產者信息、消費者信息、市場競爭態勢信息等，如市場是買方市場還是賣方市場，是完全競爭市場還是壟斷市場等信息。交易信息是伴隨著買賣雙方的交易活動產生的，如商品信息、價格信息、合同信息、促銷信息、金融信息，結算信息等。物流信息主要包括商品運輸、倉儲、出庫、入庫等信息，如運輸工具、運輸路線、運輸里程、產品庫存數量、倉庫設置、配送、物流費用等信息。

貿易信息流的運行一般經過信息收集、加工、存儲處理、傳遞、應用等環節。其具體包括：

（1）貿易信息的收集。貿易信息的收集是貿易信息流運行的起點，對貿易決策有重要影響。貿易信息的收集應具有針對性，並遵循真實、可靠原則和系統連續原則。對不同的信息採用不同的手段和途徑進行信息收集活動。

（2）貿易信息的儲存。收集得到的貿易信息，有些已經使用過，但仍有保留價值，有的需要以後使用，這就需要進行信息儲存。貿易信息的儲存是將收集加工的有價值的系統化信息資料存入資料庫或數據庫的活動。通過信息的儲存和累積，形成系統化的動態信息，有利於貿易主體進行科學決策。

（3）貿易信息的加工。收集得到的信息大多是零散的、孤立的和形式多樣的，需要進行一定的加工程序，即對信息進行篩選、分類、比較、計算、分析、判斷、編寫，使之成為真實、可靠、適用、系統的信息。

（4）貿易信息的傳遞。貿易信息傳遞是指貿易信息從信息源發出，經過貿易渠道等傳遞給貿易主體的過程。貿易信息的傳遞要求迅速、準確、安全、經濟。貿易信息的傳遞有多種方式和途徑，如單向傳遞和雙向傳遞、直接傳遞和間接傳遞、時間傳遞和空間傳遞等。

（5）貿易信息的應用。貿易信息的使用是信息流動的最終目的，只有通過使用才能實現信息的經濟效益和社會效益。

3. 貿易信息流的特徵

（1）信息流是商流和物流的表徵和反應。商流和物流的運動變化必然伴隨著相關貿易信息的流動。沒有商流和物流，就沒有反應它們運動的貿易信息流。

（2）貿易信息流引導、協調和控制商流和物流運動。貿易信息流通過信息流的反饋運動，實現對商流和物流的引導、協調和控制，如貿易企業根據消費需求變化調整行銷策略，將影響商流和物流的運動方向。特別是在網絡時代，信息流對商流和物流的影響越來越大。

（3）貿易信息流具有獨立的運行規律。貿易信息流在運行方向、時間上與商流和物流具有明顯的不一致性，有的信息流在商流、物流前面，有的信息流滯後於商流。

第二節　貿易運行渠道

一、貿易運行渠道構成要素

貿易運行渠道是指商品從生產領域轉移到消費領域所經過的環節和途徑的統稱。它主要由以下一系列要素所構成：

1. 商品

沒有商品的運行，就根本不存在貿易運行渠道的概念。商品運行構成貿易運行渠道的物質基礎。商品不僅包括有形的物質產品，如生產資料、消費資料等，而且還包括無形產品，如信息、技術等。商品一經生產出來，總是要按照生產與消費的內在聯繫，沿著一定的路線不斷向消費領域轉移。商品只有完成這種轉移，它的使用價值和價值才能得到實現。

2. 貿易主體

商品從生產領域向消費領域的轉移，不能自動運行，需要有社會力量來推動，這種社會力量就是貿易主體。貿易主體是指參與商品交換的買賣者，既包括買者，又包括賣者，還包括又買又賣者；既包括各種類型的商業企業和商人，又包括從事商品交換的生產企業和生產者，還包括兼營貿易的其他組織和個人。沒有上述流通當事人的參與，商品不可能發生運動，因而也就不存在貿易運行渠道。

3. 貿易組織形式

貿易主體在推動商品運行時，總是要採取一定的組織形式，形成一系列經營環節，承擔實現商品的物質形態和價值形態變化的經濟職能。各種貿易組織以不同的經營規模和經營方式密切地結合起來，組成多層次的、有主有從的、縱橫交錯的、形如蛛網的貿易體系，共同推動著商品從生產領域向消費領域的轉移。

4. 商品運行路線

商品運行路線是商品按其合理流向從生產領域向消費領域轉移所經歷的路徑。商

品的流向總是從生產領域流向消費領域，從產地流向銷地。然而，在商品貿易實踐中，由於商品種類繁多，產銷關係複雜，因而各類商品的流向呈現出多樣化的狀態，它們運行的路徑構成貿易運行渠道的具體形式。

二、貿易運行渠道類型

現階段的貿易渠道大致可分為三類：

1. 產銷合一的渠道

產銷合一的渠道又稱產銷直接聯繫的渠道。其形式是：生產者—消費者。這是指商品直接從生產者手中流通到消費者手中的形式。它是一種最簡單又最短的貿易渠道。在商品經濟不發達的階段，是一種普遍存在的形式；在現代市場經濟條件下，便成為專業化分工程度最低，處於次要地位的一種貿易渠道形式。採取這種貿易渠道的企業，一般利用人員推銷、通信銷售、電話銷售、家庭訪問等方式，向直接消費者或用戶銷售企業產品。在中國，產銷直接聯繫的渠道包括農村集市貿易、城市農貿市場、生產單位的自銷門市部或銷售機構和某些大型專用設備的定點供應等。現代大流通、大貿易、大市場並不排斥傳統的產銷合一渠道，相反，一些具有規模生產優勢和市場集中度優勢的大企業都採取產銷合一的渠道，自建銷售網絡和行銷渠道，利於降低流通成本。

2. 產銷分離的渠道

產銷分離的渠道又稱商業渠道，其形式主要有：生產者—零售商—消費者，生產者—批發商—零售商—消費者，生產者—產地批發商—銷地批發商—零售商—消費者，等。這是指由專職的中間商來組織商品流通的渠道。商品生產出來以後，首先由中間經銷商進行收購，經過運輸、儲存、加工、編配等活動，經由批發商業和零售商業，再轉到消費者手中，這是商品流通中的主渠道，也是商品流通專業化分工程度最高的一種渠道。這種渠道形式廣泛應用於一般消費品和工業品的流通運行之中。

3. 產銷結合的渠道

產銷結合的渠道是指貿易活動中由生產者通過專設的銷售機構、代理商或聯營形式銷售商品的渠道。其形式是：生產企業的銷售機構、代理商或聯營商——消費者。其特點是生產者或生產企業參與商品銷售。在社會化大生產專業分工愈來愈細的情況下，生產者或企業，不可能都專門從事商品銷售，而是通過其專設的銷售機構或代理商，或以聯營的形式來進行。

如果按商品流通過程中所經過的不同環節，即按層次劃分，貿易渠道又可分為：

（1）直接渠道，即產銷直接見面，沒有中間商插手。如農戶生產多餘的產品、鮮活易腐商品、高科技產品，比較適合選擇這種形式。

（2）間接渠道，即商品經過不同的環節或層次，從而形成較複雜的各種類型的間接渠道。例如，生產者—批發商—零售商—消費者，這要經過兩道中間環節；生產者—產地批發商—銷地批發商—零售商—消費者，要經過三道中間環節。不論何種貿易渠道，都是從生產者始，到消費者終，其廣泛應用於一般消費品和工業品的流通。間接流通渠道與發達的商品流通形式相對應。

三、影響貿易主體對貿易渠道選擇的因素

貿易渠道的選擇是一個複雜的綜合問題，它涉及貿易主體、貿易客體以及商品和市場環境等多方面的因素。多渠道的流通格局為貿易活動的主體提供了選擇合理的貿易渠道的可能性。任何一個貿易主體都必然以主體經濟利益的實現與增進為目標，根據時間節約原則、最小成本原則和最大利潤原則，選擇最恰當的渠道作為自己的貿易渠道。影響和制約貿易主體對貿易渠道選擇的因素主要有：

1. 商品因素

商品的自然屬性與社會屬性是影響貿易渠道選擇的基本因素。商品千差萬別，由於自然屬性不同，商品的使用價值喪失的快慢程度亦不同，它們對貿易渠道有不同的要求。正如馬克思指出的那樣：「一種商品越容易變壞，生產出來越要趕快消費，趕快賣掉，它能離開產地的距離就越小，它的空間流通領域就越狹窄，它的銷售市場就越帶有地方性質。」在這裡，商品的自然屬性對貿易渠道的選擇提出了客觀的規定，這種客觀規定蘊含著固有的趨向。例如，鮮活易腐的商品，對貿易渠道的選擇以「窄而短」為宜，以使商品迅速地通過流通過程，到達消費領域，降低商品使用價值的損失程度；而一些消費範圍廣、性能穩定、耐用的工業品，需經過必要的「長而寬」的貿易渠道，以利於商品迅速地銷往四面八方，滿足更大範圍內不斷擴大的市場需求。商品的社會屬性是指商品的時尚性、技術性等消費特點及其所受到的經濟關係、社會因素的制約等方面的社會效用。商品的社會屬性是消費者對商品效用的評價和態度，為進入流通中的多種商品規定流通的定向目標和必要的流通環節。

2. 市場因素

（1）市場的性質。這裡主要指市場屬於生產資料市場還是消費資料市場或服務市場。一般來說，生產資料市場的商品應採用不包括零售商在內的產銷分離或產銷結合的貿易渠道形式；而消費品市場的商品通常採用包含零售商在內的產銷分離或產銷結合的貿易渠道形式；服務市場的服務商品則基本上是單一的產銷合一的渠道形式。

（2）市場的容量。市場容量，就是消費者數量和購買力的大小。通常來說，消費者數量多與購買力大的商品，宜採用長而寬的貿易渠道形式，以應付繁多的交易需求；反之，宜採用短而窄的貿易渠道形式，由廠商直接供應商品給顧客。

（3）市場的區域性。市場離生產者距離的遠近及其自身的離散程度對貿易渠道的選擇有較大的制約。如果市場離生產地較遠，或市場終端用戶比較分散，就需要經過中間商；反之，就選擇直接銷售渠道。

3. 貿易主體的能力

一個資本雄厚的企業，意味著它設置獨立的商品銷售機構所必需的商業資本是充足的，進而有可能使其形成維持和發展在市場上的優勢地位的直接貿易渠道；而當企業資金短缺或財務脆弱時，需要迅速銷售商品以提高貨幣週轉率，這時利用中間商，則一般可以取得更好的效益；另外，企業的聲譽、經營管理能力、現行的市場行銷政策以及企業過去的渠道、經驗也會對渠道的選擇有一定的制約和影響。

4. 其他諸因素

其他諸因素如國家經濟政策、法律規定、商業與消費者的反應等，都會對貿易渠道形式的變化產生不同程度的影響。

四、貿易渠道建設

(一) 貿易渠道的選擇

1. 貿易渠道成員選擇的途徑

對貿易渠道的設計，最先表現為對貿易渠道成員的選擇。作為一個生產者，要尋找能承擔渠道職責的渠道成員，有效的途徑包括在各種媒體上發布招商廣告、舉辦產品展示會、訂貨會，通過專業網站所發布的信息、同行朋友的介紹、媒體廣告或專業雜誌廣告上刊登的各類經銷商的信息，還有銷售現場或專業性的批發市場調研，都可以在一定程度上幫助生產者尋找到潛在的渠道成員，並通過進一步的接觸來獲得更多的渠道成員信息。

2. 貿易渠道成員選擇的標準

生產者要從潛在的渠道成員中選擇真正合適的並具有長期合作意願的渠道成員，要遵循一定的標準，並根據這些標準對潛在的渠道成員進行一定篩選，通過縮小範圍來最終確定合格的渠道成員。當然，對於不同產品，企業所處的不同歷史發展階段，選擇渠道成員當然會有不同的標準，如經銷電腦的渠道成員需要具備一定的專業知識，而經銷飲料的渠道成員則需要具有廣泛的市場網絡。但是總體而言，選擇渠道成員要遵循以下三個標準：

(1) 渠道成員綜合實力的大小。渠道成員綜合實力的大小可以通過一些指標來分析，包括渠道成員開業時間的長短、發展歷程及經營表現、資金實力和財務狀況、綜合服務能力、產品銷售和市場推廣能力的強弱、經營機制的好壞和管理水準的高低等，以及渠道中間商的信譽度等標準。通過這些標準，可以瞭解渠道成員在銷售其他產品時的銷售業績的高低和推廣品牌的能力大小，以及中間商的信譽程度，從而確定合適的渠道成員。

(2) 渠道成員的預期合作程度。與渠道成員的合作能否成功決定了企業產品的拓展速度和廣度，渠道成員的合作態度在一定程度上決定了這一渠道的效率和效果。而渠道成員的合作程度取決於渠道中間商的價值觀，以及對生產企業的戰略目標和經營理念的認同程度，同時還取決於渠道中間商的合作精神和企業文化。如果渠道中間商的價值觀與生產企業的價值觀相同或相似，則渠道成員與生產企業合作中的摩擦就大大減少，對產品的推廣具有積極意義。

(3) 渠道成員的市場及產品的覆蓋面。渠道中間商的地理位置、經營範圍和業種業態、渠道中間商經營的產品結構和專業知識，這些因素決定了渠道中間商是否有能力將生產者的產品順利送達目標客戶手中。一般來說，渠道中間商的地理位置應該處於目標客戶集中的區域，這樣有利於產品的送達。而渠道中間商的經營範圍和業種業態以及渠道中間商經營產品結構和專業知識要符合生產商所生產商品的定位和產品特

點，這樣才能使得渠道成員的經營經驗與製造商的產品流通所需要的經驗與能力相匹配。

(二) 貿易渠道的建設

貿易渠道的建設包括三種形式：新建、修正和重建。

1. 新建貿易渠道

當企業要新建貿易渠道時，最開始的工作是要進行貿易渠道的設計，以確定企業所希望採用的渠道方案。其貿易渠道的設計程序是：①制定渠道目標；②制訂各種可供選擇的渠道方案，要綜合考慮渠道的直接性程度、產品與市場因素、中間商的類型、中間商的數量、渠道數量及有關的法律問題；③各種渠道方案的比較和評價；④渠道方案的選擇和確定。

2. 貿易渠道的修正和重建

當企業已經發現現有的貿易渠道存在問題，不能適應企業的發展需要時，就需要對現有的貿易渠道進行調整。其實施步驟是：①對現有貿易渠道及渠道成員進行評估，找出渠道無效或低效的原因；②對可供選擇的渠道和渠道成員進行考察，以評定其對企業產品所承擔的流通職能的勝任程度；③對貿易渠道進行小幅或大幅調整，在特定時期建立的貿易渠道可以通過不斷地進行小幅調整來適應環境微小的變化，進而得以長期維持，如果環境發生較大的變化，則通過小幅調整不能使現有的渠道適應環境變化，就要進行大幅度或徹底的調整才可以。

五、貿易渠道管理

(一) 貿易渠道的衝突

1. 貿易渠道衝突的定義

貿易渠道的衝突是指渠道成員之間相互干涉，導致妨礙對方行動、損害對方利益的行為發生，阻礙渠道成員的目標實現，進而引發種種矛盾和糾紛。

2. 貿易渠道衝突的種類

渠道衝突可以分為水準渠道衝突、垂直渠道衝突和多渠道衝突三種不同的類別。

(1) 水準渠道衝突，指在同一渠道模式中，處於同一流通階段的流通主體之間的衝突，如經銷同種產品的批發商之間的衝突、經銷同種產品的零售商之間的衝突等。

(2) 垂直渠道衝突，指在同一渠道中不同層次企業之間的衝突。這種衝突較之水準渠道衝突更為常見，如生產商和批發商之間的衝突、批發商與零售商之間的衝突等。

(3) 多渠道衝突。隨著顧客細分市場和可利用的渠道不斷增加，越來越多的企業採用多渠道行銷系統即運用渠道組合、整合，隨即產生了不同渠道之間的衝突。其含義是在生產企業建立多渠道行銷系統後，產品通過不同的渠道進入同一市場時所產生的流通主體之間的衝突，如電子商務的網上銷售對傳統的店鋪銷售產生衝擊，進而引發多渠道衝突。

3. 貿易渠道衝突產生的原因

雖然說共同的目標是渠道成員結合在一起的基礎，但是由於渠道成員都是獨立的

經濟主體，有著各自的目標動機和經濟利益，所以要做到對目標認識的完全一致還相當困難。

交易條件是渠道成員之間相互關係的根本所在。因為成員之間從本質上講是交易關係，交易條件反應了成員之間的利益和風險的分配。在其他條件不變的情況下，利益和風險的分配具有此消彼長的特點。每一個成員都希望多分得利益，少承擔風險。因此，在渠道成員的交易中，提供比較優惠的交易條件時，對方就樂於接受；反之，則容易產生衝突。

貿易渠道所處的環境是不斷變化的。根據環境的變化，對渠道的目標、運行方法、組織結構等做出相應調整，是保持渠道具有活力和長盛不衰的條件。但是，如何判斷環境，做出什麼樣的調整決策，則會因種種理由在渠道成員之間產生差別。這種差別不大時，成員一般都可以容忍；當差別較大時，就會產生衝突。例如，某一成員零售商店附近新出現競爭性的商店，而主導者不能及時調整供給商品的結構，推出新的促銷計劃，成員就會產生強烈的不滿。

4. 渠道衝突的後果

多數情況下渠道衝突對於渠道效率具有負面影響，甚至會造成渠道的解體。但是從某種程度上說，渠道衝突又具有一定的積極意義。

（1）渠道衝突的不利影響

不利影響主要表現為影響渠道成員之間的合作關係，損害渠道成員之間的利益；降低整個渠道的績效，影響渠道的效率；破壞渠道的規則體系，對渠道中的其他成員起到了不好的示範作用；影響產品在目標客戶心目中的地位，損害產品多年樹立起來的品牌形象。

（2）渠道衝突的積極意義

積極意義主要表現為使渠道管理更科學規範，通過渠道衝突，渠道中的問題和矛盾得到暴露，從而使得渠道主導者能進一步優化渠道體系，健全渠道管理；使渠道的溝通更加頻繁和有效，通過衝突使渠道成員能更加深入地進行溝通，進而相互理解，並達成共識。

（二）貿易渠道的管理

貿易渠道由不同的經濟主體共同組成。因此，對渠道的管理不同於經濟組織內部的管理，而具有明顯的特殊性。減少和抑制衝突，提高成員的經營積極性，促進渠道高效率的整體活動是渠道管理的主要目的。貿易渠道的管理主要依靠渠道主導者來進行，同時還要有渠道成員的配合支持。最基本的渠道管理的方法有以下四種：

1. 確立共同目標

共同目標是渠道成員結合在一起的基礎，也是解決渠道衝突，實行有效渠道管理的重要內容和方法。每一個渠道成員都有自己的目標，如生存發展的需要、穩定貨源、市場佔有率、收益率、客戶滿意度的提高等。在這些目標中，總是存在一些具有共同性的內容，當渠道面臨外來威脅時，如出現了強有力的競爭渠道，市場發生急遽變化，這些共同性的目標就顯得相當突出和重要。它使成員們明白只有維護共同目標、緊密

合作才能戰勝威脅，在實現共同目標的同時才可能更有效地實現自己的目標。

2. 溝通和協商

貿易渠道由相互獨立的經濟組織組成，溝通和協商就成為進行渠道管理、調節成員之間相互關係的最基本的方法。發生矛盾和衝突時，渠道成員要將問題擺出來，共同研究和溝通認識，尋求大家都能夠接受的解決方案來消除分歧。通過充分交流，衝突各方之間達成一定妥協，從而使渠道衝突、渠道矛盾得到有效疏導。

3. 激勵和懲罰

渠道成員之所以願意加入貿易渠道，是由於具有某種利益的訴求，所以在經濟利益上的激勵和懲罰，是一種行之有效的管理方法。對於銷售成績優秀的成員，給予更加優惠的交易條件，使之努力得到經濟上的報酬，報酬又推動成員進一步努力。如此循環往復，形成努力與報酬的相互推動。對那些不努力而造成銷售業績下降，有意製造摩擦和衝突的成員，進行必要的經濟懲罰，是維護渠道整體利益的必要措施。懲罰的目的是促使不良成員糾正其行為，與其他成員協調一致共同努力。要做出激勵或懲罰的決策，需要對渠道成員的業績進行定期的評價，以作為獎懲的依據。

4. 渠道的調控

貿易渠道所處的環境是不斷變化的。當消費購買模式發生變化、市場擴大、產品成熟或者衰退、新的競爭者加入等情況出現時，就要對渠道進行調整，以適應環境的變化。渠道的調整有三種方法：一是調整某些渠道成員，二是調整某些產品銷售渠道，三是調整整個渠道類型。這意味著原有渠道的解體和重組，在渠道衝突發展到無法解決、造成極大混亂的情況下，就不得不採取第三種調控方法。

渠道衝突是不能完全避免的，只要建立貿易渠道，就會或多或少發生渠道衝突，上述解決渠道衝突的各種手段並不能從根本上杜絕其發生。但是，渠道成員通過採取一些具體措施可以在一定程度上減輕或消除部分渠道衝突，從而使渠道衝突控制在系統可承受的範圍之內。

第三節　貿易運行環境

一、貿易運行環境的內涵

任何經濟活動都是在一定的環境下進行的，貿易運行也不例外。貿易運行環境是指影響和制約貿易活動的各種外部因素與條件，包括經濟環境和非經濟環境兩個基本方面。其中，經濟環境包括生產、分配、消費、市場、金融以及貿易物質技術設施等方面的因素和條件。經濟環境是影響和制約貿易運行的最根本、最直接的因素。非經濟環境包括政治環境、法律環境、人口環境、文化環境、科技環境和自然環境等。這些環境因素往往相互影響、互為因果，從多側面、多角度對貿易活動產生影響。非經濟環境對貿易運行的影響雖然不是根本性的，但其影響卻很複雜，它既可以促進貿易的發展，也可能抑制和阻礙貿易的發展。在貿易運行環境中，有些因素對貿易活動的

影響是長期性的，如自然資源狀況等；有些因素對貿易活動的影響是相對短期的，如政策因素等；有些因素在貿易活動中具有一定的可控性，如人口政策、法律制度、郵電通信設施等；有些因素在貿易活動中具有不可控性，如自然條件、文化習俗、科技創新等。

需要指出的是，貿易運行環境對貿易運行雖然具有很強的制約作用，但貿易活動對貿易運行環境也會產生促進作用，特別是在經濟發展由低級向高級階段的過渡時期（例如：在經濟發展由自然經濟向商品經濟的過渡時期），貿易活動對貿易運行環境的影響便非常明顯。因此，貿易活動與貿易運行環境是互為因果，互相影響的。

二、貿易運行的經濟環境

貿易運行的經濟環境是指影響和制約貿易運行的經濟因素與經濟條件。這些因素與條件非常廣泛，主要體現在以下方面：

(一) 生產方面

生產方面的因素與條件主要包括生產力發展水準、國民經濟的發展狀況、社會分工的深度與廣度、產業結構和產品結構等。其中，生產力發展水準不僅決定著生產資料所有制的性質與結構，而且直接決定著國民經濟發展狀況、社會分工的深度與廣度、產業結構和產品結構等，為貿易提供經濟基礎，是經濟環境中起決定性作用的因素，從根本上直接影響和制約著貿易的規模和結構。在生產力水準較高、經濟發達的社會，由於建立起了雄厚的物質技術基礎和先進的工業體系，國民經濟持續穩定發展，社會經濟結構、產業結構和產品結構複雜，對貿易的依賴性強，要求相應擴大貿易規模，貿易結構也趨於複雜；相反，在生產力水準低、經濟落後的社會，由於生產技術落後，工業基礎薄弱，國民經濟發展緩慢且極不平衡，社會經濟結構、產業結構和產品結構簡單且極不合理，對貿易的依賴度低，貿易的運行和發展受到很大的限制。

產業結構對貿易運行的影響最直接。產業結構狀況，既是經濟發展的結果，也是經濟發展階段的標誌，它對貿易運行產生著一定的影響。在經濟發展的不同階段，三大產業所占的比重不同，各個不同階段的貿易，無論從形式到內容，從深度到廣度，從組織到結構，都有著很大的差異。歷史上，在經濟發展的初級階段，農業人口占絕對優勢，整個經濟以農業為主，農業生產以自給半自給性為主，商品率較低，基本上屬小商品生產。這種情況決定了社會貿易規模不大，交換的商品以初級產品為主，經營的範圍也很狹窄，基本上以當地市場為主。進入工業化階段之後，第二產業比重大幅度上升，第三產業也相應有所發展。隨著小生產的分化瓦解，商品經濟席捲全國，全國統一大市場逐漸形成，商品流通在更大的地域範圍內進行，商品流通的規模空前擴大，商品流通的內容、結構也發生了深刻的變化，工業品比重大大增加，而且隨著科學技術的突飛猛進，高科技產品的比重也大大提高。工業化之後，隨著產業結構的不斷調整和升級，對貿易運行產生了更為深刻的影響：第一，貿易經營的內容發生了重大的變化。傳統貿易經過一定發展後，在貿易總體中所占的比重基本穩定，而隨著生活水準的提高，無形商品所占的比重大大增加。第二，原來主要是為貿易服務的某

些行業發展迅速，逐漸成為經濟發展的支柱產業，如金融業、保險業、交通運輸業、信息服務業、諮詢服務業等。第三，貿易經營的方式與策略都發生了重大的變化。例如20世紀30年代以來，西方國家的零售業態日趨多樣化，既出現了超級市場、連鎖商店、購物中心等大規模的店式零售業態，又有流動售貨亭、郵購商店、電視商場、電話購物等無店式零售業態，以滿足銷售不同類型商品的需要。

（二）分配方面

分配方面的因素與條件主要包括產品的分配方式、分配政策等。分配對貿易的影響，主要表現在分配方式、分配政策對商品供給和需求的規模和結構起一定的決定作用，如國民收入中累積與消費的比例就在一定程度上決定著生產資料和生活資料的商品供給與需求。此外，公平與效率是人類文明和社會發展所追求的兩大目標，也是我們面臨的分配難題，如果對公平與效率兩者的關係處理不當，就會危及社會穩定，進而對貿易產生不利影響。

（三）消費方面

消費方面的因素與條件主要包括消費需求的水準與結構、消費方式、人口規模與構成、家庭結構等。

消費需求是影響貿易活動的主要經濟因素。需求水準的基礎不同，需求水準提高的表現不同，對貿易產生的影響和制約作用也不相同。需求水準在較低起點上的提高，對貿易的影響主要表現在由自給性消費向商品性消費的轉化和基本生活必需品的需求規模擴大兩個方面，對貿易的影響主要表現在量上，即要求貿易規模特別是基本生活必需品的貿易規模要相應擴大，進而要求貿易領域的從業人員數量、貿易機構網點以及倉儲運輸能力等在量上都要擴大，以適應貿易規模擴大的需要。需求水準在較高起點上的提高，對貿易的影響主要表現在以下兩個方面：一是需求領域的拓寬、需求層次的提高及各需求層次內部結構的變化。二是消費的社會化水準提高，勞務消費及滿足消費者發展需要的消費需求比重大大提高。這時，對貿易的影響是巨大而深刻的，促使貿易本身發生質的變化。消費的社會化，即消費服務的社會化，是需求水準達到更高階段後的一種必然趨勢。隨著消費社會化水準的提高，貿易在國民經濟中的地位和作用也將大大提高，第三產業將超過第一產業、第二產業而成為經濟發展的支柱力量，從而使得貿易的功能、內涵、組織、運行等都發生深刻的變化。

需求水準的提高必然引起需求結構的變化。需求結構的變化主要影響不同層次、種類消費品的貿易規模，從而影響貿易結構，具體表現在：一是需求結構的較大變化帶動產業結構變化並進而使貿易結構出現較大的變化；二是需求結構的變化還引起貿易方式的變化。

（四）市場方面

市場方面的因素與條件主要包括統一市場的形成狀況、市場的發達程度、市場體系的完善狀況、市場規則的健全狀況等。市場是貿易主體活動的「舞臺」，貿易運行必須以現實市場為基礎，以市場發展為主導。統一市場，是商品與要素能夠自由流通的

市場，統一市場的形成狀況直接影響著貿易的規模、結構和空間範圍。市場的發達程度對貿易有重大影響，一般而言，市場發達程度越高，貿易規模就越大，結構也就越合理；反之，市場發達程度低，貿易規模就小，結構也不合理。市場體系是指各個相互聯繫、相互制約、相互作用的子系統市場構成的一個有機整體，從表象看，市場體系也是市場上各種錯綜複雜的交換行為、交換活動互相制約而形成的一個體系和總體交換。貿易的發展必須依賴於完善的市場體系。市場規則是維持市場秩序，規範貿易行為的重要保證。

（五）金融方面

金融方面的因素和條件主要包括金融業、信用制度和貨幣方面的因素與條件等。一般來講，金融業及信用制度越發達，貿易發展的基礎就越好，從而對貿易發展就越有利。

貨幣方面的因素與條件主要包括貨幣發行量（從而包括流通中的貨幣量）、貨幣流通速度和幣值穩定程度等幾個方面。貨幣因素或貨幣流通情況對貿易運行起著非常重要的影響。如果貨幣發行量超過商品流通對貨幣的需要量，就會引起貨幣貶值、商品價格上升，從而影響商品的流通速度，嚴重時還可能引起消費者的恐慌，造成搶購，從而對市場形勢及流通秩序等產生更為嚴重的影響。貨幣流通速度一方面通過影響貨幣量來影響商品流通和貿易運行，貨幣流通速度快，流通對貨幣的需要量就小；貨幣流通速度慢，流通對貨幣的需要量就大，貨幣在流通的各個環節發生沉澱，容易引發超經濟發行。一般而言，貨幣幣值穩定，貨幣流通速度快，商品流通速度也快，流通規模大，貿易發展快；相反，貨幣幣值波動大，貨幣流通速度異常，商品流通和貿易發展就要受到限制。

（六）貿易物質技術設施方面

貿易物質技術設施方面的因素和條件主要包括交通運輸、郵電通信、倉儲設施等。交通運輸業是否發達，能否滿足經濟發展的需要，直接影響著商品實體運動的速度、地域範圍及商品的完好程度等，從而影響貿易。隨著貿易的發展，信息溝通在貿易中越來越重要。郵電通信的發展狀況直接影響商情信息傳遞的速度及其完整、準確、及時程度，從而也對貿易有著重要的影響。倉儲設施更是貿易運行必不可少的物質條件，其發展狀況對貿易運行也有直接的影響。

除上述六個方面的因素和條件外，經濟體制、經濟政策等方面的因素和條件也對貿易產生影響。如與計劃經濟體制相比較，市場經濟體制下，貿易的規模、結構和組織方式等都從質上發生了深刻的變化。

上述因素與條件，構成經濟環境的主要組成部分，它們共同影響和制約著貿易運行。

三、貿易運行的社會環境

貿易運行的社會環境是指影響和制約貿易發展的各種社會因素。貿易總是在一定的社會環境中運行的，根據不同環境因素對貿易運行的不同影響，可將貿易的社會環

境分為政治環境、法律環境、自然環境、人文環境、科技環境、國際環境等。

（一）政治環境

貿易的政治環境是指制約貿易的政治因素和條件。國家的政治制度、政治局勢、政治體制體現了國家的性質，制約著貿易的方向。貿易的政治環境主要包括三個方面的內容。

1. 政治制度

政治制度通常是指國家政權的組織形式及其有關的制度，也就是通常所說的政體。它包括國家的統治形式、管理形式以及人民行使政治權利的制度。一個國家的政治制度，總是同該國的根本性質和它的經濟基礎相適應的。中國是人民民主專政的國家，實質上就是無產階級專政，這是因為人民民主專政無論從它的領導力量、階級基礎，還是從它所維護的經濟制度來看，和無產階級專政都是一致的。這也就從根本上決定了中國貿易的性質和方向。

2. 政治體制

政治體制對貿易的影響有：①在決策權力的集中程度方面，決策權力集中程度過高，貿易部門活力就差；反之，決策適當分散，則其活力就強。過去，政府對企業實行直接管理，貿易企業的自主決策的權力非常有限，貿易是在高度集權的行政管理模式下運行的；現在，政府採取了轉變自身職能、政企分開、加強法制建設等政治體制改革措施，明顯增強了貿易部門的活力。②在政府領導人的施政思想方面，當政府領導人發生人事變動時，新的領導人與前任領導人的施政思想不可能完全一致，不同的施政思想會通過施政方針而影響經濟運行，其中也包括貿易運行；另外，即使是同一屆政府，在執政期間也往往會由於形勢的變化或政府內部各利益集團的實力變化，而使政府改變施政方針，從而影響包括貿易運行在內的經濟運行。③在政府機構設置方面，某些對貿易運行具有重大影響的政府機構的設立、合併或撤銷，將對貿易運行的某些方面產生影響。如國家經濟貿易委員會的建立與撤銷，商務部的新建等都對貿易產生了一定的影響。

3. 政治局勢

政治局勢是指一定時期內各種政治力量的組合分化、政治關係的調整以及政治經濟關係的綜合作用所形成的政治態勢和政治形勢的總和。政治局勢是由多種因素相互作用、相互影響而形成的，具有複雜性和多變性的特點，它的任何變化都會對整個社會的經濟生活，尤其是對貿易產生重大的影響。由於貿易在社會再生產中處於仲介地位，所以貿易在國民經濟中受外界環境影響最大，對外界環境變化的反應最為敏感。政治局勢穩定，有利於工農業生產的發展，有利於企業長期戰略目標的實現，有利於人心的穩定，這是保證市場的繁榮和穩定的基本條件，也是保證貿易穩定發展的基本條件。政治局勢不穩定，必然會影響經濟建設和貿易，其結果勢必帶來社會經濟不景氣，市場呆滯和混亂。例如，1989 年蘇聯解體，政治前途的不穩定進而導致經濟的動盪，失業率上升，惡性通貨膨脹難以遏制，在這種情況下，貿易的繁榮也成為畫餅。所以，政治局勢決定著社會經濟生活的繁榮與穩定，也是影響貿易的最現實的政治條件。

(二) 法律環境

法律法規對貿易運行的影響主要表現在它對各經濟行為主體的利益關係的調整方面，它與政治體制、經濟體制具有密切的聯繫。從經濟主體看，法律法規調整政府機構、企業、個人之間的經濟關係；從客體方面看，受法律法規調整的客體包括生產資料、消費品，還包括專利權、著作權等；從調整的內容看，它調整工業、農業、商業、服務業、財政金融、自然資源、環境保護、科技開發、知識產權等各方面的經濟關係。貿易中各行為主體以及經濟運行各環節，無不受到法律法規的約束或影響。

國家通過立法和執法，對貿易的諸要素（商品、貨幣、交換者、價格等）及貿易過程進行干預，規範貿易主體的行為，有利於建立和維護正常的貿易秩序。貿易法規是否健全，關係到貿易活動有沒有完整、嚴密、科學、合理的行為規範。從法治看，有了法規，有關法律部門是否嚴格執法，貿易部門及其他有關部門和人員是否嚴格守法、依法辦事，對貿易正常、健康發展也會產生重大影響。為了維護貿易的正常秩序，促進和保障貿易的發展，必須加強經濟立法，使之適應貿易不斷發展的需要，使貿易有法可依，有章可循。

(三) 自然環境

貿易的自然環境是指影響和制約貿易發展的自然資源、氣候條件、地理位置等環境因素。就當代貿易而言，自然物質環境的變化也會直接、間接地對貿易產生影響。隨著全球工業化、城鎮化進程的加快，自然資源的大規模開發，資源日益短缺，能源成本趨於提高，環境日益惡化，政府對自然資源管理的干預及對生態治理的干預都日益加強。這些環境的變化給一些企業造成壓力，給另一些企業又帶來機會，從而會在貿易的內容、方向等方面影響貿易。自然環境對貿易會起著多方面的直接和間接的影響和制約作用。

1. 自然環境決定著工農業生產的地區結構和產品結構

農副業生產的特點受自然條件的影響很大，工業生產也在很大程度上受自然地理環境的影響。中國地域遼闊，各地區的自然地理條件差異很大。在「因地制宜、合理佈局」發展工農業生產的原則下，各地區根據各自的自然資源、氣候條件、地理位置，安排和發展工農業生產，從而形成工農業生產不同的地區結構和產品結構。自然環境影響和制約著商品的自然流向以及地區間的商品交流，影響和制約各類工業品和農副產品的貿易，進而影響和制約貿易的規模。

2. 自然環境是影響和制約貿易級差收益的重要因素

貿易的級差收益表現為不同地區的貿易部門之間，在同樣的勞動耗費和勞動占用，同樣的經營努力下組織貿易所取得的經濟收益上的差別。由於不同的自然地理環境會有不同的交通運輸條件、資源條件和氣候條件，因此，在其他條件相同的情況下，那些地理位置有利，資源豐富，氣候適宜，交通運輸發達的地區，商品經濟也就比較發達，從而為貿易的發展提供了比較有利的外部條件，這些地區的貿易部門往往能得到較高的貿易級差收益；反之，貿易級差收益就較低。

3. 自然環境也會影響和制約消費需求狀況

由於地理位置、氣候條件的差異，往往使各地區的消費需求形成不同的特點，如中國南方與北方，東部沿海與西部內陸地區之間消費者消費需求的內容、消費習慣和消費的形式以及消費者的購買行為等方面都存在著明顯的差異，南方居民愛吃大米，北方居民愛吃麵食，東部居民愛吃水果，西部居民愛吃肉食等。上述消費需求上的差異，無疑會對貿易部門的經營內容和經營方式產生重大的影響和制約作用。

（四）人文環境

貿易的人文環境是指影響和制約貿易發展的人力資源、文化背景等社會環境因素。

從人力資源方面來看，人力資源的規模總量、年齡構成、職業構成、家庭構成、地區分佈、人口貿易趨勢等都會直接或間接地影響生產和消費，進而影響到貿易的規模和結構，具體地說：

（1）人口規模是決定貿易總量的基本因素之一。一般情況下，人口的規模越大，意味著群體的消費需求越大，市場也就越大。在人均收入水準不變的前提下，人口規模小，對生活必需品的需求量小，這部分商品的貿易規模就小。當然由於生活必需品的需求彈性較小，當經濟的發展達到一定水準以後，經濟增長的動力主要來自非必需品的增長，因而人口規模對貿易的影響會有所減小。

（2）人口結構是影響貿易的重要因素之一。人口結構是決定消費品需求結構的基本因素，它直接決定著消費結構、消費模式、消費總量，決定著市場貿易的總量和結構。

（3）人口素質對貿易也有重大影響。人口素質包括人的道德修養、思想品德、文化素養等內容。隨著人們生活水準的提高，人口素質的改善，貿易的內容也會相應進行調整，不僅人文藝術類商品的貿易比重會大大增加，而且從文化層面來看，貿易與之所處的文化環境通常互相影響。文化環境不像其他環境那樣顯而易見，但它對貿易的影響卻是巨大而深刻的，在商品經濟發展的初期，文化對貿易的發展甚至有著至關重要的作用。文化環境不但通過價值觀念、倫理觀念、思維方式、行為方式、生活方式等來影響貿易的決策者、組織者、消費者，從而在一定程度上決定貿易的規模和發展，而且風俗習慣、民俗傳統在相當程度上也制約著貿易的結構。而對於跨國的貿易來說，不同文化的差異及其對貿易的影響，則是任何一個企業的國際市場行銷活動所必須加以研究和重視的。美國的沃爾瑪、麥當勞向世界輸出的不僅是美國的商品、快餐、企業的經營方式和管理技術，同時也在向全世界販賣美國的價值觀念和生活方式。在市場經濟社會，隨著貿易規模的擴大，貿易日益成為傳播文明、交流文化的一條重要途徑。

（五）科技環境

科技環境對貿易的影響主要表現在促進貿易生產力的發展和貿易勞動效率的提高等方面。當今世界科學技術正在更大的範圍內以更快的速度轉化為生產力。在國內，

科學技術的發展和應用對貿易生產力的提高作用巨大。如現代電子信息技術的發展，使貿易的銷售方式從以手工為主的傳統方式向自選式、自動式發展成為可能，使商品的貿易經營形式由獨立經營的方式向連鎖經營的方式發展成為可能，尤其是為貿易管理水準的大幅度提高提供了條件。運輸、保管、加工、通信技術的發展，使貿易大大突破時間、空間的限制而不斷擴大。

科技進步為貿易創造了更廣泛的消費需求，需求的多樣化、複雜化又促進了貿易的發展。花色繁多的商品更好地滿足了消費者不同方面的需求，消費者有了更多的選擇餘地，多樣化的選擇又進一步促進了貿易的發展。科技進步使貿易的地域範圍進一步擴展，先進的交通運輸工具和通信手段日益超越了地域的限制，使地區間、國家間的聯繫更加緊密。科技的進步使貿易方式向更加現代化的方向發展，甚至產生革命性的變化。貿易物質裝備水準的提高和先進的科技手段的應用，使貿易方式發生了一系列的變化，新的交易形式不斷出現，新的交易組織應運而生。第二次世界大戰以後，電子計算機技術的普遍應用，機械化、自動化技術為連鎖企業高效率、低成本的物流配送系統、信息網絡系統提供了技術支持，為連鎖經營的迅速發展提供了保障。進入21世紀，在開放的互聯網網絡環境下，實現消費者的網上購物、商戶之間的網上交易、在線電子支付和現代物流配送的一種新型的商務營運模式——網絡貿易正在興起。

（六）國際環境

隨著經濟全球化進程的不斷加快，生產、貿易國際化的趨勢日益明顯，許多產品已成為世界性產品，在全球範圍內生產、貿易和消費。國際經濟環境已成為國內貿易日益重要的外部制約和影響因素。其原因是：①國際市場供求狀況和價格水準的變動，會影響國內市場商品供求和價格的變化。隨著進出口業務量占市場貿易量的比重的日益提高，國際和國內兩個市場的相關程度日益提高。國際市場上的供求和價格變動，很快會對國內市場產生影響。②國際貿易結構的變化會影響國內貿易結構的變化，從而對國內的經濟發展和貿易產生一定的影響。

復習思考題

1. 如何理解商流、物流的含義？
2. 貿易運行中的三流是如何運動的？
3. 簡述物流運動的主要內容。
4. 貿易運行有哪些渠道形式？貿易企業如何合理選擇貿易渠道？
5. 簡述貿易渠道建設及渠道管理內容。

[本章案例]

家樂福與供應商的零供衝突

2007年9月15日上午10時左右，家樂福鄭州市北環店出現了一個異常情況。很多顧客僅購買一元左右小額商品，卻以沒有零錢為由，堅持要用百元大鈔付款。之後事態進一步惡化，有兩個顧客與家樂福保安扭打在一起，圍觀的人群頓時亂了起來，幾個人廝打著向外走去，打鬥持續不到兩分鐘，有三人身上已染血跡。

在收銀處異常出現的大量購買小額商品，卻堅持用百元大鈔支付的顧客是這起惡性衝突的導火索。那麼，為什麼家樂福超市會突然出現這麼多用百元大鈔買小商品的顧客呢？

據家樂福一位內部人士透露，這起衝突的背後操縱者是鄭州市蒙牛貿易有限公司(以下簡易「鄭州蒙牛」)！以前鄭州蒙牛和家樂福發生衝突時，鄭州蒙牛曾派人拿百元大鈔買小件物品，換走超市零錢，給超市正常經營製造障礙。但以前規模都比較小，家樂福也沒有進行反擊。但這次，鄭州蒙牛動用了100多個人，甚至雇用了部分民工，給每個人發了100元鈔票，規定購買的東西不准超過1.3元錢，然後去收銀處結帳，想用這種辦法換走超市所有的零錢。

那麼鄭州蒙牛對這起事件的說法又是怎樣的呢？據媒體報導，鄭州蒙牛稱不滿家樂福向其攤派月餅。因鄭州蒙牛在家樂福超市擁有銷售攤位，所以在中秋節來臨之際，家樂福讓鄭州蒙牛購買價值3萬元的月餅，並且每個促銷員還攤派大約1,000元的月餅銷售任務。「鄭州蒙牛已經提前為員工訂購好了月餅，我們不想要這樣的月餅。」鄭州蒙牛負責人說，「我們在家樂福超市每個月的銷售才不過十幾萬，但買月餅就要3萬塊錢」。

問題

1. 試分析家樂福與蒙牛之間發生衝突的根源。
2. 為什麼零售商和供應商會經常發生衝突？
3. 家樂福與蒙牛發生衝突對渠道建設有什麼影響？
4. 能否徹底消除零售商和供應商之間的矛盾？如果不能，怎樣能緩解這種矛盾？

第七章　空間貿易

[**學習目的**] 熟悉農村市場特點、城鄉貿易的實現形式，瞭解區際貿易的含義、發展的動因及發展的層次性，理解國際貿易與國內貿易的差異。

根據空間範圍可將空間貿易分為城鄉貿易、區際貿易和國際貿易。中國區域經濟發展存在不平衡性，城鄉市場差別和區域市場差別也比較明顯。因此，科學認識城鄉市場、區域市場的特徵，正確處理好城鄉市場間、區域市場間、區域市場和全國市場、國內市場和國際市場的關係，對於促進貿易發展具有重要意義。

第一節　城鄉貿易

一、城鄉差別與農村市場特點

城鄉差別是一個國家工業化發展過程中很難完全避免的社會問題。由於種種原因，在中國歷史上城鄉差別長期存在並呈逐漸放大的趨勢。城鄉居民收入比在 2009 年為 3.33：1，1978 年為 2.56：1。中國現階段的城鄉差別幾乎是全方位的，體現在政治、經濟、文化、教育、衛生等各個領域，這些差別導致城鄉居民在收益水準、生存狀態、勞動條件、生活質量等方面都存在著巨大的差異。因此，廣大農村居民的消費需求在今後相當長時期內具有巨大的增長潛力，將對中國經濟可持續發展產生重要影響。

與城市市場相比，中國農村市場具有以下幾個特徵：

（1）提供的主要是農產品。儘管部分發達地區農村鄉鎮工業興起後也有大量工業品輸出，但就中國農村整體而言，工業品產出比重仍然較低，主要還是生產和提供農產品的地理區域。

（2）銷售的主要是農用生產資料。隨著農業生產商品化、專業化和現代化的發展，農村所需的農用生產資料將日益呈現出規模化、專用化和增值化的趨勢，傳統農業改造的關鍵就是引進新的生產要素和生產方式。

（3）各類工業消費品的需求量大。農村對以輕紡家電工業品為主的各種工業消費品具有很大的需求量。因農業生產區域專業化發展和農民收入水準提高，不僅農村需求的工業消費品品種日益豐富，品級逐漸提高，而且各地農村之間農產品的相互需求也將日趨興盛。

（4）市場的層次低。這主要表現在：商業網點規模小，佈局分散，零售業的分散

度高，倉儲、運輸等物流設施落後，信息不通暢；農民購買力水準和實際消費水準較低；農民的消費觀念、消費方式落後保守，消費心理不成熟，趨同從眾心理比較突出，消費的季節性、時間性比較強；要素市場發育不完善，商品市場層次較低；不規範的市場競爭行為時有發生，市場秩序容易受到衝擊，假農藥、假種子、假化肥等坑農害農事件仍屢禁不止。

（5）市場間存在較大的差異性。中國區域經濟發展不平衡，不同地區農村市場存在較大的差異，如2010年浙江農村居民人均純收入11,303元，恩格爾系數為35.5%，重慶農民人均純收入5,277元，貴州農民人均純收入5,976元。經濟發展水準的差距導致不同地域農村消費水準、消費結構存在很大差異：對於剛剛滿足溫飽問題的農民，消費主要以生活必需品為主；對於小康型農民，消費主要集中在家用電器的升級換代上；對於富裕型農民，消費在教育、娛樂、旅遊、衛生保健等服務產品上的比重呈現較快的增長。

（6）農村市場與城市市場一體化發展趨勢明顯。隨著農村經濟的發展和統籌城鄉戰略的實施，農村市場與城市市場間的市場主體、客體、信息、技術等要素流動加快，推動了城鄉市場的一體化。城市商業網點向農村延伸，使新產品在城市和農村銷售的時間差縮短，農村居民可以及時消費新產品。農業合作社的興起，使農產品進入城市市場的範圍擴大，時間縮短，城鄉一體化的市場格局逐步形成。

二、城鄉貿易的作用及實現形式

（一）城鄉貿易的作用

1. 促進城鄉工農業生產發展

城鄉商品交流，一方面使農產品銷往更廣闊的城市市場，促進農村商品生產的發展，促進農業商品化和鄉村工業的發展。另一方面，農業部門和農村工業所需要的農業生產資料、工業原材料等也源源不斷地從城市銷往農村，滿足農業再生產和農村發展的需要，同時也促進了城市工業的發展。

2. 利於城鄉居民就業

城鄉貿易的發展，利於城鎮和農村剩餘勞動力的轉移。改革開放後，活躍於全國各地的農民購銷大軍，對於鄉鎮企業的發展起到了十分重要的作用。全國各地興起的農村和城鎮專業市場吸納了大量農村和城鎮剩餘勞動力，緩解了農村和城鎮勞動力就業問題。

3. 促進農村技術進步和社會發展

城鄉貿易，特別是城市技術、人才、信息向農村的流動，直接推動農村技術進步，提高農業勞動生產率，促進農村社會發展。

4. 增加農民收入和地方財政收入

城鄉貿易活躍了農村經濟，增加了農民收入和地方財政收入。其主要表現在：城鄉貿易活動擴大了農產品銷售市場，直接地增加了農民的收入；城鄉貿易活動促進了農村社會分工的深化，使與商品交易活動直接相關的和間接相關的如運輸、倉儲、經

紀人等行業得到發展，創造了更多的就業機會；城鄉貿易也促進了農村工業和專業市場的發展，增加了地方財政收入。

(二) 城鄉貿易實現形式

城鄉貿易的實現需要通過一定的市場交易組織和流通方式來實現。大體可分為集中化方式與非集中化方式兩類，其中集中化方式是指通過在某些場所將眾多客商吸引或組織到一起，以集中進行城鄉商品交換的貿易方式。非集中化方式，是指由貿易當事人在時空上各自獨立、分散進行城鄉貿易活動的實現方式，包括由各類專業產銷組織、仲介機構、商業公司以及獨立商販等分散進行的城鄉商品交換活動。具體有以下幾種：

1. 集市貿易

集市貿易，是最古老的城鄉貿易方式。集市在一些文明古國有著非常悠久的歷史。中國的集市大約起源於商周之際乃至更早，《易經·系辭下》中記載：「日中為市，致天下之民，聚天下之物，交易而退，各得其所。」集市的形成一般帶有自發的性質，是一定空間區域內商品交換逐步經常化、集中化的結果。依集市地點不同，有城鄉集市之分。鄉村集市是鄉村一定空間範圍的農民和手工業者各取所需、調劑餘缺的交易場所，一般以間隔方式定期舉行，如五天一集、十天一場等。在人口稠密和商品經濟相對發達的某些農村集鎮，也有常年開市的，但通常每日交易額較小。城市的集市一般為常市，每天都開市經營，主要滿足城市居民購買消費品的需要。參與城市集市交換的不僅有銷售產品的農民和手工業者，有購買產品的居民和機構，也有職業商販。在漫長的傳統社會中，集市是城鄉貿易的主要實現載體，是城鄉居民貿易交往的基本途徑。城市居民消費所需的蔬菜、水果、肉禽蛋、水產品乃至糧食、植物油等農產品，有相當部分直接購自集貿市場。隨著地區經濟發達程度逐漸提高，集市在城鄉貿易格局中的地位和作用是趨於下降的。

2. 批發市場

批發市場是集中進行批發交易的專門場所。批發市場是商品流通規模化、專業化和遠程化發展的結果。批發市場一般以現貨交易為主，兼有部分遠期合同交易。城鄉批發市場有多種類型，按流通環節可以分為產地批發市場、中轉地批發市場和銷地批發市場；按批發商品的種類可以分為綜合型批發市場和專業性批發市場；按市場的空間可以分為城市批發市場和農村批發市場。農村專業市場是在改革開放以後在農村迅速發展起來的市場形式，在促進城鄉貿易上發揮了獨特的作用，為中國農村經濟的發展做出了很大的貢獻。批發市場客商主要以生產商、加工用戶、代理商和零售商為主，他們通常具有一定的經營規模。

3. 商品交易會

商品交易會又稱貿易博覽會，一般設在經濟中心或交通中心城市，由行業性組織定期召集舉辦，通常每次都有一定的會期持續時間。商品交易會一般只從事批發交易，但也有部分交易會兼具批發交易和零售交易雙重功能，但以批發交易為主。從整體意義上看，商品交易會是對批發市場功能的放大，是交易規模更大與輻射空間更廣的批

發市場。與一般批發市場相比，商品交易會有幾點顯著的不同：其一，交易會通常間隔時間舉行，且間隔時間較長，往往一年或半年舉行一次，如中國糖酒交易會、鋼材交易會等，國際上的某些交易會甚至幾年才舉行一屆；而批發市場則往往常年開市。其二，交易會舉辦地一般並不固定，經常是若干中心城市輪換舉行，有比較規範的申請和審批程序。但也有某些交易會會固定在某個城市，如中國山東壽光蔬菜博覽會等。而批發市場設置地點一旦確定，往往就不再變換。其三，交易會一般以遠期契約交易為主，現貨交易比重較小；而批發市場通常以即期現貨為主，遠期交易比重不大。其四，商品交易會規模更大，客商來源更廣泛，商品組合深度更深、品種更全，但服務功能較少，往往只提供較單一的商品展示和簽約服務。批發市場由於常年舉行，客商來源相對較固定，雖平均每日交易規模較小，但全年累計成交額仍較大。批發市場大都有較完善的條件和設施，能為商品交易提供配套的鑒證、代理、融資、物流等專業服務。

4. 期貨市場

期貨市場有固定的交易場所和嚴格規範的運行規則。期貨市場是一種特殊形式的批發市場，是批發市場發展的高級形式。從世界範圍考察，期貨市場最早形成於19世紀40年代的美國，經過一百多年的發展，至今已遍及資本主義發達國家及主要的發展中國家。目前，中國設有上海、鄭州、大連三個期貨交易市場，交易品種也較歐美國家少。期貨市場的直接交易對象並不是現實的產品，而只是標準化的遠期商品合約。期貨交易通常採用委託方式，除少數大公司在期貨市場擁有獨立交易席位外，其他企業和個人只能委託場內的經紀公司代理交易。期貨交易參與者主要是兩類當事人：一類是商品交易的實體商，如製造商、加工用戶和中間商，他們參與交易的目的是規避市場風險，或是穩定銷售收益，或是鎖定經營成本；另一類是投機商，投機商參與期貨交易目的是企求投機獲利，賺取合約買進賣出時的差價。投機商是期貨交易風險的承擔者，正是由於大量投機商的參與，才使得實體商的運期交易風險得以轉移。由於期貨市場上存在大量買空賣空的投機交易，因此其成交總額中很多並不代表真實的商品流轉，根據國際上的經驗，期貨市場中只有2%左右的交易額最終實現了實物交割。雖然實際交割比例不高，但期貨市場對整個社會的意義卻十分重大，期貨市場具有「轉移風險」和「發現價格」兩大基本功能。

第二節　區際貿易

中國幅員遼闊，區域經濟發展不平衡，存在不同層次的區域市場。討論區域貿易要區分不同含義的區域概念，即行政區域和經濟區域。行政區域是國家依據政權管理需要，按一定層次劃分的地理區域。而經濟區域是由經濟因素而形成的具有經濟特色的地理區域。按經濟區域劃分的市場相對穩定，因為它是在經濟規律作用下不斷演化的結果。而按行政區劃劃分的市場則容易變動。

一、區際貿易的含義

區際貿易是國內各個地區之間發生的各種貿易活動的統稱，既包括商品貿易，也包括生產要素的貿易。區際貿易一般通過批發貿易活動來實現，如歷史上的「北煤南運」「南糧北調」，以及現在存在的省區之間各種產品在產地與銷地之間的大量貿易都是通過批發貿易來實現的。區際貿易具有兩重含義，一是指跨越不同行政區域的貿易，二是指跨越不同經濟區域的貿易。區分兩者的目的在於強調經濟運行有其自身的客觀規律，商品流通應當突破行政區域的界限，按經濟區域來規劃和組織，讓其按規律作用的經濟流向自發運行，各級政府只能順勢而為，而不應以謀求狹隘地方利益為目的，以鄰為壑，相互封鎖，搞所謂「諸侯經濟」。「十五」以來，國家加強了對以城市為中心的經濟區域發展的指導，區域規劃和政策已成為宏觀調控的重要手段，除實施「東部率先發展」「加快西部開發」「加快中部崛起」「振興東北老工業基地」外，又先後批准「上海浦東開發區」「天津濱海新區」「成渝城鄉統籌改革實驗區」「武漢城市圈」「長株潭城市群兩型社會建設綜合配套改革實驗區」。2008年以來又相繼批准了多個區域規劃：廣西北部灣經濟區、江蘇沿海經濟帶、遼寧沿海經濟帶、吉林圖們江經濟區、山東黃河三角洲、江西環鄱陽湖生態經濟區、關中一天水西北經濟開發區、安徽皖江城市帶等。區域規劃成為國家推進區域經濟科學發展的新舉措，也會給經濟區域之間的貿易發展帶來新的變化。

二、區際貿易發展的動因

1. 解決區域內產需矛盾的需要

由於各區域的自然條件與地理環境的制約，各地的資源及產品均存在一定局限性與差異性，而人們的需求卻是多樣化的，解決這一產需矛盾的途徑就是發展區際間的貿易。自古至今中國各區域間鹽、鐵、茶及馬匹等重要物產的貿易就從未中斷過，即使戰爭時期也很少中斷，緣由就在於對那些本地無法生產的必需品，或者因豐年或歉年需要調劑的產品，人們只能通過區際貿易才能獲得或者緩解。

2. 區域間社會分工的需要

由於各區域的資源稟賦存在差異，各區域都有自己的特色產品，各地競爭中自然會傾向於密集利用其相對豐裕要素的產品生產，以期形成最具比較優勢和競爭力的產業與產品。由於各地不可能生產當地所需的一切產品，往往需要從其他地區輸入當地缺乏的產品，從本地輸出特色產品。發展區際貿易，可更好地促進區域間的分工與協作，從整體上提高資源的利用效率。

3. 資本擴張的市場要求

盈利是資本的本性要求，而盈利又往往與產銷規模相關，一般產銷規模越大，經濟效益也越顯著，即存在所謂「規模經濟優勢」。區域內某些具有競爭優勢的產品或產業，在本地市場充分滿足後，就必然有進入相鄰區域市場乃至更遠市場的要求。

4. 區域協調發展的需要

由於種種原因，一國內部各區域間經濟發展是不平衡的，這種不平衡可以通過各

地間的貿易交往加以改善。貿易過程也是相互學習共同提高的過程，並可於此過程中逐步實現各地經濟的均衡發展，提高社會經濟的運行效率與效益。區域之間的經濟發展，有的基本處於同一水準線，有的則發展水準高低懸殊，而相同經濟的發展水準也有低度與高度的層次之分。水準相近的區域之間，可以在區際貿易中互相補充、互相支持、共同發展。高低水準之間的區際貿易，經濟互補性往往更強，能起到先進地區帶動落後地區經濟發展的特殊功能。如珠江三角洲地區、長江三角洲地區、京津唐地區等就能以經濟發達地區的市場需要、雄厚的資金、先進的技術、敏捷的信息，推動落後地區進步，並借助市場力量的推動加速其發展進程。

三、區際貿易發展的層次性

區際貿易發展的層次性，是指區際貿易產生與運行的基本類型的差異性。

1. 資源型區際貿易

最初層次的區際貿易是由涉及貿易地區之間的自然條件或自然資源差異導致的，這種區際貿易可稱為「資源型區際貿易」，如農區和牧區之間的產品交換等，其前提是兩地自然條件及其物產的差異。

2. 分工型區際貿易

分工型區際貿易是較高層次的區際貿易，是由涉及貿易地區之間產業優勢差異導致的。各地主導產業的形成與其要素稟賦的差異及產業發展戰略選擇相關。各地主導產業的形成與發展構成了各地之間的產業分工，這種由各地主導產業或優勢產業不同而產生的區際貿易可稱之為「分工型區際貿易」，如湖南與廣東兩省間的農副產品與輕紡家電產品交換就屬於這種類型的區際貿易。

3. 協作型區際貿易

產生協作貿易的地區之間往往存在著一定程度的經濟主次關係，通常由相對發達地區的骨幹企業或龍頭企業居於協作的主導地位，參與協作的其他地區企業則根據其產品要求，為其提供原料、零部件、半成品或某些加工環節，產品的核心部件、關鍵工藝及最後的加工集成由主導地區完成。協作貿易是發達地區引領相對落後地區經濟發展的較好方式。

4. 水準型區際貿易

水準型區際貿易是指由涉及貿易地區之間進行的同類產品相互交換的貿易，如同為汽車產地的若干城市之間的汽車貿易。發生這種區際貿易的地區間往往具有相對接近的經濟發展水準，雖然是相同產品交換，但各自的品牌、品質、價格和市場定位存在差異，以在獲取規模效益的同時，能更好地滿足社會不同層次、不同偏好的消費者的需要。

第三節　國際貿易

一、國際貿易的分類

國際貿易是空間貿易中最高層次的貿易，是指世界各國（地區）之間所進行的商品和勞務的交換活動。國際貿易的分類有以下幾種：

1. 從交易國之間的關係可分為直接貿易和間接貿易

發生於生產國與消費國之間的貿易稱為直接貿易，即消費國直接向生產國進口，或者說從生產國向消費國出口。在當今的國際貿易中，直接貿易仍然占據主體地位。生產國與消費國之間通過第三方國家間接實現的貿易稱為間接貿易，這種貿易對於第三方國家來說，就是轉口貿易。當今世界，由於國際政治、經濟、地理乃至宗教方面的原因，間接貿易仍有其存在的客觀必要性。

2. 從國際貿易的交易客體可分為有形貿易和無形貿易

以有形的物質產品為交易對象的貿易，稱為有形貿易，主要包括農產品、工業品貿易，也包括黃金、白銀及各種貨幣與有價證券的交易。無形貿易包括各種非物質形態商品的進出口，包括勞務、技術、信息、知識產權等的貿易。從最近幾十年的國際貿易實踐看，無形貿易比有形貿易發展速度更快。

3. 從貿易參與國的發展水準可分為水準貿易和垂直貿易

水準貿易是指經濟發展水準相當的國家之間的貿易。發達國家之間的貿易（北北貿易）和發展中國家之間的貿易（南南貿易）就是水準貿易；而發達國家與發展中國家之間的貿易（南北貿易）則是垂直貿易。

4. 從貿易結算的手段與方式可分為一般貿易與易貨貿易

國際貿易與國內貿易一樣，都是以商品與貨幣相交換，儘管作為交換媒介的貨幣可能因時因勢有所不同，甚至可能以黃金、白銀等硬通貨為結算手段，但在某些特殊情況下，國家之間或不同國家企業之間也可開展以貨物直接換取貨物的易貨貿易，雙方有進有出，保持基本平衡，如有差額則以雙方約定的貨幣結帳。

5. 從結算關係可分為雙邊貿易和多邊貿易

雙邊貿易各以一方為出口，而以另一方為進口。多邊貿易是指三個及三個以上的國家，為求相互間的收支在整體上獲得平衡，通過協議在多邊結算的基礎上所進行的貿易。

二、國際貿易與國內貿易的差異

1. 各國語言和風俗習慣差異

從事國際貿易必須能順暢地使用對方或雙方通曉的語言，否則就無法開展交易往來。不僅如此，各國的文化習俗、宗教信仰、民族特性、節假喜慶、收入水準和消費偏好也都存在較大差異，甚至對顏色、數字都有各自的忌諱和偏愛。在國際貿易中，

不僅輸往別國的商品質量要好，價格要適當，而且規格、包裝、商標乃至使用說明書都要謹慎處理，能較好地瞭解各國的經濟與文化，對從事國際貿易極為重要。

2. 價格形成和變動因素複雜

國際價值是指由國際意義上的社會必要勞動時間決定的價值，市場供求也是在全球範圍形成的，與當事人本國的商品價格決定條件有較大差異。在國內市場有優勢的產品，在國際市場上不一定有競爭力。此外，國際市場價格也更易於波動，一些商品價格是在充分競爭基礎上形成的，也有相當產品價格的支配權掌控在少數貿易大國乃至跨國公司手中，他們的戰略意圖和隨機策略對國際價格的變動也有決定性影響。人們對國際市場價格的長期趨勢可以適當預期，但對其隨機變化和瞬時動態又很難準確把握，這使得國際貿易經常具有更複雜更有戲劇性的特點。

3. 貿易環節多且市場信息較難把握

國際貿易至少在兩個國家之間進行，一般距離遙遠，產品經製造商生產出來後幾經輾轉方賣給目的國的最終消費者，其間要經過兩國的出口商、進口商及其國內的代理商、批發商與零售商等諸多環節，從理論上講：貿易環節將增加一倍乃至更多。經歷環節越多，除相鄰環節外，當事人對前後項諸多環節的成本、收益、行情和供求動態的把握就越模糊。和國內經營各環節都能獲得大致平均利潤的情況不同，在國際貿易實務中，時常可見到某個環節獲取暴利而其他環節微利、保本乃至虧損的詭異局面。信息不對稱或某些環節的經營壟斷通常是形成利潤不均的主要原因。較多環節的客觀存在，加之兩國遙遠的空間距離，使得人們對遠方市場信息的準確把握存在諸多困難，對中小商人而言就更是如此。

4. 匯率與收益結算存在諸多風險

由於各國貨幣制度不同，國際貿易結算的貨幣並不固定，存在匯率風險和經常變異的匯率結算問題，即便採用較為通行的美元結算，匯率風險也依然存在。從事國際貿易，必須隨時把握主要外幣的匯率變動情況，並相機做適當的結算貨幣與結算條件選擇，以免遭受無端損失。此外，市場相距較遠，還存在海上運輸風險及信用風險。

5. 各國貿易政策和貿易戰略多變

由於各國基本制度、政策指導思想和實際經濟形勢不同，各國的經濟政策和貿易戰略自然有異。在一個相互聯繫和影響的世界經濟體系中，一個國家特別是重要貿易國的某項政策措施變動，往往會給國際貿易帶來即時或長遠的影響。由於各國競爭實力變化和經濟運行的隨機性因素影響，即使是經濟實力強大的歐美國家，其貿易政策也是時有調整的。具體到特定產品的貿易事項上，其政策變化和策略調整更是頻繁，令人防不勝防，很難準確把握。事實上，對外貿易措施的相機調整，也正是歐美國家化解國內經濟泡沫和對外轉嫁經濟危機的經常手段。

6. 易受非經濟因素影響

國與國之間的貿易往來絕非單純的經濟問題，要受到諸多非經濟因素的影響，包括受政治、體制、文化、宗教、意識形態等諸多因素影響，其中受政治因素變動影響尤甚。一個國家經常發生內亂，其他國家是不願與之進行貿易往來的。革命、改良或政變往往會引起一國對外基本政策和外貿戰略的重大變化，這種變化可能會給與之進

行貿易往來的國家帶來損失。即便是政局相對穩定的西方國家，也常因政黨輪替或國家領導人政見改變而調整其對外政策和貿易策略。

三、國際貿易格局

當代國際貿易格局中，發達國家仍然占據國際貿易主導權，發達國家貨物出口占據世界貨物出口 70% 以上的份額和服務貿易 90% 以上的份額，其中美國、歐盟和日本是當今世界貿易的三大中心，其貿易額約占世界貿易總額的一半以上。發達國家通過開展區域貿易合作和控制多邊貿易體制來主宰國際貿易秩序，並在國際交換中獲得了大部分貿易利益。世界貿易組織報告顯示，2007 年，在北美、歐洲以及亞洲的區域間貿易僅占世界交易量的 22.3%，而這三個地區內部貿易量則占了世界商品貿易全部份額的 52.1%，其中歐洲的區域內貿易為 31.2%，亞洲次之為 13.9%，北美再次之為 7.0%。[①] 儘管如此，從發展趨勢看，發展中國家在經濟全球化中的作用將不斷提升。隨著發展中國家企業競爭力的增強，必然向國外拓展市場和對外直接投資，經濟全球化步伐不可阻擋。近年來，新興市場國家即中國、印度、俄羅斯、巴西等國進出口貿易增長較快，對國際貿易增長的貢獻率上升，如 2009 年中國在出口規模上超過德國躍居全球第一。2010 年 1 月 1 日，中國與東盟間的「自由貿易協定」正式生效，多種商品互免關稅，這是世界上人口最多的自由貿易區，也是發展中國家最大的自由貿易區。該自由貿易區的建立將促進區域市場的發展，提升亞洲經濟競爭力。

復習思考題

1. 現階段中國農村市場有何特點？
2. 城鄉貿易的實現形式有哪些？
3. 區際貿易的成因及制約因素有哪些？
4. 國際貿易與國內貿易的異同點有哪些？

[本章案例]

李寧美國開店　進軍耐吉大本營

在 2009 年銷售額預計首超跨國體育用品巨頭耐吉，成為中國第一體育用品品牌商之後，李寧開始有更大的底氣進入耐吉的大本營。

日前，李寧在美國開設的第一家專賣店在波特蘭（Portland）低調開業。分析人士表示這意味著李寧在中國市場的銷售額超過耐吉後，開始將戰場延伸至耐吉的「大本營」———美國市場。

---

① 張永麗，楊琨. 電子支付方式對區域貿易發展影響研究 [J]. 甘肅社會科學，2010（3）：192－195.

熟悉李寧公司的一位知情人士對《第一財經日報》透露，李寧美國的首家專賣店於今年1月5日正式開業，該店主要銷售李寧公司最新研發的籃球、羽毛球和中國功夫系列幾大類產品，其中中國功夫系列產品在國內還沒有銷售，全部由國內製造運往美國，專賣店的雇員則在當地招募。美國專賣店產品的售價是否與國內一致及最近一週的銷售業績尚不得而知。

上述知情人士介紹，第一家專賣店之所以選在波特蘭，首先是因為李寧2008年成立的美國研發中心也在此處，該研發中心的雇員人數已經增至20~30人，對當地的環境較為熟悉。專賣店與研發中心類似於「樓上樓下」關係，可以相互照應。其次波特蘭鞋類設計師和市場銷售、創意公司雲集，在國際體育用品最新時尚誕生的地方，李寧專賣店可以起到展示的作用。

實際上，波特蘭也是耐吉的研發基地，與耐吉總部比佛頓相距也不遠，加上李寧此前設立的研發中心，李寧與耐吉的大戰「烽火」一步一步燒到了後者的家門口。

業內人士對李寧進軍美國市場的舉動大為贊賞，他們認為2009年李寧全年銷售額與2008年相比將增加25%以上，預計達到83億元，而2009年耐吉在中國市場上的銷售收入約11億美元，即70億~80億元，李寧可以基本確定成為國內體育用品市場的老大。李寧在國內市場的大幅突進為其走向國際市場打下了基礎。業內人士表示，李寧與耐吉之間的爭奪原來是在李寧自己家門口，在美國開設專賣店，意味著「戰爭」在耐吉的地盤上開打。接近李寧公司的人士對記者表示，第一家門店是試驗店，一旦試驗成功，在美國將開設更多的專賣店。

李寧國際化的腳步並不僅限於美國，2009年，李寧斥資1.65億元收購羽毛球品牌凱勝後，開始大舉進軍東南亞市場，業內人士說，李寧已經開設了幾十家專賣店，不僅銷售羽毛球服裝、鞋類和附件產品，還出售羽毛球器材，加上早前收購的紅雙喜乒乓球器材，李寧的利潤來源從體育用品擴張至運動器材，進軍國際市場更有把握。

資料來源：胡軍華．李寧美國開店，進軍耐吉大本營［N］．第一財經日報，2010-01-12．

問題

1. 李寧公司為什麼要將專賣店開出國門？

2. 李寧公司為什麼要將在國外開設的第一家專賣店開在美國耐吉公司大本營———波特蘭？

第八章　批發貿易

[**學習目的**] 瞭解批發貿易的含義、特點與類型，熟悉批發貿易的功能和制約因素，理解批發交易的組織形式，掌握批發貿易的發展趨勢，瞭解中國批發貿易發展存在問題及發展思路。

第一節　批發貿易的含義、特點與類型

一、批發貿易的含義

批發是指將商品銷售給以轉賣為目的或以商業用途為目的的購買者或用戶的經濟活動。貿易雙方的賣者從生產廠商或其他經營者手中採購，成批出售；貿易雙方的買者為商業、生產或其他用戶，成批購買商品並用於轉賣或加工生產等商業用途。

批發貿易的基本內涵有以下三個方面的內容：

（1）購買者以轉讓為目的或以商業用途為目的。從購買者的地位或動機看，批發貿易的對象是為了獲得利潤或業務目的而進行商品購買的組織或個人。如製造業者對各類批發貿易者、零售業者的銷售，各類批發貿易者對零售業者、製造業者的銷售等均為批發貿易。所以以轉讓為目的或以商業用途為目的，就成為區分批發與零售的根本標準。

（2）批發貿易數量大。由於批發貿易的對象是製造業者、各類批發貿易者和零售業者，他們之間的交易是企業組織之間的交易活動，其目的是轉手商品，因而具有規模交易量的內在需要，往往實施大規模定制或簽訂大訂單的批量作價。

（3）經營地點比較集中。批發貿易的經營機構多設在生產比較集中、交通比較便利的城鎮，不少農副產品的採購企業分散在產地的農村小集鎮。它不直接面對廣大消費者，不限於在櫃臺上銷售商品，銷售價格實行數量折扣等折扣形式。

二、批發貿易的特點

1. 批量作價

批發貿易數額往往大於零售貿易數額：一是因為批發貿易的服務對象除了少數購買生產資料的個體生產消費者外，以產業用戶、再銷售者、業務用戶（如政府、軍隊、學校、醫院、教會）等組織購買者為主，其購買批量一般較大；二是因為批發貿易的

商品流轉額高於零售貿易流轉額，相對快的資金回籠導致較大的利潤空間，從而有能力做出較低的價格。例如，有人測算，批發貿易與零售商業的商品流轉額之比一般約為1.5：1~1.6：1。

2. 交易更加理性

零售的銷售對象是家庭，家庭是非專家購買者，其購買行為受到文化、職業、收入、家庭決策權、生命週期、生活方式、個性、心理等諸多因素的影響，複雜多變，包含很多非理性成分，更容易受到行銷傳播工具的誘導。而批發的銷售對象具有明顯的組織化特徵，組織購買都由採購部門來完成，經過科學的決策程序，具有一定的規律性，屬於專家購買類型，更加具有理性化的特徵。

3. 商圈更大

由於批發的銷售對象是再銷售者、產業和事業用戶，這些組織購買者的活動能力、交易範圍遠比零售服務的家庭消費者要大。另外，相對於零售而言，批發商的用戶通常不需要「來店購買」，特別是隨著交通以及通信信息技術的發展和普及，可以通過遠程、無紙化等方式來進行交易。因此，批發商與用戶之間的空間距離不會成為成交與否的決定因素，而零售則不具有這種優勢。從這個意義上來說，批發的交易範圍或市場範圍要遠遠大於零售，也就是說批發的商圈要遠遠大於零售的商圈，而且批發的經營也不像零售那樣明顯地受到商圈的限制。

4. 交易關係穩定

批發用戶為了保證生產經營或者事業的持續性，必須按照生產經營的需要持續、穩定地進行重複購買。這種購買不僅在時間和頻率上相對穩定，其品種和數量也是相對穩定的，這就決定了批發用戶和批發商之間很容易達成協議，並建立起一種長期、穩定的交易關係，這樣也有利於降低雙方的交易成本。

5. 屬資金密集型貿易

與零售貿易的零星分散交易及資金使用量少的特點恰好相反，批發貿易主要面向組織買者，雖發生交易的次數較少，但交易數額較大，儲備量多，這直接導致了以下後果：第一，技術要求高。技術投入主要用於倉儲等物流設施的建設。第二，勞動投入較少。批發貿易從業人員較零售貿易要少得多，一般為後者的1/3左右；同時批發貿易的商品流轉額又比零售貿易高出50%以上。因此，對於批發貿易而言，資金與勞動的比值相對較高。第三，由於批量作價，交易中資金使用量較大。這表明批發貿易具有資金密集的特點，同時，也反應出資金問題往往決定批發貿易的成敗。

6. 較強的投機性

由經濟人本性決定的利潤最大化追逐，商人遇到有利的機會就會進行投入。而批發貿易中具有更廣的變化空間，從而具有更多的創造利潤的機會，因而從事批發貿易的商人（批發商）具有較強的投機性，如進行買空賣空、囤積居奇等。批發商的投機活動主要依靠信用制度的支持，利用買賣在時間、空間上的分離而進行多次連續買賣，往往造成虛假的供求關係，並從中牟取暴利。如果這種批發貿易投機一旦失敗，會造成社會財富的巨大浪費，甚至引發經濟、社會的動盪，衝擊經濟運行的正常秩序。因此，科學地認識批發貿易的投機性，防範和遏制其消極影響，對於高效、有序地組織

商品流通是十分必要的。

7. 較少的服務項目

批發貿易場所一般不設在繁華熱鬧的市中心，而往往設在租金低廉的郊區；營業場所也不像零售貿易那樣注意裝飾、富麗堂皇；服務項目也不如零售貿易齊全、周到，相當一部分批發貿易只提供有限服務；批發貿易的服務不注重人與人之間的接觸，而著重於通信、儲運、信息、融資等方面，表現為組織對組織的服務。

三、批發貿易的類型

1. 按經營主體分類

（1）獨立批發商。獨立批發商又稱「商人批發商」，是指專門從事批發貿易業務的批發商。它不依附於其他經濟主體，擁有自己的資金與渠道，自主經營，獨立核算，從生產者或上游批發商那裡購進商品，取得商品所有權，然後再銷售給下游批發商或零售商。它們一般採取批發貿易公司的組織形式。在美國消費品流通中，約50%的消費品通過批發渠道進入消費領域，40%的商品由製造商直接批發給零售商，只有5%的消費品由製造商直接出售給消費者。

（2）製造業批發商。這是製造業與批發貿易兼營的批發貿易形式，其中批發貿易保持了相對的獨立性，但以銷售製造業生產的商品為目的。美國生產資料流通過程中，20%的商品由製造商通過批發商出售給用戶，其餘80%的產品由製造商直接出售給用戶。中國商品流通領域中的工業自銷，有一部分屬於這種形式。

（3）共同批發商。它是指為了與百貨商店、連鎖商店等大型零售商進行競爭，並由零售團體組織的共同批發企業。其目的在於利用批量採購，節約流通費用，以提高競爭力。

（4）複合型批發商。它包括兩種類型，一種是批兼零，即以批發貿易業務為主，同時又在自己的機構內兼營零售的批發商；另一種是零兼批，即以零售業務為主，同時兼營部分批發貿易。中國中小批發商兼營零售業務的現象比較普遍，特別是在大型專業市場表現較多。

（5）連鎖批發商。它是指由多家批發貿易主體組成的連鎖組織，其採購批量龐大，成員分佈廣泛，商圈範圍廣闊，可以取得規模經濟效益，是組織化程度較高的一種商業形式。

2. 按經營範圍分類

（1）綜合批發商。它是指經營商品範圍很廣，商品種類、規格繁多的批發商。一般多指綜合批發商或百貨批發商，主要為綜合性零售商店服務。

（2）專業批發商。它是指專業化程度較高，經營的商品種類較少，通常為經營某一類商品的批發商，如體育用品批發商、食品專業批發商等，主要為專業零售商店服務。由於它容易掌握所經營的商品性能、價格、渠道、產量等信息，且品種、花色、規格更加齊全，服務周到，因而在現代社會中更有競爭力。

3. 按流通環節分類

（1）一級批發，即直接從生產企業採購商品後進行的批發交易。一級批發的流通

環節少，易於形成價格優勢。

（2）二級批發，即從一級批發企業採購商品後進行的批發交易。

（3）三級批發，即從二級批發企業採購商品後進行的批發交易。

4. 按銷售空間範圍分類

（1）國際性批發商。它是指批發貿易業務跨越了國界，在國際市場上經營批發貿易業務，集國內貿易與國際貿易於一身的批發商。

（2）全國性批發商。它是指承擔全國性的批發貿易業務，並在全國設有分支機構或營業網點，具有全國性的銷售網絡的批發商。

（3）區域性批發商。它是指介於全國性批發商和地方性批發商的批發商。其經營範圍比全國性批發商小，比地方性批發商大，其知名度也是如此。

（4）地方性批發商。它是指在一個城市、一個較小的地域內經營批發貿易業務的批發商，是接觸零售商最多的批發商，他們瞭解市場需求，靈活性和適應性很強。

5. 按承擔的職能和提供的服務類型分類

（1）完全服務職能批發商。它是指執行批發商的職能和提供全部服務的批發商。它們一般備貨品種齊全，在日常購銷業務的基礎上提供儲存、運輸、推銷、宣傳、信用等服務。

（2）有限職能批發商。有限職能批發商是指只履行一部分批發職能或只提供一部分批發服務的批發商。有限職能批發商的種類較多，主要包括現金自運批發商、直運批發商、卡車批發商、郵購批發商和貨架批發商等。

①現金自運批發商。現金自運批發商是指不賒銷、不送貨，顧客需用現金交易且自備工具運輸貨物的批發商。

②直運批發商。直運批發商是指按用戶的需要，直接向製造商訂貨並由製造商直接將商品運到用戶的批發商。這種批發商大多與製造商有長期的訂供貨協議。

③卡車批發商。卡車批發商是指用卡車將商品定期送到用戶的批發商。這種批發商兼有運輸與銷售的功能，一般以現金交易為主。

④郵購批發商。郵購批發商是指利用郵購方式接受訂貨、發送貨物的批發商。這種批發商一般適用於經營汽車零件、服裝、家具、藥品、機械等商品，但不經營易腐變質商品和流行商品。

⑤貨架批發商。貨架批發商是指通過在零售商的店鋪內設置貨架來展示並銷售商品的批發商。這種批發商一般經營食品、家用器具、藥品、化妝品及玩具等商品。

四、批發貿易業態的經營方式

（一）經銷

經銷是指批發商從製造商或供應商處購進商品，然後再向其用戶進行轉售的行為，且對所購商品擁有所有權。在經銷方式下，批發商的經營過程表現為購買、存儲、運輸和銷售，與進貨方或用戶之間的關係是一般的買賣關係。因此，經銷也叫買斷式銷售，其主要特點是：

（1）商品所有權從製造商向批發商轉移。批發商與製造商之間發生了實際的買賣關係，使商品所有權從製造商轉移到批發商手中，批發商靠購銷差價獲得利潤。

（2）批發商獨自承擔市場風險。商品的市場風險依附於商品的所有權，當商品的所有權從製造商轉移到批發商手中時，由此帶來的市場風險也就相應轉移到批發商手中。具體來說，若商品銷路好，銷售價格高，則批發商的收益就高；若商品銷路差，銷售價格低，則批發商的收益就低，甚至會因商品積壓而造成虧損。

（3）批發商需要有較為雄厚的資金和較好的儲運條件。由於購買量一般比較大，批發商不僅要在購進商品時墊付大量的資金，而且還要有良好的儲運條件，使購入的商品避免因倉儲不善而造成損失，同時，還要力求用最少的時間，走最短的路線，花最少的費用，保質保量地完成運輸任務。

對製造商和批發商而言，經銷方式既有利也有弊。對製造商來說，其有利之處在於：首先，經銷方式有利於開闢市場，推銷新產品，避免了市場風險，從而可以使製造商集中精力搞好生產；其次，有利於資金的迅速回籠，從而提高資金使用效率。其不利之處在於：由於完全放棄了「流通利潤」，這對生產「熱門產品」的企業來說是一種損失。對批發商來說，其有利之處在於：首先，能夠通過大批量購買，降低進貨成本；其次，只要能夠組織到適銷對路的商品，就能夠利用其自身的銷售優勢獲得豐厚的收益。其不利之處在於：承擔的市場風險較大，若經營不利，會出現滯銷，從而加重批發商的負擔。

（二）代理

代理是把特定活動委託給代理人來辦理，代理人在代理權限內以被代理人或委託人的名義進行民事活動，由此產生的權利和義務直接對被代理人發生效力。代理方式是批發商通過合同形式與製造商訂立代理協議以取得商品銷售權，來銜接產需，組織商品流通。在代理方式下，批發商與製造商之間不存在實質性的買賣關係，而是一種委託代理關係。時至今日，代理方式已成為很普遍的批發經營方式，以美國為例，其全社會商品批發總額中有80%以上是通過代理方式實現的。一般來說，採取代理方式的批發商具有如下特點：

（1）具有法人地位，是獨立經營的流通組織，並與製造商有長期固定關係。批發商與製造商是平等互利、利益相關、榮辱與共的貿易夥伴關係，他們之間關係的維繫介質是具有法律效力的經濟合同，且有長期穩定的合作關係。

（2）在指定的銷售區域和地理空間內只能銷售其代理的商品，一般不能再銷售其他具有競爭性的商品或同類產品。不過，批發商可自由經營或再代理與其代理的製造商沒有競爭關係的其他商品。

（3）要嚴格執行製造商的商品定價。製造商為了開拓新市場或保持現有市場的份額，對所銷售商品一般有一套科學合理的定價體系和價格策略，批發商一般不能隨行就市任意浮動價格。

（4）按照一定時期的銷售額或採購額的固定百分比提取佣金。批發商代理銷售或採購額越多，其提取的佣金也就越多；反之，則越少。另外，批發商一般不承擔市場

風險，而是由製造商來承擔。不過，在代理過程中所發生的費用，一般由批發商來承擔，只有在特殊情況下才由製造商承擔。例如，當製造商想打開某一產品的銷路，委託批發商進行廣告促銷活動時，這部分費用由製造商來承擔。

（5）對其所代理銷售或採購的商品一般不具有法律上的所有權。批發商只是作為製造商的代理人執行業務，不能進行代理銷售或代理採購以外的業務活動。

代理方式的主要優點是：有利於製造商開拓新市場，降低流通費用，減少商業風險，鞏固、提高市場佔有率等。

（三）經紀

經紀是一種典型的仲介行為，是在市場上為交易雙方溝通信息、促成交易、提供相關服務的行為。經紀活動是商品生產與商品交換的共生物，買賣雙方進行的商品交換，通常是在信息不對稱的情況下進行的，從而難免發生意見分歧，甚至有時會因分歧較大而不能達成交易。為了適應協調買賣、方便交易、降低交易成本等諸方面的需求，就產生了經紀行為和經紀活動。因此，經紀是社會經濟發展的產物，也是社會化大分工的必然結果。

充當經紀角色的批發商一般有以下特點：

（1）既不佔有商品，也不擁有貨幣。具體來說，充任經紀角色的批發商介入交易並不是自己要賣出商品，也不是自己要購買商品，他對賣方或買方的商品既不擁有所有權、佔有權，也不擁有留置權、抵押權。因此，這種類型的批發商不需要投入太多的固定資產和流動資金，從某種程度上來說，採取經紀方式的批發商是一種「無本」中間商。

（2）只提供服務，不從事經營。批發商需要對供求雙方保持忠誠，不能對任何一方有經營行為，這是世界各國普遍的規則。例如，如果批發商在提供服務過程中，發現了有利的商業機會而自己購買和銷售，意在從中漁利，就變經紀服務為經營行為，這在許多國家的法律中都是不允許的。

（3）活動具有隱蔽性、流動性和非連續性。在組織商品流通時，充任經紀活動的批發商往往不把他的委託人告訴對方，直到簽訂了經濟合同且交易完成。另外，批發商可以為不同的製造商服務，而且這種活動通常是為特定事務提供服務，批發商與委託人無長期、固定的合作關係，一旦特定事務完成，委託關係即告終止。因此，其活動是流動的和非連續的。

（4）活動是有償的。批發商所提供的服務像任何其他服務一樣，活動過程中必定要消耗一定的物化勞動和活勞動，也是一種具有商品性質的仲介服務，因此享受此種服務的人就應該支付報酬，也就是佣金，這也是經紀批發商的主要經濟來源。但是，應當區別的是，經紀活動的報酬和經紀活動的費用是不同的。費用是經紀活動的花費、成本，一般在經紀活動開始前可以要求委託人支付，而報酬是在成功促成交易的情況下提取的酬勞。當然，實踐中往往不去做這種區分，而把兩者統稱為經紀佣金，以成交額的百分比的形式來表現。

（5）活動的廣泛性。經紀活動是商品經濟發展到一定階段的產物，由於市場上的

供給與需求相當普遍和複雜，這就為經紀活動提供了廣泛的生存空間。一方面，市場上有多少需求和供給就需要有多少經紀活動，以便在供需雙方之間建立橋樑和紐帶，因此，經紀活動的範圍相當廣泛。另一方面，從事經紀活動的主體也是相當廣泛的，可以是自然人，也可以是法人，只要能夠為交易雙方提供仲介活動，都可以依法認定其經紀資格。

（四）拍賣

拍賣起源於西方，也稱「競買」或「競賣」，一般是指由拍賣人在一定的時間和地點，按照一定的章程和規則，對拍賣物公開叫價，應買人公開競價，由拍賣人按照最高競價（或最低競價）當場拍定成交的一種商品銷售方式。從本質上講，拍賣也是一種商品流通行為，在批發銷售中也很常見。例如，日本批發市場的業務多數都是通過拍賣來實現的，對於中央批發市場，《批發市場法》更是明確規定必須採取拍賣和投標的形式。

拍賣當事人一般由出賣人、拍賣人和應買人三方組成。出賣人是指依法將拍賣標的物交付給拍賣人進行拍賣的委託人。出賣人可以是拍賣物的所有者，也可以是依法有權將他人所有的財產交付拍賣人的其他權利人。拍賣人是指接受他人委託，以自己的名義公開拍賣出賣人財產（商品）並收取報酬的人。在中國，不允許個人從事拍賣業務，拍賣行必須是經過國家許可的專門經營拍賣業務的企業。應買人是指根據拍賣規則和程序進行競爭出價的競買人。拍賣方式一般具有如下特點：

（1）能夠實現拍賣物（製造商的商品）的最大價值。由於採取的是競爭締約的方式，當多人應買時，出價最高的應買人（為其他批發商、零售商、產業和事業用戶）為最終交易者，拍賣的過程中始終堅持叫價競賣和公平競爭的原則，因此，可以最大限度地實現拍賣物的價值。

（2）可以充分體現公平、公開、公正的商品交易原則。在拍賣過程中，人人平等，不因競價者的身分、地位不同而有所區別，誰出價高，誰就得到拍賣物，杜絕了走後門、拉關係等不正之風，較好地體現了公平性。

（3）具有較強的法律約束力。由於拍賣的規則和程序是由法律規定的，拍賣的結果及各當事人的權利義務關係受法律保護，任何人都不得擅自改變拍賣的規則和程序，不能隨意變更拍賣的結果。拍賣一旦拍定成交，買賣合同即告成立，任何一方違約都要承擔相應的法律責任。

另外，對拍賣當事人來說，還應該遵守以下原則：①必須遵守國家的法律、法規及方針政策。②公平合理，抵制不正當的交易。③全面保護當事人的合法權益。

拍賣方式具有如下優點：可以準確發現市場價格，減少流通成本，獲取更多的產品和市場信息，加速商品的流轉過程，從而減少資金的沉澱和浪費。

第二節　批發貿易的功能和制約因素

一、批發貿易的功能

批發貿易在商品流通過程中作為生產者與生產者之間、生產者與零售商之間的較高的仲介，對於克服生產與消費之間在時間、空間、集散、所有權、信息等方面的矛盾，高效有序地實現商品從生產領域向消費領域的轉移，承擔著許多重要功能，主要體現在以下幾個方面：

1. 商品集散

製造商的生產一般批量大且品種單一，而零售商或產業用品的一次性需求量要小於製造商的生產批量，但是需求的品種種類要求比較多。批發商以其雄厚的資金實力批量性地從製造商那裡大批進貨，經過編配後再分批銷售給零售商或其他用戶。將製造商、零售商與產業用戶聯繫起來，這樣既滿足了生產部門單一品種大批量生產（成本低、效率高）、大批量銷售商品的需要，同時又滿足了零售部門多品種、小批量購進、勤進快銷的需要，其結果能促進商品流通的順暢進行。

2. 調節供需

在社會化、專業化的大生產條件下，生產與消費在空間上和時間上的分離客觀存在。為了調節供給與需求在空間上和時間上的矛盾，客觀上就需要有專門的流通部門來承擔商品流通的職能。其中，產地批發、中轉地批發、銷地批發貿易依次完成商品從供給地區向需求地區的空間轉移；一次批發、二次批發、三次批發貿易則承擔商品儲存的繁重任務，在恰當的時間和地點將零售商業、生產者、業務用戶需要的商品供應到位，完成商品實體的轉移與商品所有權的變更。

3. 節約成本

節約流通成本主要是指節約商流和物流中的費用。商流的費用是指在商品所有權轉移過程中的費用，包括搜尋費用、談判費用、簽約及履約費用等。物流費用是指商品實體流通的費用，主要有運輸費用和保管費。批發商的存在，不僅可以節約商流費用，還可以節約物流費用，從而發揮節約流通成本的功能。

4. 加工整理

從生產領域出來的商品並不是都具備立刻進入消費領域的外在條件和內在條件。批發商在把商品銷售給零售商之前需要對商品進行分類、分級、整理、加工、編配、包裝等，增強商品的可流通性，適應再銷售者及其他企事業用戶的需求。這樣可以加速商品流通、降低流通成本，提高流通效率，提高批發商的競爭力。

5. 融通資金

由於批發交易用戶關係穩定、商業信用度較高，批發商可以以預購的方式向生產商購進商品，為生產部門提供部分生產資金，彌補生產資金的不足；同時以賒銷的方式向零售部門銷售商品，彌補零售商的資金不足，從而鞏固自己的貨源基地和銷售基

地，保證流通的順暢，降低成本。日本的綜合商社還具有向中小企業提供擔保貸款的功能。

6. 信息溝通

批發貿易不僅利用各種消息為自身的經營管理服務，而且還將收集整理的信息反饋給有關方面。具體來講，由於批發貿易處於流通渠道鏈的前端，連接廠家和零售市場，容易形成各類信息交匯的樞紐。批發商將零售商和企事業用戶的商品需求信息收集、整理後，反饋給生產製造商，指導製造商進行生產，同時將市場新產品和價格變化的信息傳遞給需求用戶，以引導消費。

7. 承擔風險

商品在流通過程中存在著各種各樣的風險，如盜搶、破損、變質、偽劣、燒毀、潮濕等風險，還有價格下跌、呆帳、壞帳等風險。批發貿易因其經營批量大，有運輸、倉儲等方面的管理經營經驗，比零售商和企事業用戶規避風險的能力強，零售商和其他用戶為規避風險，每次都小批量從批發商那裡進貨。這樣批發貿易就為零售業承擔了風險。

二、影響批發貿易發展的因素

1. 生產狀況

首先是生產者的地理分佈狀況。如果生產者在地理上相對分散，就需要批發貿易介入，以集中商品，批量運輸，節省商品流通費用。其次是生產者的規模與結構。如果生產規模小，數量多，生產集中程度低，那麼批發貿易的介入就可以減少交易總次數，節約社會交易費用。再次是生產的專業化分工程度。如果生產的專業化分工很深很細，那麼相關的生產者之間的相互依存程度就很高，彼此之間存在大量的市場化交易，批發的介入可以減少交易的數量，節約交易費用。最後是生產者的產品範圍。如果生產者的產品範圍狹小，集中於一種或少數幾種產品的生產，則其與最終顧客或零售商直接交易的能力就差，相當程度上依賴批發貿易的仲介作用。

2. 需求狀況

首先是需求者（包括零售商、購買生產資料的生產者與業務用戶）的地理分佈狀況。如果需求者在地理上是分散的，批發貿易的介入就能夠迅速集中商品，批量運輸，節省商品流通費用。其次是需求的規模與結構。如果需求規模小，數量多，則與生產者直接打交道的能力就差，就會依賴於批發貿易的仲介作用，以減少交易次數，節約交易費用。最後是需求者的需求結構。如果需求者所需的商品範圍廣，品種多，要求花色、規格齊全，就需要批發貿易介入，以提供採購、集中、編配、分裝、發送等服務。

3. 生產與需求的差異狀況

首先是生產與需求的空間差異。如果生產者與需求者相距遙遠、彼此隔絕，那麼批發貿易的介入就可以進行集中運輸，節約運費，提高效率。其次是生產與需求的時間差異。如果生產與需求的時間間隔很長或者存在錯位情況，那麼批發貿易的介入就可以進行集中儲存，節約儲存費用，提高流通效率。最後是生產與需求的集散差異。

如果生產是集中的，而需求卻是分散的，或者生產是分散的而需求是集中的，那麼批發貿易的介入就可以解決生產和需求在集散上的矛盾，保障商品流通順利進行。

4. 商品性質

商品的生物、物理、化學性質不同，直接影響商品經營的方式與貿易形式，如果商品屬於鮮活、易腐類，或者體積大、單位價值低、破損率高，那麼就要求減少流通環節，減少儲存時間與運輸里程，節約商品流通費用。在這種情況下，批發貿易一般不宜介入，即使介入也要求極高的效率。如果商品的技術性複雜，需要提供強有力的服務支持，那麼生產者直接銷售為佳，批發貿易由於缺乏專門的技術、人才與服務手段，也不宜貿然介入；相反，對物理壽命長、單位價值高、運輸與保管性能好、技術簡單的商品，批發貿易則易於介入流通過程，且能起到加速商品流轉、降低流通費用的作用。

第三節　批發交易組織

所謂批發交易組織是指為批發交易提供場所和條件的組織機構。批發交易組織的服務對象是各類批發商，並為其提供包括運輸、倉儲、信息、結算、監管、風險控制等服務平臺，但本身不參與批發活動。批發交易組織主要有以下類型：

一、批發市場

批發市場是指集中各類批發商進行現貨批發交易的場所。批發市場的類型很多，可以根據不同的標準進行分類。根據交易商品的不同，可以將批發市場分為農產品批發市場、日用工業品批發市場和生產資料批發市場；根據專業化程度不同，可以將批發市場分為綜合批發生產、專業批發生產；根據地理位置不同，可以將批發市場分為銷地批發市場、產地批發市場和集散地批發市場；根據市場輻射範圍不同，可以將批發市場分為全國批發市場和地方批發市場。下面重點介紹農產品批發市場、日用工業品批發市場和生產資料批發市場三種市場。

1. 農產品批發市場

農產品批發市場是指一般以從事一種或多種農副產品（如蔬菜、水果、水產品、肉類、蛋類、奶品等）批發的交易市場。這類批發市場能為客戶提供倉儲、運輸、包裝、結算、信息等方面的服務，交易制度比較自由、鬆散、靈活性大，以現貨、現金交易為主，批零兼營相對比較普遍。農產品批發市場具有集散商品、形成價格、傳遞信息等功能，在農產品流通中發揮主渠道作用。國外農產品批發市場主要專門經營農副產品、水產品、鮮活產品等。批發市場是日本農產品流通的主渠道，包括中央批發市場、地方批發市場、中間商批發市場，日本蔬菜、水果、水產品通過批發市場流通比例分別達80%、60%、70%，韓國約50%的農產品仍由批發市場流通。中國農產品

通過批發市場流通的比例超過 70%，在部分大中城市，這一比例超過 80%。[①]

2. 日用工業品批發市場

日用工業品批發市場是指從事日用品批發交易的市場。這類市場種類較多，如根據批發市場的市場範圍可以分為地方性批發市場和全國性批發市場，根據交易品種範圍可以分為綜合性市場和專業性市場。西方發達國家的批發市場主要經營農產品和極少數工業品，但中國日用工業品批發市場卻大量存在，這與中國的特殊國情直接相關。改革開放以後，中國傳統的工業品批發體系逐步解體，當時迅速興起了大量鄉鎮企業以及個體經營企業，產品較難通過傳統的批發體系分銷，因而不得不尋求體制外的分銷渠道，促進了各地批發市場的產生和發展。

3. 生產資料批發市場

生產資料批發市場是指從事生產資料批發交易的市場。生產資料批發市場交易的品種包括金屬材料、木材、建材、紡織原材料、石油、煤炭、化工等商品。中國生產資料市場的發展重點是建立大宗生產資料全國性或區域性交易中心、集散中心、價格中心、信息中心。

二、貿易中心

貿易中心是一種組織化程度較高的批發商品流通的組織形式。批發貿易中心提供展示和洽談平臺，客戶先看樣選購，進行現場交易或簽訂供貨單，然後再在一定時期內交貨。批發貿易中心內所進行的交易具有以下基本特點：

（1）以批發交易形式為主。批發貿易中心交易批量大，進場交易的一般以大型製造商和批發商為主。近年來，小型製造商、批發商、零售商和消費者個人進場交易的也越來越多。

（2）以遠期合同交易為主。批發貿易中心的批發貿易業務一般為遠期交易，即買賣雙方簽訂遠期合同，規定在未來某一時期進行實物商品交割與貨款的支付。這是批發貿易中心區別於批發市場和期貨市場的重要標誌。因為批發市場以即期批發貿易為主、短期合同交易為輔，商品交易所主要進行期貨交易，極少進行商品實物交割。

（3）商圈範圍大。批發貿易中心進場交易的製造商和批發商規模大，且以遠期合同交易為主，可實現遠距離貿易，具有很大的商圈範圍。特別是一些具有國際影響力的批發貿易中心，會吸引國際大供應商和採購商入場交易。國外批發貿易中心比較發達，一些高技術、高技術含量產品往往通過批發貿易中心進行交易。中國很多地方的貿易中心是從傳統批發中心基礎上發展起來的，離真正意義上的批發貿易中心尚有差距，正處於轉型發展的過程中。

三、商品交易所

（一）商品交易所的含義

商品交易所是組織化程度最高的批發商品流通服務組織，是大宗商品進行現貨及

[①] 莫少穎. 發達國家農產品批發市場發展經驗及啟示 [J]. 價格月刊，2010 (5)：31-34.

期貨買賣的交易場所。嚴格來講，商品交易所應同時具備以下特徵：

（1）交易主體必須是商品交易所的會員或其委託者。商品交易所會員資格的取得需要一定的條件，即：必須是商品交易所入市商品的主要經營者；必須擁有一定數量的資產；必須依照法律規定完成一定的法律手續；必須向商品交易所交付一定的保證金。會員經過一定的登記程序，也可以成為經紀人，接受顧客的委託進行交易。儘管商品交易所中實際入場交易的僅是會員或其代表，但不能進場的客戶可以委託其進行間接交易。

（2）交易客體僅限於商品交易所指定入市的商品，並非任何商品都可以進入商品交易所交易。一般而言，交易所的入市商品應當具備以下條件：商品具有耐久性，並且易於儲存、保管和運輸，保證日後實物交割；商品能夠標準化，商品的質量、等級、規格容易劃分確定，同種商品之間不存在形狀與品質的差別，只有這樣才能將期貨合約標準化，才能進行標準化合約的買賣；商品供求數量大，交易頻繁、影響較大，保證期貨市場的競爭性；商品價格波動大，且沒有管制或不具有壟斷性質的商品，保證市場交易的靈活性和流動性。目前，各國商品交易所的入市交易商品主要有穀物類、金屬類、能源產品等幾大類，具體而言，農副產品約20種、金屬產品9種、能源化工產品5種。

（3）交易高度定型化。①保證金制度。保證金制度又稱押金制度，就是指商品交易所內的交易者在交易時必須存入一定數量的履約保證金。②價格限制制度。價格限制制度包括漲跌停板制度和價格熔斷制度。漲跌停板制度主要用來限制期貨合約每日價格波動的最大幅度。價格熔斷制度，即在每日開盤之後，當某一合約申報價觸及熔斷價格並且持續一定時間，則對該合約啟動熔斷機制。價格限制制度可有效降低違約風險，保障大多數交易者的利益。③實物交割制度。實物交割制度是指期貨合約到期時，交易雙方通過該期貨合約對所載商品所有權的轉移，了結到期未平倉合約的過程。實物交割制度是使期貨市場與現貨市場趨向一致的制度。

（二）商品交易所功能

1. 規避風險

規避市場價格風險是期貨市場形成和發展的動力，是期貨市場的基本功能之一。商品交易所規避風險的功能是通過套期保值來實現的。所謂套期保值，是指在現貨市場和期貨市場中，分別同時進行兩個等量但相反的買賣，使因商品價格變動引起的現貨買賣的盈虧在期貨交易中得到彌補或抵消。因為，在正常情況下，現貨和期貨市場的走勢趨同，由於在這兩個市場上進行反向操作，所以盈虧相反，期貨市場的盈利可以彌補現貨市場的虧損。商品交易所集中了大量的買者和賣者，其中有一定比例願意承擔風險的投機者，這些投資者的投機性買賣使套期保值成為可能。

2. 價格發現

期貨價格是對期貨合約到期日的現貨價格的無偏估計。商品交易所聚集了眾多的商品買者和賣者，買賣的是標準化的商品，買者與賣者依據有關商品的全部市場信息，買者和賣者通過自由競爭的方式達成協議，在這一市場中形成的價格能比較準確地反

應商品的真實價格。這一價格具有預期性、連續性和公開性的特徵，可以作為商品流通價格體系的基準，為該商品的有關交易提供了極具價值的參考價格，對生產經營者有較強的指導作用，如生產商根據期貨價格的變化來決定商品的生產規模，批發商在大宗商品貿易談判中往往以期貨價作為參考價。

3. 調節供求

商品交易所最接近於純粹競爭的市場，入市商品又是交易頻繁、價格波動大、影響面廣的重要商品，因而商品交易所對於調節供求矛盾、促進供求平衡具有重要意義。正是在商品交易所中的巨額交易（往往為商品年產量的幾十倍、上百倍）過程中，供求雙方激烈競爭，互相拉鋸，最後形成具有重要價值的成交價格，該價格又通過商品交易所的報告制度，迅速影響其他地點與不同時間的商品價格，促使價格趨於均衡，從而調節商品的供給與需求趨於一致。

4. 規範交易秩序

商品交易所是組織化程度最高的市場交易組織，它詳盡地規定了交易的主體、客體、方式、保障制度等，使商品交易高度定型化。商品交易全過程有法可依，透明度很高，競爭充分，信息完備。可以說，商品交易所中的交易秩序最接近市場經濟的理想水準。商品交易所不僅將重要商品的交易納入這種交易秩序之中，而且還通過示範效應影響著商品交易所以外的大量交易，促使其逐漸建立起完備、發達的交易秩序，提高經濟運行的規範性與有序性。

5. 降低交易費用

商品交易所首先是一個集中交易的場所，眾多的買者與賣者聚於一處公開交易，共同享受交易所提供的各種服務，從而取得了規模經濟性，降低了交易費用。其次，商品交易所還是以期貨交易為主的場所，期貨交易借助標準化的期貨合約，往往不進行實物交割，只在虛擬的供求關係基礎上進行買賣，其交易額常常達到商品年產量的數十倍，而交易費用卻很低，是同規模的現貨交易所無法比擬的，但其形成價格、調節供求的作用別無二致。最後，商品交易所還是高度定型化交易的場所，交易的各項內容均有明確規定，當事人權益可得到可靠保障，貨款結算與實物交割均迅速高效，使買賣雙方可以彼此信任，減少摩擦，從而提高了交易效率，降低了交易費用。

第四節　批發貿易的發展趨勢

一、規模化、集團化

按照經濟發展規律，批發貿易的競爭必將推動批發企業資本的積聚和集中，批發企業的規模將不斷擴大。近年來，國際上大型跨國商業集團紛紛進入中國批零行業，對中國批發企業形成了嚴峻的挑戰，國內貿易企業走向聯合，規模化和集團化是必然趨勢。隨著資本市場的不斷完善和貿易環境的不斷改善，跨地區、跨部門、跨所有制的貿易企業間重組、兼併將促進貿易資本的集中，形成一批具有國際競爭力的貿易企

業集團，造就國際大買家。批發貿易以資本為紐帶的商業資源整合，將形成一批工商結合、農商結合的新型商貿集團。今後，連鎖經營的方式將更多地被引入批發貿易。

二、經營形式多樣化

面對來自製造業和零售業的競爭，批發貿易經營形式也日益呈現多樣化的發展態勢。其中，訂單型批發、展示型批發、配送型批發、電子商務批發等多種批發形式得到了長足的發展。訂單型批發是指以接受客戶的訂單，代為其施行採購或派發加工業務的批發形態。這種批發形態已經在上海得到較快的發展，成為上海國際貿易中心建設的重要內容。配送型批發商是以物流配送中心的形式開展批發貿易業務的批發形態。這種配送型批發商在日本批發商的發展中起到了重要的作用。展示型批發由於場所集中，品種繁多，可供客戶進行充分的比較選擇，所以很受採購商的歡迎。隨著中國會展業的發展，展示性批發將會有較快的發展，成為批發貿易中的又一種重要形態。

三、聯盟化、一體化

批發企業利用自身優勢，整合貿易渠道資源，加強供應鏈管理，是批發貿易發展的重要趨勢。批發商通過不斷與製造商、零售商結成戰略聯盟，在互利互惠的基礎上實現共同發展。一方面，批發企業通過與零售企業簽訂長期協作協議，規定零售企業的產品銷售數量、價格標準和服務質量，將零售作為自己的終端和窗口。批發企業除了向零售企業轉售商品外，還為零售企業提供促銷策劃、營業指導、信息數據庫等，為零售企業提供全方位的服務，開展零售支援。批發與零售一體化是批發商延長價值鏈的需要，也有利於降低零售商的運行成本。另一方面，批發商向生產領域的延伸也是必然趨勢。一些專職批發商以多種形式向生產領域延伸，將生產環節納入自己的經營體系，如通過自己的商業品牌，向製造商定制加工產品；或在企業自主設立產品開發部，進行產品設計，然後向生產企業下訂單，組織加工再批發銷售；或者由批發商直接向企業參股，讓生產為批發銷售服務。

四、品牌化、國際化

近年來，中國一批傳統的批發市場轉型升級速度較快，從原來的規模擴張向質的提升轉變，更加注重市場功能升級和品牌建設，在向現代展銷中心和採購中心轉型。現代批發商不管是獨立批發商還是製造批發商，更多把注意力放在創建品牌和獲得持續競爭優勢上，以爭取獲得流通渠道的主導權，保持持續的發展。沃爾瑪之所以能在中國迅速發展，與其自身品牌的建設和推廣有很大的關係。國際品牌批發商對中國批發商產生的示範效應，將促進中國批發商不斷創新行銷手段，向品牌化方向發展，打造世界級的品牌批發商。

五、信息化

隨著信息經濟時代的到來，各行業都面臨著信息化的衝擊，批發貿易也不例外。批發商的信息化建設主要包括兩項內容：一是高效率的信息搜集、加工和處理系統；

二是向用戶提供高質量的信息。從現狀來看，許多批發商都擁有與用戶自動交互的電子數據交換系統與自動訂貨、補貨系統，從而大大方便了用戶的訂貨與補貨；另外，許多批發商都在致力於為用戶提供包括商品和經營信息在內的各種信息，以滿足用戶的信息需求。從發展趨勢來看，全社會的信息化程度越高，用戶希望批發商提供的信息量越大、內容越多、質量越好、速度越快，這就要求未來的批發商不僅要進一步改進、完善以計算機為基礎的信息管理系統，而且還要進一步提高信息的質量。因此，信息化是批發貿易的重要發展趨勢。

六、物流化

從發展趨勢來看，用戶對物流服務水準的要求越來越高，也越來越苛刻，因此，批發商必須在提高物流服務水準上做出更大的努力，特別是隨著電子商務的興起，批發商更應該將工作重點轉向物流，將提高物流服務能力作為自己的核心競爭力來培育。因為電子商務越發展，就越需要高效、快速、安全的商品配送系統與之相適應。日本的批發貿易能夠在全球市場上占據一定的優勢地位，得益於其發達的物流中心的支撐。而對許多批發商來說，又具有很多發展物流的比較優勢，因此，電子商務的發展為批發商發展物流、強化物流功能創造了很好的機會，從而促使許多批發商將由傳統的「商品批發」轉變為現代的「物流批發」。

第五節　批發貿易發展現狀

一、發達國家批發貿易發展現狀

批發貿易是商品流通的重要環節和業態，但不同國家的批發貿易現狀各不相同。美國、日本以及法國這三國的批發貿易，在相當程度上代表了北美、亞洲和歐洲乃至世界主要國家批發貿易的基本特點和發展趨勢，其在組織形式上也分屬不同類型。中國批發貿易如何轉變觀念、改善經營，充分發揮現有的企業信譽優勢等有利條件，由原來計劃經濟體制下的批發企業向適應市場經濟要求的現代批發企業轉變，以適應大生產、大市場、大流通的需要成為亟待解決的問題。

（一）美國的批發貿易

美國批發貿易主要有獨立批發商、生產商銷售部門和代理批發商三種基本類型。獨立批發商是專門從事商品批發的商業機構，約占商業批發機構總數的80%，批發銷售額約占全部批發銷售額的50%，就業人數約占75%，生產商的絕大多數產品由獨立批發商經銷，因此，獨立批發商在商品流通中佔有重要地位。獨立批發商除了從生產商進貨、儲運商品、分銷給零售商以外，有時還提供資金信貸支持，這是獨立批發商的重要特點。美國的全職能獨立批發商，產品系列齊全，主要經營食品雜貨、藥品和金屬零件；另外一些有限職能批發商只經營汽車零件、理髮工具、測量儀器等部分產品系列，利用有限的商業設施提供專門服務。貨架批發商利用自己的貨架經營保健和

美容商品；卡車運貨批發商專門經營需要直接快速交運的商品；郵購批發商則採用郵購方式經營食品雜貨、小五金等商品。

生產商（也稱製造商）直屬銷售部門也是重要的批發機構。一些大型生產企業隨著經濟實力的增長和競爭的需要，為降低價格和銷售成本，紛紛建立起自己的批發銷售部門，直接對外開展批發貿易業務。生產商批發機構約占商業批發機構總數的10%，批發銷售額約占全部批發銷售額的35%，就業人數約占18%。美國生產企業的批發機構形式之一，是建立直屬經營部或直屬銷售公司等批發機構，負責本公司產品的直接對外大宗批發貿易業務，接受零售商的直接訂貨，從而減少了中間環節和流通費用，提高了流通效率。二是建立專業店、經銷店、零售店、銷售中心等銷售網，同時開展對外批發零售業務。三是建立批發推銷員網絡，通過眾多的各類推銷員進行專項推銷服務。

代理批發商是以替生產商推銷產品、取得佣金的批發仲介機構。在美國的批發貿易中，代理批發商機構約占商業批發機構總數的9%，批發銷售額約占全部批發銷售額的10%，就業人數約占5%，多是小企業。代理批發商也有多種形式。一是生產商（製造商）代理商，通過與生產商簽訂合同取得一定地區的推銷代理權，主要經營一些小企業生產的相互關聯的非競爭商品，如食品一類的商品。二是佣金代理商，一般對所銷售的貨物擁有控制權以及商品價格等銷售條件的決定權，主要代理推銷蔬菜、水果、牲畜等產品。三是經紀人代理商，代理賣方或買方推銷購進商品。四是拍賣公司，通過拍賣形式銷售菸草、牲畜、舊汽車等。五是進出口代理商，憑藉熟悉的商業渠道和專業知識代理委託人進口貨物。

在美國消費品商品流通中，約50%的消費品通過批發渠道進入消費領域，40%的商品由製造商直接批發給零售商，只有5%的商品由生產商直接出售給消費者。生產資料中，約20%的商品由生產商通過批發商出售給用戶，其餘80%的產品由生產商直接出售給用戶。

（二）日本的批發貿易

批發貿易在日本的商業中佔有重要地位。日本的批發貿易基本上分為一般批發商、經銷商和代理商，有綜合商社、連鎖批發、工廠批發、經銷代理批發和一般的批發商、農業協同組合等批發機構。一般批發商是日本批發貿易的主要形式，其中100人以下的中小型批發企業占日本批發貿易總數的99.3%，從業人數占84.5%，年銷售額占62.1%；而100人以上的大型批發貿易機構數量較少，只占日本批發貿易機構的0.7%，從業人數占15.5%，但年銷售額卻占37.9%。其中，日本的三菱、三井、伊藤忠、住友、丸紅、岩井、東棉、兼鬆商社等大型綜合商社是批發貿易的主體，占大型批發機構銷售額的一半左右。

日本批發貿易的特點主要有：一是批發組織形式多樣化。有全國批發、區域批發和地方批發；有綜合批發和專業批發；有一次批發、二次批發、三次批發，還有工廠批發；有物流功能型的批發貿易、批零兼營的批發貿易、連鎖服務供應型的批發貿易。這些多樣的批發貿易為日本商業提供全方位、多功能服務。二是批發渠道複雜冗長。

1999年日本批發銷售額與零售銷售額之比為3.58：1，日本批發貿易的專業化程度比較高，由生產領域進入消費領域的商品約有65%要經過批發環節，其中約有40%要經過三四道環節；生產企業之間進貨或國外訂貨、零售商向生產商進貨的直接進貨總額只有約35%。相比之下，美國批發貿易的綜合性比較高，流通環節比較簡捷。三是物流功能突出。日本的批發貿易有一種城市流通中心的形式，利用現代化的設施對流通中的商品進行集散、檢驗、分類、包裝、配送、運輸，而後將各類商品配單集裝，運往全國各地。四是綜合商社在流通中具有特殊地位。綜合商社是日本商業的獨特形式，規模巨大，功能齊全，跨國經營，從商品開發、生產、運輸、倉儲到進出口貿易、批發、零售等，有一套完整的市場行銷體系。日本的批發代理商、經紀人一般被看作是商業輔助業，和美國的情況有所不同。

（三）法國的批發貿易

法國的批發貿易在法國商業中佔有重要地位，主要經營農產品和食品、日用消費品及工業原料、設備批發三大類。法國的批發貿易機構主要有以下幾種類型：第一類是傳統的專門從事批發貿易的獨立批發商，這類批發商規模不一，既有面向全國、品種齊全的大型批發機構；也有專門經營一種或幾種商品，在部分地區提供批發服務的小型批發商。第二類是批發合作社，屬於合作社系統的批發貿易，主要為消費合作社服務，這種批發合作社一般直接從廠商進貨，甚至自己設立工廠生產部分商品，也從國外直接進口商品。其業務範圍除批發貿易業務外，還與銀行、保險、農場、運輸公司及旅遊業等有廣泛的聯繫。第三類是自願組合連鎖批發，也叫批發中心，一些經營水果、蔬菜、肉類、水產品、奶製品和花卉等農副產品的批發商和零售商自願組織起來，實行聯購分銷，尋找在價格、供貨、結算方面優惠的供貨商，制訂進貨計劃，直接向供貨商採購商品，供應各成員商店。有時也組織生產和零售商的聯產聯銷業務，或者自購自銷，提供信息交流、人員培訓等服務，但各成員商店各自保持自己的獨立性。這種自願組合連鎖批發形式利用聯合優勢，降低了採購費用和成本，縮短了流通環節和流通時間。第四類是大型零售業的兼營批發貿易業務。隨著法國批發集中程度的提高，一些大型商業企業，如春天商店、拉法耶特店等自己設置採購部，在國內直接採購或直接從國外訂貨，形成綜合性的批零兼營的商業集團。

在組織形式上，美、法、日基本上是獨立批發商、生產商直屬銷售機構和批發代理商三種基本類型，但在經營內容上，法國的批發合作社的專向性和日本綜合商社的綜合性，卻有著各自地區和國家的特色。在經營規模上，美國和法國趨向規模的擴大和集中，而日本則有小型化的趨勢，日本的綜合商社的經營規模也有所下降。在經營範圍上，日本獨立批發商一般經營的多是價格低廉、生產廠家多、消費範圍廣的日用品，而美國獨立批發商的經營範圍除一般日用品外，還經營金屬、石油、礦產品等工業原料和設備；各國的農副產品批發一般都有規模較大的綜合性農產品貿易市場。在一般商品流通渠道上，美國的批發環節相對比較短，日本的流通環節多、窄而長。

從總體上看，批發貿易在美國、日本等許多國家的地位呈下降趨勢，主要原因是信息時代的生產商和零售商之間，甚至生產商和消費者之間的距離越來越小，零售商

和消費者都想減少流通環節，減少費用支出；與此同時，現代化的通信技術、發達的運輸，也使商品可以更經濟、快捷地從生產領域進入消費領域。總之，宏觀經濟的變化、生產商和零售商的直接交易、市場競爭以及零售業各種新業態的出現，在相當程度上都影響著批發貿易的未來發展。當然，由於連鎖商業的發達在相當程度上依賴於批發貿易的支持，也給批發貿易帶來了新的發展機遇。

二、中國批發貿易發展存在問題

1. 商業批發功能嚴重萎縮

經歷了30多年的統購包銷和統購統銷的壟斷時期，中國批發貿易在市場競爭中顯得先天不足，經營者長期養尊處優，面對市場經濟下的殘酷競爭難以迅速適應，導致批發貿易特別是國有批發貿易日益萎縮，批發交易額在社會商品流通總額中所占比例越來越小，呈逐年下降的趨勢，作為商品流通重要環節的批發貿易在商品流通中處於相對萎縮狀態。

2. 批發企業的技術、管理手段落後

中國商品流通業的對外開放晚於工業行業，而且，由於長期傳統意識和觀念的影響，使商品流通業技術應用、技術創新的步伐遠遠落後於製造行業，同時也遠遠落後於發達國家的商品流通業，從而使中國的商品流通業長期處於勞動密集、手工操作、經驗管理、單門獨店的狀態。中國由小商販支撐的古老、原始、落後的商品批發市場已經嚴重過剩，而依託現代科技手段、經營管理手段和財務結算手段的大批發商嚴重不足。技術含量低、管理水準低已經嚴重制約著中國批發企業的擴張，成為企業規模擴張不可逾越的瓶頸。

3. 批發企業規模過小、集中度低

批發貿易本身就是指商品的批量銷售，因此要求批發企業必須達到一定的規模，實行規模經營。但是長期以來市場體系的欠缺使中國商品流通產業未能實現有效的集中，企業自有資金薄弱，技術能力不足又限制了商品流通企業的自我擴張，由此導致中國批發企業規模過小、集中度低，資產額上千萬元、年銷售額上億元的批發商為數極少，而資產僅幾萬元、年銷售額僅十幾萬元的小商販遍地都是。與日本相比，中國的批發貿易每千人銷售額為25,579.5萬元，日本為524,196萬元，不到其1/20；中國的批發貿易店均銷售額為165萬元，日本為5,226萬元，不到其1/30。① 過小的經營規模使中國的批發經營成本高而效率低，難以形成規模效益，影響了批發功能的發揮，反過來又制約了批發貿易的發展。

4. 市場交易秩序混亂

由於批發貿易的發展滯後，生產企業和零售企業避開批發商直接交易，造成多頭插手、百家經商的局面，這就必然促使偶然性、隨意性的交易活動蔓延，給市場供求關係帶來混亂。特別是大量的批發交易通過各種小商品批發市場進行，而這些小商品批發市場還帶有很大的原始性和自發性，缺乏有效的市場規範和管理，市場交易秩序

---

① 徐從才，等. 流通革命與流通現代化 [M]. 北京：中國人民大學出版社，2009.

混亂的狀況十分嚴重。許多人正是利用這種市場的物流、信息流不暢的特點，依靠隨意性很強的不規範交易行為來獲取利益。更有甚者，一些不法之徒利用小商品市場在制度、管理上的不健全，大量地造假、售假，使之成為假冒偽劣商品的主要通道，極大地破壞了正常的經濟秩序，對社會造成嚴重的危害。

三、中國批發貿易的再造

1. 更新觀念

從中國流通業的現狀看，生產企業的自銷、零售企業向生產企業的直接進貨都是批發機能的具體表現，對傳統批發企業形成了較大的衝擊。因此，批發企業必須對自身的社會存在機能進行再發展、再構築，拋棄傳統批發貿易的定義和固有觀念，按照新的流通服務業對批發貿易進行重新定義。現代批發企業的基本機能主要包括商品集中機能、商品配送機能、商品企劃開發機能、信息機能、金融機能和零售支援機能。但時間、市場不同，批發企業所應重視的機能也是不同的。即使同一機能，在不同的時間、市場，其內容也應有所不同。

2. 向零售領域滲透

目前批發和零售的界限正在逐漸淡化。對中國的批發企業來說，應該充分利用自己的信譽優勢、渠道優勢和人才優勢等自辦零售。通過向零售領域的拓展，可以直接瞭解零售企業和消費者需要，有助於科學地組織貨源，提供優勢服務，擴大銷售。批發企業向零售領域延伸還可以將批零交易內部化，以節約交易費用。特別是小型批發企業，避開與大型批發企業的直接競爭，向零售領域發展不失為一種擺脫困境的好辦法。

3. 開展零售支援

零售企業的經營狀況直接決定批發企業的效益。批發企業必須強化為零售服務的觀念，努力使自己具有獨特的信息價值，建立數據庫，為零售業活動提供全面支援服務。除了向零售企業轉售商品外，還應向零售企業提供促銷、廣告營業技術指導等全方位服務；為零售企業提供市場信息，幫助零售企業進行市場調查、分析和預測，提供商品結構調整方案。

4. 開發適合特定零售業態的批發機能

零售企業是批發企業的主要交易方，不同的業態要求批發企業提供的服務是不同的，即使在同一業態中，企業不同，對批發企業的要求也是不同的。因此，要求批發企業在提供綜合性服務的同時，還要在對不同業態特點進行充分調查的基礎上，瞭解不同業態的交易條件或配送服務要求，根據特定的零售業態，開發適合特定零售業態的批發機能，並注意建立與零售業一體化的體系。

5. 實施戰略重組，發展規模經濟

對批發企業來說，規模就意味著效益。批發貿易應該逐步走向合併和協作之路。但這種合併與協作之路不僅僅是將所有經營資源納入同一組織，借以擴大經營規模，更多應該是相互獨立的組織通過經營資源的共享，實現優勢互補。這種做法對盡快改變中國批發企業規模較小的現狀，尤其是解決小型國有批發企業經營困難，取得規模

經濟優勢是一種很好的借鑑。在現階段，可以借助政府或行業協會的力量，在明確不同企業責、權、利的基礎上，明確分工，以網絡組織原理重組批發貿易。通過資源的共享，充分利用現有的國有資產，取得規模經濟效益。結合國內批發企業的改革，應該使國內少數實力雄厚的大型批發企業通過聯合、兼併、參股、控股或連鎖等形式，向多領域拓展，建立起全國範圍的商品流通網絡，並以此為基礎向國際市場發展。

6. 開展總代理、總經銷

實行代理制要處理好與其他經營方式的關係。批發企業在推行總代理、總經銷時，既要抓好名牌產品，也要注意發掘那些具有潛在市場的產品，有條件的批發企業還可以採取參股、合資、合作等方式，以資產為紐帶與生產企業建立更為緊密的關係，充當生產企業的總代理、總經銷。

7. 有條件的批發企業可自創品牌

企業利用自創品牌，可以提高企業的知名度，還可以鞏固與零售企業的交易關係。

8. 向現代物流中心過渡

和傳統批發貿易相比，物流配送中心是現代批發貿易的主要形式。目前，連鎖經營方式在各種零售業態中的引進為物流配送中心的發展提供了廣闊的前景。中國的批發企業所具有的良好信譽和龐大的進貨渠道是許多零售企業所無法比擬的，可以對現有倉庫、網點、設施、設備加以改造，逐漸發展成為集倉儲、包裝、加工、分貨、配送、運輸等功能於一體的社會化專業物流配送中心，為其他連鎖企業提供高效率、少批量、多品種的商品配送服務，幫助零售企業實現零庫存。

9. 建立低費用運行體制

企業應從內部管理入手，提高經濟效益，建立低費用的營運系統，消除不必要的業務環節。一是以計算機技術和網絡通信技術為基礎，建立低費用的網絡，實現高效率的訂發貨；二是通過採用先進的機構設備，提高作業效率，降低人工費用；三是加強核算，詳細計算每一個交易對手的費用，消除各種損失和不必要的開支。

10. 建立完善的網絡系統

現代批發企業的發展必須以先進的信息技術為基礎。首先在企業內部建立內聯網，從訂發貨、結算處理，到貨物進出庫、分揀、包裝等，實現自動化管理和控制。同時，建立和完善批發企業與廠家和零售企業之間的聯機訂發貨信息網絡，把聯機訂貨系統、單品在庫管理系統、備貨業務、配貨業務有機地結合在一起，解決零售企業少量多頻度訂貨引起的訂貨處理複雜化和費用上升等問題。在批發貿易的信息化過程中，大型批發企業可以依靠自己的力量進行相關系統的研製和開發，中小批發企業則可以通過共同化組織來推進信息化，通過共同信息中心的設立，集中某一地域零售企業的訂貨信息。

復習思考題

1. 什麼是批發貿易？請結合現實論述批發貿易的特點與類型。
2. 簡述批發貿易的功能和制約因素。
3. 批發交易的組織形式有哪些？
4. 運用批發貿易理論，論述當前批發貿易發展趨勢及發展對策。

[本章案例]

農產品批發市場的發展

　　農產品批發市場是聯結農產品生產和消費的重要載體，在中國農產品貿易中發揮著重要作用。隨著超級市場、統一配送和訂單農業的發展，農產品批發市場在農產品貿易中的比重有所下降，但其作用仍是不可替代的。從國際上看，各國農產品批發市場的形式多樣化，如美國農產品批發市場有農產品期貨交易所、現代食物批發分銷中心、農場主直銷市場三種形式，韓國的農產品批發市場有公營批發市場、一般法定批發市場和民營批發市場三種類型，而日本的海鮮產品是採取分級批發貿易，即一級批發貿易、二級批發貿易與三級批發貿易形式。從發達國家農產品批發市場發展的實踐看，一個共同的特點是政府重視農產品批發市場的建設，普遍都採取扶持農產品批發市場發展的政策，加強基礎設施建設，為交易主體提供公共信息平臺，如日本有「全國生鮮食品流通情報中心」為交易者提供信息服務。在日本、韓國等農產品批發市場中農協發揮了重要作用。

　　改革開放以來，中國農產品批發市場迅速發展，市場數量由1986年的892個發展到2007年的4,150個，農產品批發市場年成交額由1986年的29.35億元增加至2007年的9,300億元，市場平均成交額則由317.8萬元上升為22,409萬元。2009年中國億元以上農產品批發市場成交額8,522.3億元，占農產品市場交易額的93.6%。山東壽光批發市場是中國農產品批發市場發展的典型，為農產品批發市場的發展提供了成功的經驗。壽光地處山東半島中部，渤海萊州灣南畔，歷史上素有「蔬菜之鄉」的稱號，是中國最大的蔬菜種植基地。山東壽光批發市場建立於1984年，當時市場占地面積600畝（1畝≈666.67平方米，全書同），年成交蔬菜40億千克，交易額56億元，市場交易品種齊全，南果北菜，四季常鮮，年上市蔬菜品種300多個，全國20多個省、市、自治區的蔬菜來此大量交易，外省、本省和本地蔬菜的交易金額比例大致為80%、15%和5%。2009年12月成立的壽光農產品物流園是原市場的近5倍，可實現年蔬菜、水果及農副產品交易量100億千克，是亞洲最大的綜合性農產品物流園，是中國最大的蔬菜集散中心、價格形成中心、信息交易中心、物流配送中心，也是最權威的蔬菜標準形成中心。

　　為了發揮農產品批發市場對農產品交易的指導作用，加強對農產品批發市場的監

測，1995年農業部成立了中國農業信息網，該網又稱「全國農產品批發市場價格信息網」，由農業部市場與經濟信息司負責建設，農業部信息中心負責日常營運，每天收集大型批發市場農產品的價格信息，每週對社會發布全國農產品批發市場一週價格行情監測報告。

　　2003年以來，國家有關部門加大了對骨幹農產品批發市場的扶持力度，促進了農產品批發市場的轉型升級。儘管如此，中國農產品批發市場仍然存在規劃佈局不合理、市場主體組織化程度低、市場競爭力弱、流通效率較低及交易方式落後等問題。

　　資料來源：［1］盧凌霄，周應恒. 農產品批發市場現狀及發展趨向［J］. 商業研究，2010（2）：10－14.

　　　　　　［2］翟永祥. 農產品：壽光蔬菜批發市場　尋求突破［EB/OL］. http://gegu. stock. enfol. com/060809/125/1333/2155975/00. shtml.

問題

　　1. 農產品批發市場在農產品貿易中發揮怎樣的作用？各國為什麼要扶持農產品批發市場的發展？

　　2. 如何借鑑發達國家經驗促進中國農產品批發市場升級？

第九章　零售貿易

[**學習目的**] 明確零售貿易的概念與功能、零售商的概念及分類形式，理解零售業態的變遷及理論假說，瞭解零售業的發展趨勢。

第一節　零售貿易與零售商

一、零售貿易的概念與功能

（一）零售貿易的概念

零售貿易是零售商面向最終消費者個人或社會集團出售商品和勞務，供其最終消費使用的一種貿易活動。通過零售貿易，商品離開流通領域進入消費領域，完成社會再生產過程。零售貿易的主要特點有以下幾個方面：

1. 交易對象是為直接消費而購買商品的最終消費者

交易對象包括個人消費者和集團消費者。最終消費者從零售商處購買商品的目的不是用於轉賣或生產所用，而是用於個人生活消費或非生產性消費。消費集團包括政府機關、軍隊、學校、社會團體等。

2. 交易量零星分散，交易次數頻繁

零售貿易交易對象主要是眾多分散的個體消費者，每次交易數量和金額較小，同時，未成交次數佔有較大比重。由於每次購買量較小，與之相適應，零售貿易交易的頻率較高，因此，零售商必須有充足的備貨。

3. 交易受消費者購買行為影響大

消費者的購買行為類型多種多樣，但總體來說易受廣告宣傳、導購員的勸說等因素的影響，容易產生衝動型或情緒型的購買。面對著這種隨機性購買行為明顯的消費者，零售商比較注重激發消費者的購買慾望和需求興趣。

4. 消費者需求差異性強

零售顧客眾多，而不同顧客各自的經濟狀況、價值觀不同，因此對商品的品牌、款式的需求也不同。這就要求零售經營的商品需要有較多的商品種類以及同一類產品具有多種品牌，以滿足眾多消費者不同的需求，給消費者選擇的自由和權利。

5. 對店鋪選址和設計有較高要求

零售貿易大多在店鋪內進行，儘管無店鋪零售貿易發展很快，但店鋪零售貿易仍

占主導地位。零售貿易中，店鋪地址的選擇是影響銷售量的關鍵因素，同時店鋪內商品的陳列、店堂布置等也十分重要。零售網點無論從規模還是佈局上都必須以最大限度地滿足消費者需求為根本，並根據消費者需求變化做出相應調整。

（二）零售貿易功能

1. 實現商品最終銷售並提供服務

零售貿易直接面向最終消費者，通過銷售活動，產品轉移到消費者手中，最終實現產品的價值和使用價值。零售貿易通過提供售前、售中、售後服務等多項服務，如提供商品介紹、包裝、免費送貨、安裝、電話預約與回訪、贈送禮品以及文化娛樂等服務內容，為顧客購買和使用產品創造便利條件。

2. 反饋產品信息和引導生產

零售貿易直接面向最終消費者，能夠及時、全面地向製造商、批發商提供顧客意見、存貨週轉情況、問題商品的信息和客戶需求的新動態，使製造商或批發商及時調整商品結構，引導生產者生產適銷對路的產品。

3. 商品分類、組合與備貨

最終消費者往往需要許多類別的商品，並且每次購買量又較小。為滿足消費者需求，零售商從製造商或批發商那裡大量採購，為消費者提供豐富多彩的產品組合，並將這些商品按照個人消費者適合購買的批量進行分類、組合和包裝，供消費者選購。同時，為了使消費者能在自己需要的時間購買到自己需要的商品，零售商必須有充足的備貨。

4. 促進和引導消費需求

零售貿易活動中廣告宣傳、商品陳列、促銷活動等，能夠激發消費者的購買慾望，通過向顧客提供商品特性、銷售狀況、消費者反應等信息，引導消費者購買。

5. 金融功能

零售商通過向消費者提供信用，一方面方便消費者的購買，另一方面加速商品的流通與消費，從而擴大商品流通規模。此時，零售商通過賒購、分期付款和票券購物等消費信用形式實現了金融功能。

二、零售商分類

零售商是指專門從事零售交易活動的中間商，它處於生產者和消費者、批發商和消費者的中間環節。

（一）按價格策略可分為折扣店、倉儲會員店、目錄展銷店

折扣店是店鋪裝修簡單，提供有限服務，商品價格低廉的一種小型超市業態。

倉儲會員店是以會員制為基礎實行儲銷一體、批零兼營，以提供有限服務和低價格商品為主要特徵的零售業態。

目錄展銷店是通過樣本目錄招徠顧客，並在店鋪進行售賣的商店，商品價格低於折扣商店。

（二）按聯繫消費者方式可分為有店鋪零售與無店鋪零售

有店鋪零售是有固定的進行商品陳列和銷售所需要的場所和空間，並且消費者的購買行為主要在這一場所內完成的零售業態。

無店鋪零售是不通過店鋪銷售，由廠家或商家直接將商品遞送給消費者的零售業態。無店鋪零售又可分為網上售貨、電視售貨、電話售貨、郵購、自動售貨機售貨等。

（三）按聚合狀態可分為商業街與購物中心

商業街，又稱為商店街或商業區，是指一定數量的商店聚集的街道或區域，是供人們購物的場所，該場所根據規模、結構、地點可進行多種分類。商業街依據交通環境可分為步行街、半步行街和非步行街，依據規模可分為大、中、小型商業街等。

購物中心是多種零售店鋪、服務設施集中在由企業有計劃地開發、管理、營運的一個建築物內或一個區域內，向消費者提供綜合性服務的商業集合體。

（四）按經營模式可分為獨立商店、連鎖商店、出租部門、直營零售商店、消費合作社

（1）獨立商店。獨立商店通常是由業主自己經營，擁有一個店鋪的獨立零售商店。其經營優勢是：在選址和經營方面具有靈活性；投資少，經營費用低；經營專業化；容易與顧客建立親密的關係等。但獨立商店也存在經營劣勢，如規模小、議價能力有限、難以降低成本；商圈較小、難以擴大經營規模；過分依賴業主的個人經驗、經營的連續性難以保證等。

（2）連鎖商店。所謂連鎖商店，是指在一個中心店的指揮和控制下，由經營同類商品、同一商號的店組成的零售店群體。連鎖店按照所有權和經營權集中程度不同可以分為以下三種：①正規連鎖。正規連鎖又稱聯號商店、公司連鎖、直營連鎖，其特點是統一資本、集中管理、分散銷售、權力集中、利益獨享。正規連鎖的資本屬於同一商業資本，總部對各店鋪擁有全部所有權和經營權。各店鋪的經理人選、進貨計劃、銷售方式和廣告宣傳都由總部確定。②自由連鎖。自由連鎖又稱自願連鎖，是一種自由自願的連鎖經濟組織，是在保留單個資本所有權基礎上由志同道合的單店組成的連鎖集團。各店鋪保留單個資本所有權，總部和各店鋪間是協調和服務的關係。總部統一制定銷售戰略、統一訂貨和送貨，各分店需向總店交納加盟費或指導費。各分店保持自己的經營自主權和獨立性。③特許連鎖。特許連鎖又稱合同連鎖、加盟連鎖或契約聯合店，是一種以契約為基礎的零售企業經營方式。所以加盟店在人事、財務上保留自主性，而在經營業務上接受加盟總店的統一指導和控制。

（3）出租部門。出租部門是百貨商店等大規模零售店將其店內的某部門或專櫃出租給承租人，由其負責部門或專櫃的零售業務，形成了大量的店中店的現象。出租部門的承租人多為品牌製造商或其他商人。品牌製造商進入店中店的原因是大量的客流量所隱含的巨大商機。

（4）直營零售商店。直營零售商店是指製造商自行投資建立及管理的零售店，即製造商兼營零售業務。直營零售店有利於製造商直接獲得消費者的需求信息，有利於

145

製造商獲得零售環節的價值增值，有利於實驗和宣傳產品。一般小規模製造商由於實力有限，較少投資建設直營零售店。當達到一定規模後，一些製造商就會投資建立直營零售店，以控制銷售渠道，獲得更大收益。

（5）消費合作社。消費合作社是指消費者共同出資聯合組成的合作組織，主要通過經營生活消費品為社員自身服務。消費合作社的社員需繳納一定的入社費和定額股金。消費合作社向製造商或批發商購進商品，以低於市場的價格出售給自己的社員。消費合作社有利於減少中間環節，降低消費者的消費成本，能吸引一些消費者。

（五）按經營範圍可分為專業商店、百貨商店、超級市場、便利店、倉儲店

（1）專業商店。這種商店是以經營某一大類商品為主，並且具備了擁有豐富專業知識的銷售人員和適當的售後服務，滿足了消費者對某大類商品的選擇需求的零售店，如體育用品商店、照相器材商店等。

（2）百貨商店。百貨商店亦稱「百貨公司」或「百貨商場」。它是經營日用工業品為主的綜合性零售商店。商品種類多，花色品種齊全，營業面積較大，消費者挑選餘地大。商品銷售實行「明碼標價」，櫃臺銷售和自選購物相結合，對所有顧客以相同的價格出售。經營特點是「高服務、高成本」，能滿足消費者對時尚商品的多元化需求。目前，中國大中城市的大型購物中心、商業街等一般都以大中型百貨商店為骨幹。

（3）超級市場。這是指採取自選銷售的方式，以銷售食品和生活用品為主，滿足顧客每日生活需求的零售企業。

（4）便利店。這是指以經營加工食品、居民日常生活離不開的選擇性不大的消費品為主，在時間和地點上都給消費者提供最大便利的小型便利或合夥經營的商店。

（5）倉儲店。這是一種以大批量、低成本、低售價和薄利多銷方式經營的連鎖式零售企業，如沃爾瑪開設的山姆會員店等。

第二節　零售業態的變遷及理論假說

一、零售業態的變遷

隨著經濟的發展，零售商業環境不斷發生變化，從而導致零售商業在選址、商品組合、營業時間、技術服務及銷售方式上的變化，這些變化最終導致了零售業態的變遷。

1. 選址的變化

傳統零售商業的選址多在流動人口相對集中的地方，如車站附近和城市中心，但現代零售商業的選址已擴大到郊外、高速公路出口和居民區，而且從發展趨勢來看，許多國家零售商業已出現「空心化」現象，即城市中心位置的零售商業經營困難，開始向郊外擴散。這主要是消費者居住地的變化、交通條件的改善及城市中心地段地價上升所致。由於選址的變化從而導致購物中心、倉儲商店及便利店等業態的出現。

2. 商品組合的變化

傳統零售商業多以商品組合較寬的業態為主，其代表性業態是雜貨店及後來出現

的百貨店，但是，現代零售商業的商品組合則發生了很大變化，既有寬度上的變化，也有內容上的變化。從寬度變化上看，出現了兩極：一極是商品組合越來越寬，已遠遠超過傳統百貨店的商品組合寬度，如超大型購物中心；另一極是商品組合越來越窄，甚至窄到一個品種、一個品牌，如各種專業商店和專賣店。從內容變化上看，對傳統的商品組合進行了重新調整，從而產生了許多新的業態，如家庭改建中心、食品超市等。

3. 營業時間的變化

傳統零售商業的營業時間多為正常工作日，但隨著消費者生活時間的改變，夜間購物的消費者越來越多，從而使零售商業向全天候營業轉變。一方面，許多傳統零售業態的營業時間延長；另一方面，這種情況則促使 24 小時、全年無休日的業態出現，如便利店等。

4. 技術與服務的變化

通信與電子技術的發展與普及，促進了新型業態的產生與發展，如郵寄商店、網上銷售、自動售貨機等就是通信及電子技術革命的結果。此外，隨著零售商業競爭的日益激烈，以及消費者消費偏好的變化，促使零售商業經營者不斷增加服務內容，休閒、娛樂、賒銷、飲食、保健、送貨等都已成為零售商必須提供的零售業務，從而大大改變了傳統零售業態的內涵與外延。不僅如此，零售商還針對消費者的某些偏好，不斷開發新的業態，如折扣商店、倉儲商店、剩餘品商店、落令品商店就是滿足消費者低價格取向的業態；電視購物、網上購物則是滿足消費者時間及場所便利偏好的業態。

5. 銷售方式的變化

零售商業的銷售方式發生了以下變化：由討價還價到明碼標價；由封閉式（櫃臺）銷售到開架銷售；由坐賣到訪問、送貨銷售；由散裝銷售到包裝銷售；由現金銷售到信用卡銷售；由錢貨兩清銷售到分期付款銷售等。銷售方式變化的直接結果是導致新業態的出現，如超級市場、訪問銷售、會員制商店、單一價商店等。

但是，新業態的出現並不意味著傳統業態的完全消失，由於消費層次和消費偏好的多樣化，從而使許多傳統業態仍有一定的生存空間。

二、零售業態變遷的理論假說

（一）零售輪轉假說

零售輪轉假說是由哈佛大學馬爾克姆‧麥克內爾最早提出來的。他認為任何一種零售業態都是以大膽創新的觀念開始，不斷改進，然後逐步失去競爭力，變得十分脆弱，處於不可救藥的境地，最終讓位於新的業態。通常每次的輪轉包括三個階段——導入階段、成熟階段和脆弱階段。在導入階段，零售商一般通過降低運行成本，以低價格和低利潤占領市場，利用薄利多銷和商譽爭取社會效益和經濟效益。顯然，零售商在這個階段比較適合銷售低毛利、高流轉的商品。當零售商通過滲透策略占領了市場，成為人們關注的競爭目標時，這時進入第二階段。大量的模仿者逐步跟進，迫使

初始創新者無法通過低價滲透來差別定位，而是要向顧客展示更為舒適的購物場所和環境，提供廣泛的服務項目、多樣化的產品類別，特別是趨向於時尚化的產品，同時為了競爭的需要，加大行銷投入，增強宣傳力度，這些措施都會導致行銷成本的增加，使最初的創新零售業態經過成熟階段演變為高定位、高毛利的業態，這樣輪轉進入第三階段。由於零售商面臨高定價、保守、經營負擔過重、投資回收率降低等問題，從而為後來者以低成本滲透留出空隙，如此零售輪又轉動起來了。

這種學說很好地解釋了零售業態從百貨商店向專賣店、連鎖店進而向倉儲店、折扣店的變遷。但是，該理論無法解釋發展中國家的超級市場和其他現代化商店、日本的方便店、美國的郊外購物中心等都是面向中高收入階層，以高價格進入市場的現象。

（二）真空地帶假說

真空地帶假說是由丹麥學者尼爾森於1966年提出的。該假說根據消費者對零售商的服務、價格水準存在著偏好空隙來解釋新零售業態的產生。真空地帶假說首先假設經營同種商品的各種業態的特性是由店鋪設施、選址、商品組合、銷售方式、附加服務等綜合性服務及與此相對應的價格水準來決定的，並認為服務水準越高，價格也就越高。然後，又假設存在一組由高到低的服務與價格組合帶，以及消費者對不同水準的服務與價格組合的偏好分佈曲線。例如，有三個零售商，一個是低服務、低價格組合的零售商A，一個是中等服務、中等價格組合的零售商B，還有一個是高服務、高價格組合的零售商C。那麼，零售商A為了吸引更多的消費者，便將其服務與價格水準逐漸向最受消費者歡迎的零售商B的服務與價格水準靠攏（提高檔次）；同樣，零售商C也為了吸引更多的消費者，而將其服務與價格水準向零售商B的服務與價格水準靠攏（降低檔次）。結果，就使高服務、高價格組合的零售商與低服務、低價格組合的零售商消失了，從而產生了真空地帶即空白部分。於是，新進入者就以這個真空地帶為自己的目標市場而進入市場，從而產生了新的業態。也就是說，低價低級店和高價高級店又作為新的業態而誕生了。

該理論克服了「零售輪轉理論」的缺點，解釋了零售業態產生的市場條件。另外，這個理論還能合理地說明，不同國家間同一零售業態出現與發展過程為何有不同的形態。但是，偏好分佈曲線圖的確定比較困難。

（三）手風琴假說

手風琴假說是由布蘭德於1963年提出的，1966年赫蘭德則將其命名為零售手風琴假說。零售手風琴假說主要是從商品組合寬度的擴大與縮小的角度來解釋新業態的產生。該假說首先假定商品組合很寬的零售業態（如雜貨店）已經存在，並且在零售業中是很有競爭優勢的業態，接著就出現了商品組合較窄的新業態（如專業店），隨著時間的推移，這種業態也取得了競爭優勢。在此之後，又出現了商品組合更寬的新業態（如百貨店），但是，繼百貨店之後又出現了商品組合更窄的服裝專賣店，後來，在服裝專賣店之後又出現了商品組合更寬的超級市場……因此，該假說認為零售業態的變遷是沿著「寬—窄—寬—窄—寬……」即「綜合—專業—綜合」往復循環的路徑進行的，就像手風琴演奏一樣一張一合，在專業化和綜合化之間來回徘徊，不斷反覆，每

次都演變出一種新的業態。

該理論可以解釋自 18 世紀中葉以來零售組織形式的變化過程，反應了零售經營形式綜合化—專業化—綜合化循環的規律性特徵。但這種學說沒有揭示綜合化與專業化循環的機制，事實上，綜合化與專業化是同時並存的，因而也有其局限性。

（四）自然選擇假說

自然選擇假說是由美國學者吉思特和迪斯曼提出的，他們用達爾文的進化論思想來解釋零售業態的變遷，認為可以把各種零售業態看作是不同的經濟「物種」，它們都面臨著不斷變化的消費者需求、競爭者策略、政治經濟格局、文化變遷、技術革命、自然環境等。零售業態也有適應環境、物競天擇、適者生存的問題，當環境因素，特別是宏觀環境這些不可控制的因素發生變化時，某種零售業態如果不能適應其變化，進行變革，那麼，就會失去生命力。比如購物中心的出現，就是適應了城市中心百貨商店出現的停車難、交通不便等問題，人們需要一種更大的、購物方便的、同時滿足娛樂等多種需求的場所，這樣大型購物中心就應運而生了。

該理論揭示了零售業與社會環境的關係，較符合零售業發展狀況。如在 20 世紀 50 至 60 年代購物中心的出現，是零售業適應消費者居住郊區化的結果。

（五）辯證過程假說

辯證過程假說是借用黑格爾的「正反合原理」來解釋零售業態變遷的理論。托馬斯·馬羅尼克和布魯斯·沃克認為，把現有的零售業態看作是「正」，那麼，「反」就代表它的對立面，「合」指兩者的結合體。零售業態正是在與競爭者的挑戰中，不斷完善自身，不斷「否定自己」，揚棄其不合理的「內核」，上升到「否定之否定」的境界的。例如，當高毛利、慢週轉、高價格、高服務的百貨店作為「正」存在時，就會導致低毛利、快週轉、低價格、低服務的折扣商店作為「反」而出現，而折扣商店的出現，又會導致兼有前兩者特點的中等毛利、中等週轉、中等價格和有限服務的廉價百貨店作為「合」而產生。於是，這個「合」就成為新的「正」，進而又會促使新的「反」的出現。

該理論解釋了各種零售組織自身進行的反向調整的現象，但沒有解釋為什麼會發生「正」和「反」的統一，沒有很好地把握現實因素和偶然因素的區別，也沒有考慮到消費者的反應和偏好因素。

（六）零售生命週期假說

零售生命週期假說是 1976 年由達比德森、伯茨和巴斯三人共同提出的。該假說應用產品生命週期理論來解釋零售業態從產生到衰退的發展過程。零售生命週期假說認為，與產品生命週期一樣，零售業態也要經過導入（革新）、成長、成熟、衰退四個發展階段，並指出了各種零售業態的零售商在各個階段所應採取的經營策略。同時，該假說以美國的零售業為研究對象，指出各種新型業態從導入期到成熟期的過程正在逐漸縮短，因此，零售商應該不斷進行業態革新。

該理論具體研究各種零售組織成長和衰落的一般規律，對零售商制定經營策略有

指導意義。但該假說的局限性是，很難精確地劃分生命週期各階段的起止年限，沒有明確指出零售業態發展、變遷的決定因素，也沒有考慮消費者的反應及偏好對零售業態變遷的影響。

第三節　零售業的發展趨勢

一、規模化、集中化

以目前西方零售業的發展趨勢看，零售業規模化、集中化是主導的方向。中國零售業還沒有形成一定數量規模大、實力強的大零售企業集團，現有零售企業無論市場銷售額、門店數量，還是品牌建設、經營效益等都與世界零售業巨頭有較大差距。目前，國內零售業市場集中度只有10%，而歐美國家則高達60%左右，日本為50%，美國前100強零售企業零售額占整個市場份額的84%。沃爾瑪之所以能成為世界最大的零售企業，主要是採取跨國併購和綠地投資的方式進軍國際市場。隨著全球經濟一體化的發展，國際商業競爭不斷加劇，零售業收購兼併是國際大型零售企業全球擴張的主要模式之一。因此，目前中國零售業的規模化經營還存在相當充分的發展潛力，跨區域的零售業併購將成為熱點。

二、多樣化、連鎖化

根據零售業態的變遷規律，零售業態多樣化發展已成為一種必然趨勢。改革開放以來，中國零售業態發展變化很快，實現了從單一向多元的轉變。2004年商務部公布的《零售業態分類》中，百貨店、超市、大型超市、折扣店、倉儲式會員店、便利店、專業店、專賣店和購物中心9種業態就比較常見。隨著收入水準的提高、生活方式的改變、交通條件的改善、價值觀念的變化，城郊購物中心、精品店、網上商店、便利店等零售業態將會有很快的發展，零售業態多樣化趨勢會更加明顯。

連鎖經營以其特有的優勢不斷向更多的零售業態滲透，從遍布全球的超市、便利店、折扣店，到百貨商店、巨型超市，都可以看到發展連鎖經營已經成為零售業最主要的發展趨勢。據美國商務部統計，美國所有大型零售商都實行連鎖經營，19個大的行業門類中已實現連鎖化經營，連鎖經營額已占社會零售總額的60%以上。日本連鎖經營占社會商品零售總額的30%以上。在英國，連鎖經營涵蓋超市、百貨商店、專賣店、便利店等各種不同業態，在整個零售業的市場份額中超過1/3。中國自20世紀初開始發展連鎖經營以來，零售業連鎖經營得到了較快發展，特別是加入世界貿易組織以來，中國零售業壓力增大，發展連鎖經營是零售企業增強競爭力的必要手段。2005—2009年，中國連鎖零售企業商品銷售額增長了76.7%，零售企業連鎖化趨勢十分明顯。

三、信息化、網絡化

發達國家較早地將信息技術引入批發零售業，先後開發出管理信息系統（MIS）、

銷售時點系統（POS）、電子數據交易供方管理庫存系統（EDI）、電子訂貨系統（EOS）、物流技術一體化技術（LSMT）、商業智能分析系統（BI）、快速反應系統（QR）、消費者有效反應系統（ECR）、品類管理（CM）、協作計劃、預測和補貨（CPFR）等技術。據有關專家估計，批發零售業下一次技術革命的核心是無線射頻識別技術（RFID），它有可能引發批發零售業的新一輪變革，其所構建的「物聯網」將為零售業帶來革命性的變革。信息化的快速發展不僅使零售業在經營手段上不斷變革，而且也推動了零售業業態創新。中國零售業在信息技術的應用方面起步較晚，與發達國家有較大差距。隨著零售領域外資企業的進入和市場競爭的深入，零售企業將加大計算機、通信和自動化技術應用的投入，提升信息化水準。

隨著信息技術的發展，以網絡為媒介的貿易迅速發展，並將成為貿易發展的主導方式之一。網上銷售的商品範圍從無形商品向各類有形商品擴展，網上交易的形式也日趨多元化。消費者利用網絡購物，企業間也使用網絡進行交易。許多製造商紛紛建立自己的網站，直接面向消費者開展銷售業務和服務，對批零企業產生前所未有的挑戰。面對網絡貿易的挑戰，傳統批發商、零售商也紛紛開設網上商店，將網上銷售與傳統店鋪結合，取得了良好的銷售業績。2009年中國連鎖百強企業中，共有31家企業開展網絡零售業務。據統計，2011年中國網絡零售總額已經達到6萬億元。商務部提出「十二五」期末，力爭網絡購物交易額占中國社會消費品零售總額的比重提高到5％以上。因此，網絡貿易有巨大的發展空間，將吸引著越來越多的傳統零售商。

四、空間佈局郊區化、分散化

隨著城市化的不斷推進，零售業佈局郊區化特徵越來越明顯。在城市化發展的初期階段，大型零售企業，如百貨店、購物中心、超市等零售企業向城市中心區集聚，形成商業區、商業街，而隨著城市化發展到一定階段，零售業郊區化現象越來越明顯。這是由於隨著城市的發展，必然產生交通擁擠、地價昂貴等問題，帶來零售企業成本快速上升、停車場地不足等問題。為了提高零售企業的競爭力，零售企業向低價、零售週轉空間大的城郊地區延伸商業網點，一些新的零售業態也開始在郊區出現。大型購物中心的興起，進一步促進了城市零售業向郊區轉移。特別是隨著中國農村經濟和農村市場的發展，城鄉流通體系將進一步完善，農村商業網點和新的業態將不斷拓展，零售業空間佈局郊區化趨勢將更加明顯。歐洲，特別是法國，政府比較重視零售發展規劃，引導零售業佈局優化，促進了零售業城鄉之間的協調發展。

隨著中國部分城市人口郊區化，交通運輸工具和設施的發達以及娛樂休閒時間的增多，零售業在出現業態集聚現象的同時，也出現了佈局分散化發展的趨勢。為了適應消費個性化、多樣化、便利化需求，零售商店向郊區分散佈局的趨勢也比較明顯。例如百貨店，在保留城市中心位置的主力店外，還適應城市人口郊區化的需要，在郊外開設新的分店。便利店的最主要特點是便利，既要在住宅區、高檔寫字樓選址，也要在車站、碼頭等地選址。

五、品牌化、國際化

隨著中國貿易發展方式的轉變，零售業競爭趨向於服務質量、商品質量、企業商譽等非價格競爭，零售業品牌化趨勢日益明顯。這主要表現在以下兩個方面：一方面，零售企業通過企業品牌戰略，在消費者中樹立良好的企業形象；另一方面，零售企業通過提高經營商品的自主品牌比重，形成經營特色，提高顧客忠誠度。為了在激烈的市場競爭中不斷拓展市場份額，擴大利潤空間，自主品牌戰略成為近年來世界各大零售企業競相採用的主流戰略。一些大型零售企業或零售商不斷重視自有品牌的開發和運用，自有品牌持有率不斷上升，英國主要超市30%以上的商品為自有品牌，最高者達40%；美國超市中40%以上的商品為自有品牌；日本20世紀80年代末就有近40%的大百貨公司開發了自有品牌。相對於國外比較成熟的零售商自有品牌商品，國內零售企業才剛剛起步，但已經呈現出良好的發展態勢。一些大型零售超市已經涉足這一領域並獲得成功，將促使更多零售企業發展自有品牌。

20世紀90年代以來，特別是中國加入世界貿易組織以來，國際上流行的超級市場、倉儲式商場、便利店、專賣店、專業店、折扣店、網絡商店等各種新型零售業態逐步進入中國，促進了中國零售業的多樣化發展，推進了中國零售業的國際化進程。進入21世紀以來，發達國家加速向新興國家和地區佈局商業網點，新興國家和地區將成為大型零售企業擴張規模、開拓市場的重要爭奪地。世界商業巨頭沃爾瑪、家樂福、麥德龍，近十來年國際化經營的步伐相當快，向海外佈局商業網點數量快速增長，在全球的分店數已達幾千或上萬家。

六、零售貿易功能主導化

一是領域擴張。零售企業經營範圍已從流通領域擴張到生產領域。二是功能變化。零售貿易發揮著引導、組織生產，甚至創造消費需求的主導功能。三是產商融合。隨著零售貿易的發展，出現了部分產業資本和商業資本的融合，產業資本向上下游融合，同時產商聯盟成為雙方獲利的一種必要手段。

第四節　中國零售業發展現狀

一、零售企業多業態化經營非常普遍

多業態並存已成為零售企業普遍的現實。在連鎖百強企業中，僅有16家企業為單一業態經營，其他均為多業態經營。值得注意的是，多業態營運在內資零售商較普遍，外資零售商通常較為專注發展個別業態。在連鎖零售百強中，大連大商、武漢中百集團、武漢武商集團、百聯集團都採取多業態的營運模式，許多零售商都同時經營包括超市、百貨店、專業店、便利店在內的多種業態。並不鮮見的事實是，國內零售商也在境內從事諸如代理、貿易、物流、房地產等業務。相反，外資零售商趨於在中國境

內採取更加集中的業態。例如，特易購、家樂福和沃爾瑪主要在中國經營大賣場，日本「7-11」商店則主要集中於便利店業務。各零售商業態見表9-1。

表9-1 連鎖零售20強的業態（2009—2011年）

排名	零售商	註冊地	在中國的主要業態
1	蘇寧電器	中國	電子專業店
2	國美電器	中國	電子專業店
3	百聯集團	中國	超市、百貨店、專業店、購物中心、便利店
4	大連大商	中國	百貨店、購物中心、大賣場、超市、專業店
5	華潤萬家	中國	大賣場、超市、便利店
6	大潤發	中國	大賣場、超市、便利店、購物中心
7	家樂福	法國	大賣場
8	安徽徽商	中國	超市、百貨店、專業店
9	沃爾瑪	美國	大賣場、購物中心
10	物美	中國	大賣場、超市
11	重慶商社	中國	百貨店、便利店、超市、購物中心、專業店
12	新合作商貿	中國	超市
13	百勝餐飲	美國	餐飲
14	農工商	中國	超市、便利店
15	百思買電器	美國	電子專業店
16	山東商業集團	中國	大賣場、超市
17	合肥百貨大樓	中國	百貨、超市、電子專業店
18	新一佳超市	中國	超市、百貨店、品牌奧特萊斯
19	武漢中百	中國	大賣場、超市、百貨店、電子專業店
20	好又多	中國	大賣場

資料來源：中國連鎖經營協會。

2011年被調查的連鎖零售企業中，有58%的企業以多業態營運，有47%的企業在全國跨區域發展。同時，2011年中國連鎖零售企業所處的政策環境和市場環境發生了急遽變化。市場監管加強、零供矛盾激化、企業成本上升、網絡零售被廣泛認可。在風雲莫測的經營環境中，零售企業不得不打破傳統經營模式，嘗試業態創新，或採取多元經營、延伸供應鏈、開發自主品牌等策略以提升盈利能力，以應對市場變化。

二、特許經營規模擴大

根據中國連鎖經營協會的資料，2009年中國特許經營連鎖120強企業平均擁有店鋪973個，比2008年增長15%。單店平均銷售額為267萬元，比2008年減少23萬元。2009年的中國特許經營連鎖120強提供的就業崗位達到82.5萬個，比2008年增長10%。120家百強企業來自58個細分的行業和業態，比2008年新增業態13個，主要集中在零售和服務類。

零售業新增了冷鮮肉、文具、玩具、戶外用品、化妝品、眼鏡等品類的專賣店，服務類新增部分包括廣告器材、圖文製作、廣告製作等商務服務項目以及電子便民服

務、車胎銷售與服務、養生養顏和美容美體等。生產企業通過導入特許經營優化分銷管道以及商務服務項目連鎖化水準的提高，為特許經營市場注入新的活力，這已成為2009年特許經營發展的新亮點。

2010年中國特許連鎖已超過4,500個，加盟店總數40萬家以上，覆蓋的行業業態超過70個，特許企業直接創造的就業崗位超過500萬個。

三、社區店發展迅速

隨著中國零售市場日漸成熟及細化，社區店開始受到消費者的關注。社區店介於食品超市、便利店，比大賣場更靠近居民住宅區，也比標準超市和便利店更具低價優勢。在全國各地的大賣場及連鎖超市等業態發展趨於飽和的狀態下，零售商逐漸關注社區店，推動了社區店的迅速發展。

國內普遍把面積在500平方米以下的便利店和3,000~4,000平方米的綜合超市統稱為社區便利店。社區便利店的經營主要以食品、日常用品為主，其中60%以上為食品，例如北京的超市發、京客隆等。另外也會為居民提供其他多元化服務，例如天津津工超市開展代收電話費、代收電費的業務，顧客到津工超市所交話費和電費總數，現已佔據天津市銀聯繫統總電費的60%以上。除了交罰款、買彩票、買電、信用卡等服務項目外，津工在2010年主推100個火車票代購點，並試圖將代收煤氣、暖氣、水費，代購船票、飛機票，代辦保險，代訂書報等納入服務範圍。

沃爾瑪也在中國開展社區便利店「惠選」，規模介於標準超市和便利店，主要在社區設店，並運用後臺採購優勢壓低價格。他們看重社區客源，強調生鮮食品和日用品的低價銷售。

四、農超對接獲得重視

目前，家樂福、沃爾瑪、物美、京客隆等零售商開設以「農超對接」的模式，跨過中間商直接從農村採購生鮮農產品。傳統的採購模式下，農產品在零售商出售一般要通過供貨商、批發市場等中間商，中間經過四五個環節，這不但增加了商品成本，也不利於對產品中間環節的監控。「農超對接」將農民的農產品從專業合作社直接與大型連鎖超市、農產品流通企業對接，促進連鎖企業產業鏈的延伸和農產品供應鏈的整合。農超對接的好處是不僅降低成本、優化供應鏈，而且零售商可以利用自身在市場信息、管理等方面的優勢，參與農業生產、加工、流通的全過程，為農業生產提供技術、物流配送、信息諮詢、產品銷售等一整套服務，直接參與農產品生產過程的監控和管理。目前超市一般對直採產品免收進場費和促銷費，結款週期也從40天縮短至7~15天。這一行動有可能使超市的盈利模式由收取進場費為主變為以自主經營、以商品週轉和銷售毛利為主。

在農超對接的基本流程上，很多零售巨頭開始自建農場生產自有品牌蔬菜，把管控範圍擴展到農田選種環節。2010年，英國最大零售商特易購（TESCO）集團與廈門如意集團合作，在廈門開發的3,000畝自有農場，是TESCO目前在中國最大的自有農場，也是TESCO在華南首家自有農場，未來將為其華東地區的42家大賣場和8家試驗

階段的便捷店供貨；京客隆也在河北省固安縣建立了 8,000 餘畝的訂單生產蔬菜基地，從種植、配送到銷售都由京客隆全程管理。

五、網絡零售高速增長

近年來，中國網絡零售市場呈現了高速增長態勢。2010 年全年交易總額達 4,980 億元，同比增長 89.4%，網絡購物交易規模占社會消費品零售總額的比重為 3.2%。網絡滲透率達到 30.8%，超過全球平均數。2011 年中國網絡購物市場交易規模突破了 8,000 億元，較 2010 年增長 67.8%，網絡購物市場交易規模占社會消費品零售總額的比重為 4.3%，2012 年這一比重將突破 5%。

傳統零售商在開展網絡零售業務的時候，還存在技術水準及行銷經驗不足、專業團隊欠缺、業務方向定位不清等方面的問題。一些傳統零售商沒有投放足夠的資源在網絡零售，僅僅是把網絡零售業務交給信息部門來做，在網站推廣、商品展示和促銷、顧客服務細節等方面也未能適應網絡零售與傳統零售的差異，對網絡零售業務的發展定位不清楚。為解決上述問題，鼓勵傳統零售商更好地開展網絡零售業務，首先要明確一個事實，即網絡零售雖然發展很快，但不可能取代實體店，美國網絡零售排名前 10 位的零售企業中過半數是實體連鎖企業營運的 B2C 網站，網絡零售與實體店之間並不是完全替代的關係。其次，在充分調研的基礎上，循序漸進地推進網絡零售，在初期的周密調研的基礎上，採取謹慎的步驟開展網絡零售業務。最後，充分重視現有資源的利用，傳統零售商的優勢就在於其掌握的重要資源，如門店網絡、供貨商資源、商品數據、消費者數據等，而開展網絡零售業務，最重要的是後臺資源利用率的最大化，如商品數據、消費者數據、呼叫中心等，現有資源是傳統零售商順利開展網絡零售業務的優勢所在。

六、新型商業形態蓬勃發展：城市綜合體、奧特萊斯

1. 城市綜合體

城市綜合體，英文為 HOPSCA，是酒店（Hotel）、寫字樓（Office）、公園（Park）、購物中心（Shopping mall）、會議中心（Convention）、公寓（Apartment）等首個英文字母的縮寫。所謂「城市綜合體」是將城市中的商業、辦公、居住、旅店、展覽、餐飲、會議、文娛和交通等城市生活空間的三項以上進行組合，並在各部分間建立一種相互依存、相互幫助的能動關係，從而形成一個多功能、高效率的綜合體，以一種功能為主、多種功能配套的多功能、高效率建築群落，往往被稱為「城中之城」。大型城市綜合體適合經濟發達的大都會和經濟發達城市，在功能選擇上要根據城市經濟特點有所側重，一般來說，酒店功能或者寫字樓與購物中心功能是最基本的組合。城市綜合體的發展與商業地產的發展需求密不可分，在一線城市如北京、上海、廣州的發展尤其迅速。商業和商務需求的迅速增加，是以商業為主的城市綜合體迅速成長的重要因素之一。目前，中國的城市綜合體數量逐漸增多，城市綜合體建設規模相對比較集中，集聚規模呈向城市兩端發展的趨勢。目前的城市綜合體基本上以商業功能和寫字樓功能為主導功能，多功能組合多以寫字樓、商業和公寓多功能複合體為主，文化休閒功

能開始由配套功能轉為綜合體的主導功能。

2. 奧特萊斯（Outlets）

奧特萊斯（Outlets）是以售賣庫存貨和折扣貨為主的大型購物中心，中國的奧特萊斯基本都是走廠家直銷與折扣相結合的道路，大致具有品牌度高、折扣低、停車場大三個特點。目前，中國的奧特萊斯主要有北京賽特奧特萊斯、北京燕莎奧特萊斯、北京活力東方奧特萊斯、上海青浦奧特萊斯、上海美蘭湖奧特萊斯、杭州休博園奧特萊斯、杭州百聯奧特萊斯、張家港香港城奧特萊斯、蘇州奧特萊斯、南通奧特萊斯、青島康城奧特萊斯、鄭州康城奧特萊斯等，奧特萊斯已然成為商業新業態的流行趨勢。

目前國內的奧特萊斯與國外相比存在較大的差距。奧特萊斯的本意是開通歐美國家處理過季、庫存商品的渠道，其商品價格基本是一至兩折，是真正意義上的名品折扣店。相比之下，中國目前將奧特萊斯的本意曲解，不僅價格高至商品原價的四至五折，而且經營不規範，許多商品並不是真正意義上的名牌商品。國內的奧特萊斯缺乏一線品牌。在國外，耐及和阿瑪尼等品牌廠商甚至會專門為奧特萊斯生產一批停產的貨品供其折扣銷售，目前，這部分商品已經占到了國外奧特萊斯銷量的相當比重，並成為其充足的進貨來源保證。而國內的眾多奧特萊斯只能引進一些二線品牌，這些二線品牌的產品，在市區的商場或專賣店經常會有打折活動。沒有頂級品牌的奧特萊斯自然無法吸引消費者。

為解決上述問題，規範國內奧特萊斯的營運，可以考慮從以下幾方面入手：首先，規範現有奧特萊斯的營運，規定只有具體品牌列表的商品才可以進入奧特萊斯，打擊假冒偽劣產品。其次，可以與國外品牌廠商協商，爭取國外品牌廠商專門為中國消費者生產一線品牌的商品，可以是國外停產的貨品，也可以是專門針對中國消費者的一線商品。另外，可以考慮開闢在線奧特萊斯（Online Outlets），並將名牌的範圍擴展至國內外的名牌產品，不局限於世界名牌，開發專業奧特萊斯網站，鼓勵用戶通過搜索方式選擇產品，配套方便快捷的支付方式、快速的物流投遞和高效的倉庫管理，鼓勵顧客在線購買奧特萊斯產品。

七、城市化推動零售業發展，高鐵及城際輕軌影響零售商佈局

中國零售業態發展存在地區性不平衡，目前北京、上海等一線城市的零售業態已經十分豐富，且數量眾多，競爭異常激烈；較為發達的二線城市目前也已經基本形成了完善的零售業態體系。但是在中國廣大的三四線城市以及農村市場，零售業態體系相當不完善，大部分尚處於由傳統、落後的業態向現代零售業態的過渡階段。

高速鐵路及城際輕軌的發展使到二三線城市的交通更方便。預計未來20年將會有更多大城市在中國出現，推動中國整體經濟發展以及提升消費市場的格局。隨著向二三線城市物流運輸改善及居民的消費檔次提高，國際品牌也將積極向二三線城市市場擴張，從而帶動國內外消費品零售的地區分佈格局的優化。越來越多的零售企業將把業務遷至內陸地區，惠及中西部省份的經濟，這不僅影響零售企業自身的業務分佈格局，同時也會帶動零售企業物流體系的升級，如零售連鎖店配送中心的選址可以向內陸地區延伸。一方面，大型零售商可以憑藉其資金和規模優勢，進入三四線城市，取

代規模較小的個體零售商，改善中國零售業整體的地區發展格局。例如銀泰百貨擴展到武漢、鄂州；武漢中商則擴展到三線城市。另一方面，在政府政策的刺激下，中國的農村經濟發展迅速。不過很多零售商對進入農村市場仍然持謹慎態度。農村面積覆蓋太廣而分散、物流發展尚未完善、消費模式的不同、消費能力仍然較城市低等都是一些零售商在進入農村市場需要面對的挑戰。

八、零供關係廣受關注

近年來，零售商為了保持自己在價格上的競爭優勢，不僅常常向供貨商要促銷，而且還向供貨商壓價，導致零供關係緊張。2010年，家樂福跟康師傅、聯華跟卡夫的零供糾紛，引起廣泛關注。

針對零供關係緊張的局面，2006年，商務部等5部委共同出抬了《零售商供貨商公平交易管理辦法》，要求零售商取消進場費等費用，實現零售商和供貨商的公平交易。然而，愈來愈多零售企業也明白，長期與供貨商緊張的關係不利於可持續發展。有大型零售商開始改變過去的做法，更有百貨店標榜「零租金、零扣率、7天一結帳」的經營模式吸引供貨商。北京純本便屬一例。該百貨直接面對廠家，避免傳統模式中多環節的流通現狀，從營運層面解決在傳統百貨商場存在高額扣率（25%～50%不等）及漫長收帳期（45天至9個月不等）等問題，並計劃在全國主要城市開設48家百貨商場。雖然此經營模式的成效尚有待觀察，但這反應零供關係問題開始獲得部分企業正視。事實上，也有不少零售企業希望改變以往的盈利模式，更多地謀求與供應商合作，提高供應鏈效率，創造新的利潤來源。

九、零售商開發自有品牌

零售自有品牌產品銷售，利用自身品牌優勢，與製造商、供貨商直接對接，提高企業利潤率。自有品牌商品使零售商進貨時省去了許多中間環節，有效地降低了交易費用和流通成本，製造商亦不必支付商品進場費和廣告費，降低商品銷售成本價格。據瞭解，目前歐美零售自有品牌產品銷售額已達到大型零售商商品銷售總額的30%～40%。中國在這方面正處於起步階段，自有品牌商品占比僅在3%～5%。

復習思考題

1. 零售貿易、零售商釋義。
2. 簡述零售貿易的功能及分類形式。
3. 西方零售業態變遷包括哪幾個階段？各有什麼特徵？
4. 聯繫零售貿易的發展現狀，分析零售業的發展趨勢。

[**本章案例**]

蘇寧電器連鎖貿易

自20世紀90年代初上海成立「聯華超市」以來，連鎖經營作為中國零售業規模擴張的主要方式，促進了中國大型零售企業的發展。隨著經濟的快速發展，不少家電零售企業依託家電市場的繁榮崛起紛紛擴大連鎖經營規模。蘇寧電器是中國家電零售業的代表，在不到20年的時間內，從1家連鎖店發展到1 300多家連鎖店，市場範圍從南京擴張至全國乃至海外市場，形成3C（中國國家強制性產品認證）+旗艦店、中心店、社區店有機結合的區域佈局，成為中國最大的連鎖零售企業之一，創造了中國家電行業的傳奇。

蘇寧電器成立於1990年，當時經營空調專賣，經營面積僅200平方米。1996年3月，蘇寧開始引入連鎖經營方式，建立了第一家連鎖店。1997年，蘇寧建立了售後中心和物流中心，為連鎖店的擴張提供有力的支撐。1999年9月，受市場環境的影響，蘇寧轉向零售綜合電器。2000年，蘇寧確定了全面推行全國連鎖化經營的發展戰略，進入了連鎖經營的快速擴張期。2001年平均40天開一家店，2002年平均20天開一家店，2003年平均7天開一家店，2004年平均5天就開一家新店，2005年蘇寧不到兩天就開一家新店，在2005年5月1日，蘇寧在同一天在全國開出新店22家。2010年，蘇寧電器連鎖網絡覆蓋了中國大陸300多個城市。蘇寧憑藉其規模化和專業化優勢，為消費者提供質優價廉的產品和良好的服務，不斷提升其品牌的影響力。蘇寧電器在一二線城市佈局基本完成後，規模的擴張進一步向三四線城市延伸，而受到市場容量的限制，開店的難度在增加。隨著連鎖店的不斷增加，內部交易成本也在不斷上升。

蘇寧在不斷開拓國內市場的同時，開始進軍海外市場，向國際化企業轉型發展。2009年，開拓日本市場，蘇寧成為日本連鎖電器零售商樂購仕（Laox）的第一大股東，開創了中國家電行業海外併購的先例；第二年，蘇寧向樂購仕增資約20億日元。蘇寧在2011—2020年計劃中，未來10年保持每年200家以上的開店速度，到2020年門店銷售總額達到3,500億元，成為世界級零售企業。蘇寧的發展規劃是令人鼓舞的，但在發展中也會有來自國內外的許多挑戰。

資料來源：王冰睿. 10年目標鎖定6,800億　蘇寧電器啟動「大躍進」戰略［N］. IT時代周刊，2011-07-20.

問題

1. 為什麼蘇寧能在20年的時間內創造家電行業的奇跡？
2. 蘇寧的海外擴張能成功嗎？蘇寧成為世界級零售企業面臨的主要障礙是什麼？
3. 進一步擴展搜索案例資料，瞭解蘇寧電器與其他供應商的關係，試分析如何建立良好的零供關係。

第十章　網絡貿易

[**學習目的**]　掌握網絡貿易含義、特點、優勢，熟悉網絡貿易模式，瞭解網絡貿易的交易流程、網絡貿易的發展趨勢等。

近年來，中國網絡貿易發展相當迅速。網絡購物從白領們的時尚變成普通人經常使用的購物方式。1999 年創辦當當網的俞渝，同年創辦易趣的邵亦波、譚海音，2004 年創辦淘寶網的馬雲，還有同年創辦京東多媒體網（後來的京東商城）的劉強東，或許已經預見到了網絡購物的大發展，但其普及速度之快，依然超出了大多數人的想像。商務部的統計數據顯示，截至 2011 年年底，中國（不含港、澳、臺地區）網絡購物用戶達到了 1.94 億人。淘寶網稱，2011 年淘寶網直接創造了 246 萬個就業崗位。物流快遞行業也是直接獲益者，2010 年，快遞行業就業比上年增長 35%，遠高於中國（不含港、澳、臺地區）就業總人數 1.5% 的增長率。商務部發布的《中國網絡貿易發展報告》顯示，中國實現網絡零售總額，2011 年為 7,825.6 億元，同比增長 53.7%；2013 年為 1.85 萬億，占社會消費品零售總額的 10% 以上，成為全球最大網絡零售市場。2017 年電子商務交易額達 29.16 萬億元，網絡零售交易額 7.18 萬億元，中國電子商務優勢進一步擴大。

第一節　網絡貿易概述

一、網絡貿易的含義

網絡貿易是指在網絡平臺基礎上直接進行在線交易，利用數字化技術將企業、海關、運輸、金融、商檢和稅務有關部門有機聯繫起來，實現從瀏覽、洽談、簽約、交貨到付款等全部或部分業務自動化處理。網絡貿易的出現是貿易方式的革命與創新。它不僅有別於傳統貿易市場，而且改變了傳統貿易迂迴曲折的過程，使商品貿易運行渠道、資金流、物流的運動方式發生了變化。這具體包括以下內容：

1. 商務信息化是網絡貿易的前提

從人類文明史來看，以往的技術發明和工具創造，主要是用於對自然界的物質、能源進行開發，而自然界的物質能源是有限的，許多是不可再生的。以電子計算機為代表的電子信息技術的發明和創造，主要針對的是人的知識獲取和智力開發等，它是對自然信息、人類信息進行採集、儲存、加工處理、分發和傳輸等的工具。在它的幫

助下，人類可以不斷繼承、挖掘前人的經驗、教訓和智慧，可以大大地擴充人類知識——這個人類社會最寶貴的「知識海洋」，從而走出一條內涵式、集約化、節約型、發展社會物質文化的理想之路來。例如，美國信息產業總產值已占到國內生產總值的70%左右，率先進入了信息社會。

2．網絡貿易的核心是人

網絡貿易是一個社會系統，它的中心必然是人。以往的定義中只強調了電子工具及其電子流水線，而沒有明確提出人的作用和人的知識、技能的變化。網絡貿易的出發點和歸宿是商務，商務的中心是人或人的集合。電子工具的系統化應用也只能靠人，而從事網絡貿易的人就必然是既掌握現代信息技術又掌握現代商務技能的複合型人才。

3．網絡貿易使用的電子工具必然是現代化的

所謂現代化工具是指當代技術成熟、先進、高效、低成本、安全、可靠和方便操作的電子工具，如電報、電話、電傳、電視、電子數據交換系統（EDI）、電子訂貨系統（EOS）、電子收銀系統（POS）、電子貨幣、管理信息系統（MIS）等系列工具。從系統化的角度講，我們應將局域網（LAN）、城域網（CAN）和廣域網（WAN）等縱橫相連，構造成支持微觀、中觀和宏觀商務活動的安全、可靠、靈活、方便的系統。

4．網絡貿易的交換對象是信息化的商品和服務

以往的商務活動主要是針對實物商品進行的商務活動，網絡貿易則首先要將實物商品虛擬化，形成信息化（數字化、多媒體化）的虛擬商品，進而對虛擬商品進行整理、儲存、加工和傳輸。

二、網絡貿易的特點

1．時空普遍化

網絡貿易作為一種新型的交易方式，可以在任何時間、任何地方（在單位、在家裡或通過移動設備在任何地點）使用。它將生產企業、流通企業以及消費者和政府帶入了一個網絡經濟、數字化生存的新天地。市場已經超越了傳統的界限，不受時空限制。因此，網絡貿易極大地方便了消費者，使人們從物理空間的限制中解放出來，可以利用移動商務在辦公室、家裡，坐在桌前就能購買商品，甚至還可以在車上完成購買。從交易成本的角度看，這種時空普遍化降低了交易成本。

2．影響全球化

網絡貿易技術超越國界，影響範圍遍及全球。商務活動可以超越文化和種族的界限，無縫地、不受干擾地進行。整個「虛擬市場」擁有全世界數十億潛在的消費者和數百萬潛在的企業。與傳統商務相比，網絡貿易技術使得商務活動能夠更方便地跨越文化和國家的界限，能夠比傳統商務更具成本效益。因此，網絡貿易企業所面對的潛在市場規模幾乎等於全球的網民數。

3．技術標準化

互聯網（Internet）技術標準是統一的，因而實施網絡貿易的技術標準也是統一標準——世界上所有國家都遵循這個標準，這是網絡貿易技術的一個顯著特點。相反，大多數傳統商務技術的標準在不同的國家是有差異的。例如，世界各國的電視和廣播

的標準就不一樣，移動電話技術也是如此。網絡貿易統一的技術標準大大降低了市場進入成本（即商家要使其產品進入市場所必須付出的成本）。同時，這一統一標準也為消費者減少了搜尋成本（即為找到合意的商品所要付出的努力）。由於有了這樣一個單一的、全球一體的虛擬市場，就可以低成本地向大眾提供產品介紹和價格，價格發現就更簡單、更快捷，也更準確。

4. 媒體豐富化

在傳遞信息的時候，所選擇的媒體更加豐富，可以在單一的市場信息和消費體驗中整合視頻、音頻、文本等各種信息形式。運用互聯網技術，可以向數百萬的受眾傳送包含文本、視頻和音頻等多種形式的「豐富」的市場信息；而這些通過傳統的廣播、電視或者雜誌等商務技術是無法實現的。

5. 過程交互化

網絡貿易具有交互性，可以讓商家和消費者進行雙向的溝通對話，通過與用戶的交互，發揮技術作用。這種對話可以動態地調整以適應不同的個體，使消費者參與到商品進入市場的過程中來。這是以前任何商務技術都不能實現的（也許電話例外）。

6. 信息密度化

互聯網大大提高了信息密度，即所有參與市場的消費者、商家都能獲得信息。網絡貿易技術減少了信息收集、存儲、加工和交流的成本。同時，這些技術還在很大程度上提高了信息的流通性、準確性和及時性，使得信息比以往任何時候都更有用、更重要。

7. 交易個性化、定制化

利用網絡貿易技術可以實現個性化，即商家可以根據個人的姓名、興趣和以往行為來調整有關的信息，以針對特定個體提供市場信息。利用網絡貿易技術可以實現定制化，即根據用戶的偏好和先前的行為調整銷售的產品和提供的服務。由於電子商務技術具有交互性的特點，所以商家可以在消費者購買產品的時候收集大量的客戶信息。信息密度的提高，又使網上商家可以存儲並利用消費者以往的購買和行為信息，這樣，就使個性化和定制化的程度達到了一個在現有商務技術下無法想像的水準。

三、網絡貿易的優勢與不足

互聯網的出現和普及使網絡貿易迅速發展，2005年借助網絡的國際電子貿易只占到世界貿易總額的10%～15%，而到2010年，這一比率已提高到30%～40%。隨著經濟全球化進程的不斷加快，通過網絡來完成的世界進出口貿易的數量還將進一步增加。與傳統的商業貿易相比，網絡貿易具有以下優勢和不足：

（一）網絡貿易的優勢

1. 交易成本低

在網上進行信息傳遞的成本比信件、電話、傳真低；利用內聯網可實現無紙辦公，節省時間，降低管理成本，可減少90%的文件處理費用；通過網絡行銷活動，貿易企業可以提高行銷效率和降低促銷費用。據統計，在互聯網上做廣告可以使銷售數量提高10倍，同時它的成本是傳統廣告的1/10；使用EDI通常可以為貿易企業節省5%～10%

的採購成本。

2. 交易效率高

由於互聯網將貿易中的商業報文標準化，使商業報文能在世界各地瞬間完成傳遞與計算機自動處理，將原料採購、產品生產、需求與銷售、銀行匯兌、保險、貨物托運及申報等過程無須人員干預而在最短時間內完成。傳統貿易方式中，用信件、電話和傳真傳遞信息必須有人員參與，且每個環節都要花不少時間，甚至有時由於人員合作和工作時間的問題而延誤傳輸時間，失去最佳商機。網絡貿易克服了傳統貿易方式費用高、易出錯、處理速度慢等缺點，使整個交易快捷、方便及正確無誤。

3. 交易突破了時空限制

時間、空間限制是人們從事貿易活動的主要障礙，也是構成貿易企業經營成本的重要因素，網絡貿易把商業和其他業務活動所受的時空限制大大弱化了，從而降低了企業經營成本和國民經濟運行成本。基於互聯網的網絡貿易是 24 小時 ×7 天全方位運行，利用互聯網人們足不出戶就可以達成交易、支付款項，完成各種業務手續，實現各種貿易活動，同城交易與異地甚至跨國交易所需時間相差無幾。隨著全球信息高速公路的發展，寬頻光纖通信的普及，網絡貿易打破時空限制的優越性會進一步展現。

4. 交易環節少

網絡貿易給傳統貿易模式帶來一場革命。工業經濟時代的貿易模式必須有許多中間環節，企業與消費者之間需有大量的批發商、零售商作為仲介，這就決定了工業經濟是「迂迴經濟」的特點。網絡貿易的出現從根本上減少了傳統商務活動的中間環節，縮短了企業與用戶需求之間的距離，同時也大大減少了各種經濟資源的消耗，使人類進入了「直接經濟」時代。即網絡貿易是在商務活動的全過程中，通過人與電子通信方式的結合，極大地提高商務活動的效率，減少不必要的中間環節，使生產「直達」消費。

5. 使用更靈活

基於互聯網的網絡貿易可以不受特殊數據交換協議的限制，任何商業文件或單證可以直接通過填寫與現行的紙面單證格式一致的屏幕單證來完成，不需要再進行翻譯，任何人都能看懂或直接使用。

(二) 網絡貿易的不足

1. 信譽度和網絡安全問題

無論是買家還是賣家，信譽度都被認為是交易過程中最大的問題。作為買家，商家提供的商品質量及售後服務是否與傳統商場一樣、購買商品後能否如期拿到商品等，都是購買者所擔憂的問題。而在網絡購物中，網民對網絡安全也存在很大擔憂，如用戶的個人信息、交易過程中銀行帳戶密碼、轉帳過程中資金的安全等。

2. 銀行卡網上支付問題

儘管目前中國網上支付服務已得到較大改善，為網絡購物提供了極大便利，但業內專家認為，目前銀行卡支付仍在一定程度上制約了網絡購物的發展。這主要體現在商家和網上支付者兩個方面：一方面，通過網絡進行購物的網民中，很多人看中了銀

行卡支付的便利性，願意選擇這種支付方式；另一方面，由於提供銀行卡支付的商家要向銀行支付一定的費用，對於利潤很低的商品，商家就有可能無利可圖，因此有的商家就不願意或者禁止客戶在網上通過銀行卡支付方式來購買商品。

3. 配送問題

互聯網信息是無國界的，但很多商品信息上網後，購買者雖然能夠看到，卻無法立刻購買到。這主要是由於供貨商仍然還是傳統企業，其商品配送無法和互聯網信息同步，因此產生信息快於商品的現象。傳統購物一般是在選好後就可以直接付費拿走，而網絡購物就需要一個訂貨後的等待過程。儘管目前已湧現出許多物流公司，對網絡購物的商品配送起了很大的推動作用，但即使是同城配送，最快的也需要 1 個小時左右，最長的則需要 2 天時間。

4. 商品信息描述不清

一些商家對商品的描述模棱兩可，容易使人對商品的認識產生歧義，當購買者根據自己的理解完成網絡購物交易拿到商品後，會認為商品與自己訂購的不一致。問題發生後，商家通常的做法是收回所賣商品，但與傳統購物相比，退還商品在網絡購物中還是一件比較麻煩和存在一定成本風險的事情。

5. 網絡購物者和網上商店的數量遠遠低於傳統購買者既傳統商店數量

對於網絡購物來說，其主要客戶是廣大的網民，但目前中國的網民僅占人口總數的 10% 左右，明顯少於傳統商店的客戶。因此，網絡購物的發展還有賴於網民的發展與普及，網絡購物還需要更多的網絡商店來豐富商品的種類。

6. 網絡購物者缺少直接購物體驗

從商品交換開始，人們就一直希望能夠在交易完成後立即享受到使用商品的滿足感，但目前就網絡購物而言，這種滿足感的到來往往比較滯後，這在某種程度上也減少了購物帶來的快樂。

四、適合開展網絡貿易的產品範圍

適合開展網絡貿易的產品範圍包括：

（1）信息產品（如電腦游戲、應用軟件和報刊等）及在線服務（如計算機訂票服務、金融投資諮詢等）。

（2）需求高度個性化的商品，如電腦、服裝等。

（3）獨特的產品，如創新產品或地方特產。

（4）購買目標不明確和搜尋成本較高的商品，如書籍等。

（5）名牌日用消費品，如名牌家電、名牌化妝品等。

（6）適合競價的商品，如原材料、汽車等。

五、中國網絡發展現狀

1. 網絡貿易規模持續迅速擴大

國家統計局數據顯示，2017 年全國網絡貿易交易額達 29.16 萬億元，同比增長 11.7%。2011—2017 年網絡貿易交易額分別達到 6.09 萬億元、8.11 萬億元、10.40 萬億元、

16.39萬億元、21.79萬億元、26.10萬億元、29.16萬億元，同比增長率分別為33.8%、33.2%、28.2%、57.6%、32.9%、19.8%、11.7%，平均增長率為31.03%。在2014年後貿易規模增長率開始持續放緩。

2. 網絡貿易結構逐漸完善

從整體結構來看，農村網絡貿易體系和跨境網絡貿易體系逐漸完善。從內部結構來看，農村網絡貿易2017年實現網絡零售額達1.24萬億元，同比增長39.1%。其中，農村實物類產品網絡零售額占62.9%，達到7,826.6億元，服裝鞋包、家裝家飾、食品保健位居前三位。農村服務類產品中，在線旅遊、在線餐飲對農村網絡零售額增長貢獻最大，貢獻率分別達到21%和17.2%。跨境網絡貿易進出口商品總額為902.4億元，同比增長80.6%。其中出口為336.5億元，進口為565.9億元，同比分別增長了41.3%和120%。

3. 網絡貿易支撐體系不斷發展

2017年，網絡貿易服務業營收規模達到2.92萬億元，同比增長19.3%。其中，網絡貿易交易平臺服務營收規模達5027億元，增速為25.7%；電子支付、電子商務物流、信息技術服務等支撐服務業態市場營收規模達1.1萬億元，增速為17.9%；電子商務代營運、培訓諮詢等衍生服務領域營收規模達1.3萬億元，增速為18.2%。

4. 網絡貿易社會效應逐步顯現

一是就業方面，網絡貿易通過催生新業態，吸收了大量農村剩餘勞動力、剛畢業的大學生、家庭婦女等潛在勞動力，2017年網絡貿易吸納就業人數已從2014年的2,690萬增至4,250萬，平均增長率為16.63%。二是消費模式變革方面，截至2017年年底，中國網上支付的用戶規模達5.31億。其中，手機支付用戶達到5.27億，網絡支付改變了傳統支付方式，並改變了消費者購物、就醫、旅遊等方面的體驗。三是產業帶動方面，網絡貿易促進快遞業迅猛發展，2017年全國快遞服務企業業務量已累計完成400.6億件，同比增長28%；業務收入累計完成4,957.1億元，同比增長24.7%。

第二節　網絡貿易的模式

按應用服務的領域範圍劃分，網絡貿易可分為貿易企業對消費者（B2C）、貿易企業對貿易企業（B2B）、貿易企業對政府機構（B2G）、消費者對政府機構（C2G）、消費者對消費者（C2C）等模式。

一、B2C 模式

貿易企業對消費者（也稱為商家對個人客戶或商業機構對消費者，即 B2C）的網絡貿易，是指商業機構對消費者的網絡貿易模式，該模式基本等同於電子零售商業。目前，互聯網上已遍布各種類型的商業中心，提供各種商品，主要有鮮花、書籍、計算機、汽車等商品和各種服務。在 B2C 電子商務中有很多不同的商業模式：

1. 門戶網站

在一個網站上向用戶提供強大的互聯網搜索工具及集成為一體的內容與服務。其收入來源主要是廣告、訂閱費及交易費。例如，雅虎、新浪、網易等互聯網門戶網站屬於水準門戶網站，連結的內容廣泛而全面，覆蓋各行各業；而攜程、藝龍則屬於垂直門戶網站，專注於某一領域（或地域），如信息技術、娛樂、體育，力求成為關心某一領域（或地域）內容的人上網的第一站。

2. 在線零售商

在線零售商，也稱為電子零售商，其收入來源主要是產品銷售。在線零售商規模外觀各異，既有像亞馬遜這樣的網上巨頭，也有僅僅只有一個網絡（Web）站點的本地小商店；作用也各不相同，對沃爾瑪等一些傳統零售巨頭而言，這僅僅是實體店鋪的補充。

3. 內容提供商

內容提供商是通過網絡發布信息內容，如數字化的新聞、音樂、照片、電影以及藝術品的網站，其收入主要來源是訂閱費和廣告。例如，MP3.com 只要用戶支付 1 個月的訂閱費，就可以下載上千首歌曲。

4. 交易經紀人

交易經紀人是通過電話或郵件為消費者處理個人交易的網站，其收入主要是交易費。採用這種模式的網站能夠為消費者節省時間和金錢，並且大多數這樣的網站可以提供及時的信息和建議，如 E‑Trade.com。

5. 市場創建者

市場創建者建立了一個數字化的環境，使得買賣雙方能夠在此「會面」，展示產品，檢索產品，為產品定價，其主要收入是交易費。例如，eBay.com 就是一個同時為企業和消費者提供在線拍賣的網站。

6. 服務提供商

網絡零售商在網絡上銷售產品，服務提供商則提供在線服務。這些服務有些是收費的，有些則通過其他途徑，如廣告等。服務提供商能夠向消費者提供比傳統服務更有價值、更便利、更省時、成本更低的服務，這是其存在的基礎。

7. 社區提供商

社區提供商是一些創建了數字化在線環境的網站，志趣相投的人可以在這裡進行交易（買賣商品）、交流，瞭解與自己的興趣相關的信息。社區提供商一般採取混合盈利模式，包括訂閱費、交易費、會員推薦費、銷售收入及廣告等。

二、B2B 模式

貿易企業對貿易企業（也稱為商家對商家或商業機構對商業機構，即 B2B）的網絡貿易，是指商業機構（公司或企業）使用互聯網或各種商務網絡向供應商（公司或企業）訂貨和付款。目前，主要包括在線商店模式、內聯網模式、仲介模式和專業服務模式四種類型。

1. 在線商店模式

在線商店模式指的是企業在網上開設虛擬商店，在此虛擬商店的網址上宣傳和展示所經營的產品和服務，進而提供網上交易的便利。

2. 內聯網模式

內聯網模式指的是企業將內聯網絡有限度地對商業夥伴開放，允許已有的或潛在的商業夥伴有條件地通過互聯網進入自己的內部計算機網絡，從而最大限度地實現商業信息傳輸和處理的自動化。

3. 仲介模式

仲介模式指的是一家仲介機構在網上將銷售商或採購商匯集在一起，企業的採購代表從仲介機構的網站上就可查詢銷售商及其銷售的產品。多數仲介機構通過向客戶提供會員資格收取費用，也有仲介機構向銷售商收取月租費或按每筆交易額的一定比例收費。

4. 專業服務模式

專業服務模式指的是網上機構通過標準化的網上服務為企業內部管理提供專業化的解決方案，使企業能夠減少不必要的開支，降低營運成本或提高客戶對企業的信任度。

三、C2B 模式

這種模式採用消費者主動的方式，村田株式會社（Mercata）公司和國內的酷必得網（Coolbid）等採用消費者集體議價的方式，把各地有同樣需求的消費者集中起來統一和廠家砍價。Priceline 公司更是由傳統的商家出價看哪個消費者願意購買，改為消費者出價看哪個商家願意賣。這種模式的優點不言而喻，但缺點是不能及時達成交易，消費者需要等待數天或者更長的時間才能知道是否成交。

四、B2G 模式

貿易企業對政府機構（B2G）的網絡貿易模式，可以覆蓋公司與政府組織間的許多事務。目前中國很多地方政府已經推行網上採購，出現了政府機構對企業的網絡貿易（G2B）。

五、C2G 或 G2C 模式

消費者與政府機構之間的網絡貿易即 C2G 或 G2C。政府將會把網絡貿易擴展到福利費發放和自我估稅及個人稅收的徵收方面。

六、C2C 模式

消費者對消費者的網絡貿易即 C2C。因為網絡拍賣是消費者與消費者之間的銷售行為，所以被總結為 C2C 模式。國內的雅寶、易趣等開展的均是這種類型的商務模式。

第三節　網絡貿易的交易流程

一、網絡貿易的一般交易流程

一次完整的網絡貿易過程可以被劃分為三個階段：交易前的準備階段、交易階段、交易後的維持與評估階段。

（一）交易前的準備階段

準備階段的主要工作是：買賣雙方或參加交易各方在簽約前，為交易做好各項準備工作，以保證網絡貿易的正常進行。一般情況下，買方會根據自身財力及實際的需要，制訂一份購買計劃清單，按照購物計劃清單到網絡貿易市場上尋找符合要求的商品或供貨廠家。買方會在網絡貿易市場上反覆調查、選擇、諮詢、比較，綜合分析各個不同供貨商的報價，不斷補充修改自己的購物計劃。經過多次行動以後，最後確定購物計劃，購物計劃常包括商品類別、名稱、規格、單價、數量、交貨地點和付款方式等信息，還可能有一個候選供應商列表。買方還會根據實際情況選擇一種最有利的市場機制來完成購買交易。

賣方則根據自己的供貨情況，確定目標市場定位，制訂行銷組合計劃；在網上舉行新聞發布會，發布廣告和信息等，對所供產品和服務實施促銷行動；在進入某市場之前還要對當地的文化、風俗、政策、法規等有深入瞭解。賣方也會選擇一種最有利的市場機制來完成商品或服務的銷售。

網絡貿易過程開始之前要做的準備工作還有：建立與銀行、海關、商檢、稅務、保險、運輸、電信和仲介等一系列部門及機構信息網關的聯繫，實現信息的互聯互通和交易數據的交換與共享。

（二）交易階段

交易階段是實現雙方權益交換的實質環節。它從買賣雙方的交易洽談開始到權益完全轉換完畢結束。不同的市場機制，交易階段的活動存在一定的差異，但大體上有協商談判與簽約、下單、訂單履行、支付與結算等活動。

1. 協商談判與簽約

一般來講，談判主要發生在 B2B 或團購等大額交易中，而 B2C、C2C 交易常常由網絡貿易企業依據國家或地區的經濟法規制定一個標準化的交易流程，承諾的交易雙方均應遵循此交易流程，而商品價格可通過不同的市場機制來確定。

談判的任務主要是確定交易的商品、數量、規格、價格、支付方式、配送方式、履約週期、交貨地點以及產品安裝、培訓、使用、維護、調換、退貨等售後服務條款。談判還要明確違約責任。談判完成後通過認證機構對協議結果進行電子認證，並以法律認可的電子文件形式固定下來，形成書面貿易合同或電子貿易合同，數字簽名生效後存認證中心，使法律文件具備法律效力。值得注意的是，只有經過數字簽名後的電

子合同才具有法律效力。當合同簽訂後，交易各方就應該按照《中華人民共和國合同法》的要求享有權利、承擔義務並履行責任。電子合同具有安全性、保密性、有效性和不可抵賴性的特點。

交易雙方進行網上談判的渠道也很多，可以是公共的即時通信系統，如騰訊即時通信工具（QQ）、微軟網絡服務（MSN），也可以是在線聊天室、電子布告欄系統（BBS）等；可以是網絡貿易仲介機構提供的專用的網上會談室，也可以是電子郵件形式。只要是雙方認可的溝通方式都可以。

2．下單

下單是指客戶根據自己的需要向商品或服務提供方聲明自己的購買要求如品種、規格、價格、數量等並給出相應的承諾。不同的市場機制下下單方式不盡相同。

電子目錄銷售：下單就是將選定的商品放入購物車，並在確認數量、支付方式、配送方式、交貨地點後將結果提交給銷售商。

拍賣：下單實際上就是參與競價。

談判議價：下單就是將電子合同中的購買信息轉為企業的生產訂單。

定制：下單就是客戶在企業提供的平臺上設計出滿足自己要求的產品並願意接收可能略高的價格。

由你定價：下單就是客戶描述出自己的需求及願意接收的價格。

招標：下單就是描述出自己的需求並請求供應商參與競價。

3．訂單履行

訂單履行是指企業為完成對客戶的承諾而實施的一系列活動，包括庫存檢查、組織生產、安排運輸配送、準備各種單據和票證、辦理交易所需的必要手續。在訂單履行階段要能讓客戶及時跟蹤訂單的執行狀況。

4．支付與結算

支付是指消費者為獲取商品的所有權或某種服務等權益向商品或服務提供方繳納一定的貨幣資金。支付方式可以是傳統方式也可以是電子方式。不同的企業對支付的時間點有不同的要求：有的企業要求在下單的同時就完成支付；有的企業要求客戶在收到貨物後支付。為保障網絡貿易安全，目前更多的支付策略是委託第三方代理。

賣方在收到貨款後完成內部結算，交易階段任務結束。買方在收到貨物後驗收入庫，並完成內部結算，交易階段任務結束。

（三）交易後的維持與評估階段

交易後的工作包括：

1．安裝、使用

企業可以採取上門服務的方式提供支持，也可通過互聯網遠程指導、培訓，由客戶自己完成，一般在交易談判時已明確了安裝或使用方式。

2．調換或退貨

對消費者而言，如果發現產品不能滿足自己的要求或未達到雙方協商的要求，則可請求調換或退貨。調換或退貨目前已是被大多數企業所接受的業務活動。但在網絡

貿易交易中，退貨會增加新的物流成本，也可能給客戶帶來不便。企業在實施網絡貿易戰略時應該有所規劃，如可允許客戶到任何最近的產品銷售點退貨，也可挑選合作夥伴幫助接收退貨等。

3. 客戶關懷

賣方應該及時瞭解客戶的感受，包括對交易過程是否滿意，對產品質量、價格是否滿意，對企業的服務是否滿意等，以提高客戶的滿意度和忠誠度，留住客戶。賣方可借助客戶關係管理（CRM）系統實現客戶關懷。

4. 索賠

不可能每筆交易都會順利完成，在交易過程或交易後發生糾紛是常見的，特別是在 C2C 網絡貿易中，各種糾紛屢見報導，如賣方收款後不發貨，或以次充好；買方收貨後不付款，不承認收到貨物，聲稱貨物不符合要求，聲稱貨物在運輸過程中損毀等而拒絕付款等，除網絡貿易企業或網絡貿易中間商要規範交易過程、建立相應的約束機制外，要制定明確的違約仲裁辦法；交易雙方若簽有合同則應按合同執行，經過協商、仲裁或司法訴訟後，受損方向違約方索賠，違約方向受損方理賠。

二、主要網絡貿易模式的交易流程

（一）B2C 網絡貿易的交易流程

B2C 網絡貿易的交易流程大致可以分為用戶註冊、選購商品、支付結算和物流配送四個過程，即首先是新用戶的註冊，然後用戶登錄到網絡貿易網站，進行商品選購並選擇送貨方式和支付方式，最後由商家送貨，消費者收貨後驗收，從而完成交易。

1. 用戶註冊

消費者在開始網絡購物前，必須先進行新用戶註冊。新用戶註冊時一般要輸入如下信息：

（1）登錄名。登錄名是在用戶登錄時使用，必須是字母和數字的組合，最好是簡單易記的名字，但不能與其他的已註冊的登錄名重複。

（2）登錄密碼。登錄密碼也是登錄時使用，可以是數字和字母的組合，但是要注意密碼設置的安全性，最好不要用姓名、生日等容易被猜出的詞作為密碼。登錄名和登錄密碼設置好後一定要記住，特別是不太常用的用戶名和密碼最好在一個安全的地方用筆記錄下來，以免時間長了忘記用戶名和密碼，從而帶來一些不必要的麻煩。

（3）驗證密碼。驗證密碼是為了防止輸錯密碼用，驗證密碼要求與登錄密碼完全相同。在輸入密碼時要注意保護密碼的安全性，防止密碼被其他人偷看到。

（4）用戶姓名。用戶姓名要求輸入用戶的真實姓名，目的是約束用戶的行為規範，並且在發生糾紛時使用。

（5）送貨地址。送貨地址是為了方便送貨，地址應該準確，而且每次購物都應驗證、確認、送貨地址。

（6）送貨電話。送貨電話是為了方便送貨，也是為了確認用戶身分，送貨電話要填寫白天能聯繫到的電話，最好是填寫手機號碼，特別是對於選擇貨到付款方式的用

169

戶，商家也只有在通過電話確認了用戶的真實性後，才會安排送貨上門。

（7）電子郵箱。電子郵箱是商家與用戶聯繫時使用，比如通過電子郵箱發送一些促銷信息或者通過電子郵箱取回遺失的密碼等。

每個網絡貿易網站的用戶註冊界面都大同小異，對於不同的網站，有些信息是用戶註冊時必須要填的，有些信息是可選的。一般來說，以上這七項信息是用戶註冊時必須要輸入的信息。另外，用戶註冊時還可以輸入其他一些信息，如證件號、性別、文化程度、出生日期、收入、郵政編碼等，這些信息一般允許用戶有選擇地輸入。

2. 選購商品

用戶註冊好以後就可以開始商品選購，對於購買目標明確的用戶，可以利用網站提供的查詢功能來選購商品。比如，如果想通過網絡購買某一具體商品，可以在網上商店的搜索框中直接輸入該商品的名稱進行搜索。那麼，該網上商店銷售的所有此類商品的信息都會顯示出來，這些信息包括商品的產品名、價格、規格等。對這些搜索到的商品，根據個人的喜好，消費者可以選中某樣具體的商品直接放入購物籃。如果覺得網上顯示的這些信息還不夠直觀，那麼，還可以通過點擊商品名稱先查看該商品的圖片，滿意的話再點擊「購買」圖標，將該商品放入購物籃，然後輸入需要購買該種商品的數量，從而完成該種商品的選購。而對於那些購買目標不明確的用戶，他們可以在網站上像平時逛商店一樣邊瀏覽邊選購，選購完成後可以顯示所有選購商品的清單，並且可以隨時修改每種選購商品的數量，最後確認準確無誤後，就完成了整個商品選購的過程。

3. 支付結算

當消費者在網上完成商品選購以後，網絡貿易網站就會顯示消費者選購的所有商品的明細，包括商品的編號、名稱、規格、單價、數量等，同時網頁還會顯示本次選購的商品的總價格，這時候消費者按「支付結算」圖標就可以進入網上支付流程。在B2C 網絡貿易模式中，消費者可選擇的支付方式主要有如下幾種：

（1）貨到付款。貨到付款是最原始的付款方式。顧客直接在網上下訂單，商家將商品送到指定的收貨地點，交給消費者，消費者查驗貨物後以現金的方式將貨款支付給商家。這種付款方式最大的優點是不依賴於任何電子支付系統，很適合於那些偶爾進行網上購物的普通消費者，是普通消費者最為理想的支付方式。但是，在貨物到達後，消費者可能會因為自身的原因而拒絕收貨，因而，這種付款方式，對商家來說沒有保障。因此，不是所有的網絡貿易網站都提供貨到付款這種服務，或者只對 VIP 客戶提供這種服務。

（2）匯款方式。匯款方式是指消費者在完成訂單後，通過郵政系統或銀行系統匯款，當商家收到匯款後，再將商品發給消費者。貨到付款對商家沒有保障，而匯款方式則對消費者不利，因為，消費者在完成網上購物後，還需要到郵局或銀行去匯款，而且消費者收到貨物後，如果對商品不滿意，要調換的話比較麻煩。因而匯款方式適合於消費者購買外地不易損壞的、確定需要的商品。

（3）網上銀行支付。網上銀行支付是指通過銀行卡在網絡上來完成支付，由於其方便、快捷，已經成為網絡貿易支付的主流方式。為了方便消費者，網絡貿易網站會

同時和多家銀行合作，能夠接受多家銀行的信用卡或儲蓄卡進行網上支付。有些銀行卡可以直接辦理網上支付，如中國銀行的長城信用卡、中國農業銀行的金穗卡、光大銀行的陽光卡等，這些卡不需要事先到銀行申請開通網上支付功能就可以直接進行網上支付；而有些銀行卡則需要事先到銀行申請開通網上支付功能，如中國工商銀行的牡丹卡、建設銀行的龍卡、交通銀行的太平洋卡、招商行的一卡通等。

（4）第三方支付。一般來說，網上電子支付都是通過網上銀行來完成的。通過銀行來支付有這樣一個缺點，即由於銀行只負責資金的結算，也就是把貨款從買方的帳戶轉移到賣方的帳戶，而且通過銀行支付，對買方來說，必須先付款，後收貨，那麼如果不能收到貨物，或者收到的貨物有質量問題，買方要退款非常困難。因此，為了既能夠保證賣家及時收到貨款，又能保證買方在確認收到貨物後再付出貨款，出現了除了銀行之外的第三方的支付工具。第三方的支付工具是這樣來操作的：買方在網上購物需要支付時，首先將貨款支付給第三方的支付平臺，然後在確認收貨後，再由第三方的支付平臺將貨款支付給賣方。比如，阿里巴巴的「支付寶」、騰訊公司的「財付通」都是第三方的網上支付工具。

4. 物流配送

在 B2C 網絡貿易模式下，網上商品選購完成後，還必須通過物流配送環節將網上選購的商品送到消費者手上。由於物流配送環節是阻礙網上商店發展的一個主要的瓶頸，網絡貿易網站在成立之初就應把逐步完善網絡物流配送放到重要的位置。一般來說，網絡貿易網站的物流配送體系包括呼叫中心、中心倉庫、分揀中心、網站配送等相互銜接的環節。其中呼叫中心負責接受客戶的電話訂購和網上訂購，確認配送網點；中心倉庫則根據每個時段的商品匯總單進行商品出庫，並發送到分揀中心；分揀中心按照每個網站的粗配單進行分揀粗配；網站配送則根據粗配單對商品進行細配，並通過車輛配送由專車、專人將商品送至最終用戶。

（1）送貨方式。用戶可以根據需要選擇不同的送貨方式，可以選擇送貨上門、自提或者郵寄等。送貨上門一般適應於比較近的距離，如同一個城市。不同的商家送貨上門的方式也不完全相同，如有的網上商場由於擁有自己的實體商場，同時也擁有自己的物流配送體系，因而他們可以由就近的服務門店來送貨上門，利用自己的門店來送貨，這樣不僅送貨成本低，而且送貨及時、服務有保障。對於那些沒有自己的實體網點和物流配送體系的小的網絡貿易網站，除了自己送貨上門外，還可以利用供貨商或者第三方的物流來幫助他們送貨上門，只是這種送貨方式的成本相對較高和時間相對較長。

（2）送貨範圍。當前的網絡貿易網站的送貨範圍基本上都從原來的本區、本市發展到了全國各大城市，只是距離的遠近不同，貨物到達的費用和時間有所區別。

（3）送貨時段。網絡貿易網站的送貨時段也已經精確到了小時或天，當然時間要求不同，收費也不同。對於那些距離比較近，或者購買額度比較高的用戶，一般都會免收送貨費，只是不同的商家對於購買額度的規定不同。比如，對於市內送貨，一般只要超過 20 元就可以送貨上門，而對於異地送貨，一般購物要超過 200 元才能享受免費送貨。

（二）B2B 網絡貿易交易流程

B2B 的交易流程按網絡貿易交易應遵循的基本程序有：

（1）採購方向供應方發出交易意向，提出商品報價請求並詢問想購買商品的詳細信息。

（2）供應方向採購方回答該商品的報價，並反饋信息。

（3）採購方向供應方提出商品訂購單。

（4）供應方對採購方提出的商品訂購單做出應答，說明有無此商品及目前存貨的規格型號、品種、質量等信息。

（5）採購方根據供應方的應答決定是否對訂購單進行調整，並最終做出購買商品信息的決定。

（6）採購方向供應方提出商品運輸要求，明確使用的運輸工具和交貨地點等信息。

（7）供應方向採購方發出發貨通知，說明所用運輸公司的名稱、交貨的時間與地點，所用的運輸設備和包裝等信息。

（8）採購方向供應方發回收貨通知。

（9）交易雙方收發匯款通知。採購方發出匯款通知，供應方告之收款信息。

（10）供應方備貨並開出電子發票，採購方收到貨物，供應方收到貨款，整個 B2B 交易流程結束。

如果是外貿企業，中間還將涉及海關、商檢、國際運輸、外匯結算等業務。

（三）C2C 網絡貿易交易流程

C2C 在線交易流程以交易者網上競拍為例，具體流程如下：

（1）交易者登錄 C2C 類型網站，註冊相關信息。

（2）賣方發布拍賣商品的信息，確定起拍價格和競價幅度、截止日期等信息。

（3）買方查詢商品信息，參與網上競價過程。

（4）雙方成交，買方付款，賣方交貨，完成交易。

具體對於買家來說，在擁有了第三方支付帳戶後，開通了網上銀行或支付寶，並在裡面存有一定的資金。進入 C2C 網站──我要買──搜索商品──選擇商品──立刻購買（賣方此時等待買方付款）──聯繫賣家（買賣雙方商議價格）──達成交易──買方選擇付款方式（網上銀行、支付寶、匯款等），確認付款（轉給第三方先代為保管）──等待賣家發貨──成交之後確認發貨，等待買家付款──買家進入交易管理後臺確認收貨，確認付款（此時賣家確認收款）。

對於賣家來說，進入 C2C 網站──我要賣──商品分類（增添要賣的商品）──到交易管理後臺進行管理（價格和數量的設置）──等待買家購買──有買家購買後（進行價格商議）──成交之後確認發貨，等待買家付款──買家付款，收貨──賣家確認收款。

第四節　網絡貿易的發展趨勢

一、多元化趨勢

走多元化道路已在網絡貿易領域達成了共識。國內網絡貿易領軍企業都將多元化發展作為未來發展的重要戰略之一，如淘寶網推出 B2C 業務，易趣宣布將以品牌旗艦店的形式進軍 B2C 業務領域，當當網也曾表示今後將分成品牌合作的 B2C 和個人二手交易的 C2C 兩部分。其中，最典型的多元化發展的企業是阿里巴巴，其網絡貿易目前覆蓋了 C2C、B2C 和 B2B 的全部網絡貿易領域，並取得了巨大成功，對其他企業的發展有巨大的示範效應。

二、合作化趨勢

網絡貿易企業將會出現兼併熱潮。首先是同類兼併，目前國內為數不少的網站屬於重複建設之列，定位相同或相近，業務內容趨同。由於資源有限，並且在互聯網「贏家通吃」原則下，最終勝出的只是名列前茅的網站。其次是互補性兼併，那些處於領先地位的網絡貿易企業在資源、品牌、客戶規模等諸多方面具有很強的優勢，但與國外著名企業相比還有很大差距。這些具備良好基礎和發展前景的企業要發展，必然採取互補性收購策略。由於個性化、專業化是網絡貿易發展的兩大趨勢，而且每個網站在資源方面總是有限的，客戶的需求又是全方位的，所以不同類型的網站以戰略聯盟的形式進行相互協作將成為必然趨勢。

三、縱深化趨勢

隨著網絡貿易技術創新與集成度的提高，企業網絡貿易將向縱深挺進，新一代的網絡貿易將浮出水面，取代目前簡單地依託「網站 + 電子郵件」的方式。未來網絡將成為企業資源計劃、客戶關係管理以及供應鏈管理的中樞神經，網絡貿易企業也將從網上商店和門戶的初級形態，過渡到將企業的核心業務流程、客戶關係管理等都延伸到互聯網上，不斷挖掘深度，使產品和服務更貼近用戶需求。行業網絡貿易也將成為下一代發展的主流，網站定位將從以往的「大而全」模式轉向專業細分的行業商務門戶，將增值內容和商務平臺緊密集成，充分發揮互聯網在信息服務方面的優勢，使網絡貿易真正進入實用階段。

四、專業化趨勢

面向消費者的垂直型網站和專業化網站前景看好，面向行業的專業網絡貿易平臺發展潛力大。一是面向個人消費者的專業化趨勢。要滿足消費者個性化的要求，提供專業化的產品線和專業水準的服務至關重要。今後若干年內中國上網人口仍將是以中高收入水準的人群為主，他們購買力強，受教育程度高，消費個性化需求比較強烈。

所以相對而言，提供一條龍服務的垂直型網站及某類產品和服務的專業網站發展潛力更大。二是面向企業客戶的專業化趨勢。對 B2B 網絡貿易模式來說，以大的行業依託的專業網絡貿易平臺前景看好。

五、國際化趨勢

依託於互聯網的網絡貿易能夠超越時間、空間的限制，有效地打破國家或地區之間各種有形、無形的壁壘，刺激國家或地區對外貿易的發展。隨著國際網絡貿易環境的規範和完善，網絡貿易企業必然走向世界，這是適應經濟全球化，提升本土企業國際競爭力的需要。網絡貿易對本土中小企業開拓國際市場、利用國外各種資源是千載難逢的時機。借助網絡貿易，中小企業傳統市場的競爭力可以得到加強，並有更多機會將產品銷售到全球各個國家和地區，這種強勁的市場需求和動力必然推動網絡貿易企業向國際化邁進。

復習思考題

1. 分析網絡貿易與傳統貿易異同。
2. 試分析貿易企業如何開展網絡貿易活動？
3. 比較 B2B、C2C、B2C 交易流程的差異。
4. 簡述網絡貿易的發展趨勢。

[本章案例]

「雙 11」購物狂歡節

「雙 11」購物狂歡節，是指每年 11 月 11 日的網絡促銷日，源於淘寶商城（天貓）2009 年 11 月 11 日舉辦的網絡促銷活動，當時參與的商家數量和促銷力度有限，但營業額遠超預想的效果，於是 11 月 11 日成為天貓舉辦大規模促銷活動的固定日期。「雙 11」已成為中國電子商務行業的年度盛事，並且逐漸影響到國際電子商務行業。

2014 年 11 月 11 日，阿里巴巴「雙 11」全天交易額 571 億元。2015 年 11 月 11 日，天貓「雙 11」全天交易額 912.17 億元。2016 年 11 月 11 日 24 時，天貓「雙 11」全天交易額超 1,207 億。

2017 年「雙 11」開場 11 秒鐘，淘寶交易額超 10 億，3 分 01 秒成交額超破百億，無線成交占比 93%。第九屆天貓「雙 11」全球狂歡節開始 1 小時 49 秒，成交額超過 571 億元，這一數字是 2014 年「雙 11」全天的成交額。根據阿里巴巴 11 月 12 日零點公布的數據，2017 年「雙 11」天貓、淘寶總成交額 1,682 億元，又一次刷新了紀錄。

第十一章　貿易效益

[**學習目的**]　掌握貿易經濟效益、貿易社會效益內涵及評價指標，瞭解影響貿易效益的主要因素，熟悉提高貿易效益的基本途徑。

第一節　貿易效益及其評價

一切經濟活動都必須講求效益，貿易運行是經濟活動的重要內容，當然也必須講求效益。效益包括經濟效益和社會效益兩大方面。

一、貿易經濟效益及評價指標

（一）貿易經濟效益的內涵

經濟效益是經濟活動中投入與產出的對比關係，而貿易經濟效益是貿易經濟活動中所創造和實現的符合社會需要的勞動成果同所耗費和占用的社會勞動之間的對比關係。所創造和實現的符合社會需要的勞動成果是指一定時期內所創造和實現的商品價值，它表現為商品銷售額或利潤額等指標。貿易過程中的勞動耗費，表現為商品流通費用額；貿易過程中的勞動占用，表現為商業資金占用額。因此，貿易經濟效益是指貿易經濟活動過程中商品的銷售額或利潤額同商品流通費用額與商業資金占用額之間的比較。

（二）貿易經濟效益的評價指標

貿易經濟效益是貿易經濟活動中所實現的勞動成果同所付出的勞動耗費與勞動占用之比，因此，評價貿易經濟效益指標體系就應包括貿易勞動耗費的節約、貿易勞動占用的節約和貿易勞動成果的增加等方面。具體來說，主要包括以下四大方面：

1. 商品流通費用方面的經濟指標

商品的流通費用包括商品流通費用增減額、商品流通費用率、商品流通費用升降程度、商品流通費用升降速度等指標。其中最主要的是商品流通費用率指標。它是指在一定時期內商品流通費用額占同期商品銷售額的比例。其計算公式為：

商品流通費用率 = 商品流通費用額 ÷ 商品銷售額 × 100%

它是衡量貿易勞動耗費節約程度的重要指標。通過在同類型企業之間，或同一企業不同時期之間，或實際與計劃之間的商品流通費用率的比較，就可以評價貿易勞動

175

耗費是否節約。

2. 貿易勞動效率方面的經濟指標

貿易勞動效率方面的經濟指標包括全員勞動效率、部分人員勞動效率（如營業員勞動效率、倉儲人員勞動效率）、單位勞動效率等。其中以貿易全員勞動效率為最重要。它是指全體貿易勞動者在單位時間內所完成的工作量，一般以一定時期內商品銷售額與同期貿易全體人員的平均人數之比來表示，也就是一定時期內全部貿易人員平均每人完成了多少銷售額。其計算公式為：

貿易勞動效率＝計算期商品銷售額÷同期全部職工平均人數

貿易勞動效率是考核貿易活動中勞動耗費節約程度的重要指標，也是考核貿易勞動成果的一項指標。在某些工種如保管、運輸、包裝、加工中，也可用單位時間內完成的實物工作量指標來表示勞動效率。但實物量指標只能單項反應某一方面的勞動效率，而不能綜合反應全面的貿易勞動效率。

3. 貿易資金占用與週轉指標

貿易資金占用與週轉指標包括貿易資金占用率、貿易資金利用率、貿易固定資金占用率、貿易流動資金占用率、流動資金週轉率等指標。其中以流動資金週轉率指標最為重要。它主要以流動資金週轉次數來表示，是一定時期內商品銷售總額與同期流動資金平均占用額之比。其計算公式為：

流動資金週轉次數＝某一時期商品銷售額÷同一時期流動資金平均占用額

一定時期完成的銷售總額所需的流動資金平均占用額越小，則流動資金週轉次數越多，經濟效益就越好；反之，就越差。流動資金週轉也可以用流動資金週轉天數來表示。流動資金週轉率反應了流動資金的週轉速度，是考核貿易勞動占用節約程度的重要指標，也是反應資金使用效率的一項重要指標。

4. 商品銷售與利潤方面的指標

商品銷售與利潤方面的指標包括商品銷售額增減額、貿易利潤額增減額、人均商品銷售額增減額等指標。這些都是反應貿易勞動成果的指標。其中以貿易資金利潤率和商品銷售利潤率兩個指標最為重要。商品銷售利潤率是一定時期貿易利潤額占同期商品銷售額的比例。其計算公式為：

商品銷售利潤率＝（貿易利潤額÷商品銷售額）×100%

銷售利潤率越高，經濟效益越好；反之，就越差。貿易資金利潤率是一定時期貿易利潤額與同期全部貿易資金平均占用額之比。其計算公式為：

貿易資金利潤率＝（貿易利潤額÷全部貿易資金平均占用額）×100%

完成一定時期貿易利潤額所占用的貿易資金越少，則貿易資金利潤率就越高，貿易經濟效益就越好；反之，就越差。商品銷售利潤率和貿易資金利潤率都能綜合反應貿易企業的經營成果，是貿易利潤率的兩種反應方式，但反應的角度不同，因此，兩者可同時使用。

二、貿易社會效益內涵及評價指標

(一) 貿易社會效益內涵

貿易社會效益是指貿易經濟活動所產生的社會影響和效果，主要指貿易經濟活動對消費者效用、就業、收入、環境、科技、文化等方面所做出的貢獻。

(二) 貿易社會效益評價指標

貿易社會效益的評價難度比貿易經濟效益的評價難度高，因為貿易社會效益不容易通過具體的指標進行精確的測度。但是，可以用一些特定的指標對社會效益進行近似的測度。考核貿易社會效益的指標有以下幾個方面：

1. 消費者購物滿意率

消費者購物滿意率是指某一地區的消費者購物的滿意程度，包括對商品數量、商品質量、商品價格、服務水準、購物便利性、商品安全性等方面的滿意率。對於該項目的評價可以採用問卷調查、訪談等形式進行。應當指出的是，商品安全性，特別是食品的安全性是衡量消費者滿意率的重要指標，需要重點關注。商業服務投訴率也是反應消費者購物滿意率的重要指標。它是指消費者投訴人數與消費者光顧人數之比，衡量消費者對商業服務的滿意率情況。該指標越低，表示消費者對商業服務滿意率越高，社會效益就越高，反之就越低。

2. 零售網點的密度

零售網點的密度是指某一地區零售網點滿足居民購物需要的程度。該項目可以用單位面積內零售網點數量衡量。單位面積內零售網點數量越多，表明零售網密度越大，居民購買商品就越方便，社會效益就越高。但零售網密度也不宜過大，否則會影響貿易企業效益，造成資源浪費。近年來中國城市商業網點迅速擴張，競爭日益加劇，貿易企業的利潤水準下降。

3. 零售業態的多樣性

零售業態的多樣性是指某一地區擁有的各種零售業態數量，用於衡量零售業發展適應消費多樣化、多層次需要的情況。隨著居民收入水準的提高，人們的購物需求呈現多樣化、多層次的特徵，不同的零售業態適應不同的消費人群。零售業態多，就能滿足各類人群的購物需求，否則就可能使一部分人的消費需求得不到滿足。

4. 貿易企業就業人數

貿易企業就業人數是反應貿易活動對就業和收入貢獻的指標。該項目可以用貿易企業就業人數、貿易企業就業人數占全社會就業人數的比重等指標衡量。統計貿易企業就業人數時，不僅要包括法人企業的就業人數，還應包括個體工商戶的就業人數。實際上，中國大量的個體工商戶、微小型貿易企業對就業有較大貢獻。

5. 貿易的環境效應

貿易的環境效應是指貿易活動對環境產生的影響，包括正面影響和負面影響。該項目可以用貿易企業經營商品在生產過程中對環境的影響程度、經營節能環保產品的比例等來衡量。

6. 貿易技術貢獻率

貿易技術貢獻率是指貿易活動對技術進步的促進作用。該項目可以用貿易企業技術貿易額及占比、經營高新技術產品的數量及占比、貿易企業信息化率等指標衡量。

7. 貿易的文化效應

貿易的文化效應是指貿易活動對區域文化產生的影響。該項目可以用貿易企業文化產品的銷售額及占比、不同文化地區文化產品的銷售額及占比、外資零售商的數量及占比等指標來衡量。

第二節　貿易效益的主要影響因素

貿易效益受到多種因素的影響，有經濟因素也有非經濟因素，有宏觀因素也有微觀因素，有外部因素也有內部因素。

一、工農業生產發展狀況

生產為貿易企業提供交換的產品，它對企業效益有直接影響。例如，生產部門為市場提供的商品多少、適銷對路狀況、質量好壞以及價格高低等將直接影響貿易企業的經營效果；生產部門為貿易企業提供的物質技術設備優劣，直接影響貿易企業經營中的物化勞動耗費和占用；商品流轉過程的長短，直接制約著商品資本的流轉速度。

二、交通運輸的發展狀況

商品在運輸過程中，不僅需要一定的時間，而且要損耗和占用一定量的勞動，同時還有商品損耗發生。運輸工具，運輸路線和運輸的組織工作都會對商品運輸時間、運輸費用產生影響。因此，商品運輸工具的現代化程度，商品運輸組織的合理化水準，都將影響貿易企業經濟效益的狀況。

三、貿易企業管理體制適應商品流通發展的程度

貿易企業組織商品流通總是在一定管理體制下進行的。貿易企業管理體制是否與商品流通的發展相適應，對於貿易企業經濟效益有很大的制約作用。合理的企業管理體制，能使貿易企業在國家的宏觀調控管理下，正確處理國家與企業、企業與職工的關係，充分調動各方面的積極性，促使企業和職工講求並且關心勞動消耗、勞動占用的節約，努力擴大經營成果。

四、貿易企業經營管理水準

貿易企業經營管理水準是決定貿易企業經濟效益的主要因素之一，經營管理搞好，有助於提高勞動效率，降低流通費用，加速流動資金的週轉，擴大商品銷售，從而提高經濟效益。

五、貿易企業從業人員的素質

貿易企業的一切經營活動最終都要通過貿易從業人員去完成。貿易企業職工的素質如何，對服務質量、服務態度、勞動效率和經營管理水準都有重要的影響。

此外，社會生產力佈局、國民收入分配與再分配、消費者購買力水準、結構，商品價格變動等因素對貿易企業經濟效益也有很大影響。

第三節 提高貿易效益的基本途徑

一、貿易效益發展現狀

1. 經濟效益

（1）貿易行業整體淨利潤率下降，兩極分化態勢顯現。

據中國連鎖經營協會 2014 年連鎖企業問卷數據統計，連鎖百強企業平均毛利率為 16.4%，高於上年 0.2 個百分點，但淨利潤率卻為 2.08%，較上年下降 0.03 個百分點。且在 206 家樣本企業中，銷售額下降占比 27%，而銷售額增幅在 20% 以上的企業占比有 16%。在毛利額方面，144 家企業毛利額下降的企業有 39 家，增幅在 20% 以上的有 31 家，即在經濟效益上出現了兩極分化的態勢。

（2）全國性貿易企業經營效率高於區域性貿易企業。

中國連鎖經營協會 2014 年連鎖企業數據顯示，48 家（占比 23%）全國性企業（經營範圍在 6 個省及以上）規模較大，平均年營業收入為 265 億元，約為 54 家（26%）跨省經營企業（跨 2～5 個省）的 2 倍，104 家（51%）為省內經營企業的 8 倍。且無論是銷售收入增長還是毛利率水準，全國性企業均優於跨省企業和省內企業。

（3）購物中心、便利店等零售貿易業態經濟效益優於其他業態。

中國連鎖經營協會 2014 年連鎖企業數據顯示，購物中心和便利店樣本店鋪在 2013 年、2014 年兩年的平均銷售額增幅分別為 6.7% 和 3.6%，高於大超、超市、百貨以及專業店的 1.7%、0.5%、-1.2% 和 -3.3% 的增幅。

2. 社會效益

（1）實體貿易企業紛紛進行 O2O 佈局，進一步提升消費者體驗

最明顯的體現就是目前「新零售」物種的出現，即貿易企業以互聯網為依託，通過運用大數據、人工智能等先進技術手段，對商品的生產、流通與銷售過程進行升級改造，進而重塑業態結構與生態圈，並對線上服務、線下體驗以及現代物流進行深度融合的零售新模式。目前，「新零售」物種典型代表包括盒馬鮮生、超級物種、RISO 未來店、海物會、sp@ce、簡 24 等。

（2）貿易業開始呈現多業態經營格局，符合消費升級趨勢

為在經營組織形式上實現差異化競爭，多數貿易企業嘗試多業態經營打造立體霧售格局。比如，天虹百貨的「百貨＋購物中心＋便利店」模式，步步高的「超市＋百

貨＋電器」模式，麥德龍和家樂福的「超市＋便利店」模式。多業態經營格局的出現，本身就是為了迎合消費者開始演變的需求的結果，符合未來消費升級的趨勢。

（3）貿易業吸納就業能力不斷提高，促進社會穩定的能力持續增強

2017 年，國內貿易就業人數達 1.92 億人，比上年增長 10%，比 2012 年增長 73%，占全國就業總人數比重達 24.8%，占第三產業就業人數比重超過一半。全國每 100 名個體工商戶就業人員中，就有 79 人從事內貿行業。電子商務、家政等行業帶動就業作用尤為明顯，據測算，2017 年全國電子商務從業人員達 4,250 萬人，家政服務從業人員近 3,000 萬人。貿易業成為中國社會的重要穩定器。

二、提高貿易經濟效益的基本途徑

提高貿易社會效益的基本途徑包括：

（1）加強教育與培訓，提高貿易人員素質，推動文明經商的深入開展。全面提高人的素質是提高貿易社會效益的關鍵。人的素質包括多方面內容，其中最重要的是思想政治素質和業務技術素質，這些都需要通過經常的教育和必要的培訓才能形成和逐步提高。要對廣大貿易人員進行職業道德、職業素質、職業紀律的教育；進行法制教育，提高依法貿易、依法經商的覺悟和水準，加強為消費者服務的教育，切實保障消費者權益等。同時還要定期或不定期地開展對貿易員工的業務技術培訓，提高為消費者服務的水準。

（2）樹立以客戶為中心的思想，全方位地為消費者服務。貿易企業是面向顧客服務的，顧客既是貿易企業的服務對象，又是企業生存發展的活力源泉。為顧客服務本身也是為貿易企業發展創造生機。為此，貿易企業應努力做到：經營品種要齊全，網點設置要方便顧客購買，營業時間要方便顧客，服務項目要適應需要，提供的信息宣傳要真實、準確，為顧客購物提供良好的環境等。

（3）建立健全必要的社會監督、檢查、評比制度，促進貿易社會效益的提高。認真糾正行業不正之風，端正經營行為，樹立行業新風。要把考核貿易企業經濟效益同考核貿易社會效益結合起來，實行員工勞動報酬與經濟效益、社會效益雙掛勾的辦法，以增強員工既講經濟效益又講社會效益的自覺性、主動性和責任感。

復習思考題

1. 什麼是貿易經濟效益？它有哪些評價指標？
2. 簡述影響貿易效益的主要因素。
3. 試述提高貿易經濟效益和社會效益的途徑。

[本章案例]

實體貿易業如何防止網絡貿易業侵蝕自己的經濟效益

這幾年，電商發展得特別快，實體店紛紛倒閉，那是不是在互聯網的衝擊下，實體店就真的只有關門大吉了呢？不一定。

微信公眾號「中國連鎖經營協會」就給大家介紹了實體店逆襲互聯網的一種方法，那就是抓住年輕人的市場。而要想吸引年輕人，就得搞點高科技。下面給大家介紹幾種，看看有沒有哪個能讓你怦然心動而去實體店消費呢？

第一個是定位技術。現在百貨商店已經利用一種叫 iBeacons 的技術，來實現店內定位了。美國有家叫塔吉特的零售商，它的店面特別大，不好找商品。這時候，你就可以拿出手機，通過 iBeacons 定位技術，就能很清晰地看到你想買的商品在什麼位置，還可以看到身邊的商品推薦。

第二個是虛擬現實。還是剛剛提到的這家塔吉特公司，它就在幾個線下店鋪裡，配備了谷歌的殺手級應用 ProjectTango。這是一款虛擬現實裝備，戴上它，店鋪馬上就變成了一個3D的遊樂場，你移動一下，設備裡現實的場景、畫面也在變化，就跟真的在遊樂裡一樣。你還可以跟屏幕裡的吉祥物互動，甚至參與一場虛擬的打雪仗大賽。但人家提供這個設備，可不是讓你玩的，工作人員一邊給你展示這個設備，一邊有意帶著你走遍店裡的各個位置。你用設備體驗虛擬世界的同時，也不知不覺地逛遍了店裡的每個角落。準備離開的時候，發現已經順手買了不少東西了。

第三個是3D打印。年輕人都喜歡獨特的東西，毫無疑問，3D打印機對他們來說非常酷。除了打印產品，他們更想親眼看看3D打印到底什麼樣，然後再拍個微視頻、照片，曬在朋友圈裡。可以說，3D打印機就是實體店吸引顧客的一個重要手段。而且，商家還開發出了3D打印機的另外一個用途，那就是對既有商品進行「修改」，這就幫助顧客把買到的「大路貨」，變成自己的「個性化商品」了。利用這個3D打印，百貨商場一下子就變成了年輕人眼中升級版的時尚「裁縫店」了。

第四個是智能試衣。美國有個叫馬庫斯的百貨商場，就在店裡放置了一塊「智能魔鏡」。你可以穿一件衣服在魔鏡前拍一段不超過8秒的視頻，然後穿另一件衣服做同樣的動作。魔鏡上可以同時播放這兩段視頻，供你對比。你還可以隨意在魔鏡上變更衣服的顏色，看怎麼搭配合適，不用一件一件試。只要試穿一兩次，就能找到自己最喜歡的顏色和適合的大小。最後，你還可以把這段視頻發給朋友，或者上傳到社交網站。現在，不少商店都配備了類似的智能試衣技術，很多年輕人就是為了這種新潮的體驗，才去百貨商店消費的。

所以說，實體店被互聯網衝擊，本質上還是沒有抓住現在年輕人的心，在顧客體驗上做得不夠好。如果你在經營理念上跟上這個時代，擁抱高科技創新，那你是不會輕易被消費者和這個時代所拋棄的。

第十二章　貿易現代化

[**學習目的**] 瞭解貿易現代化的內涵、特徵及意義,掌握貿易現代化的內容及實現途徑,熟悉貿易現代化的主要趨勢。

第一節　貿易現代化的內涵及意義

一、貿易現代化的內涵

貿易現代化,既是一個經濟範疇,也是一個歷史性的、動態性的、世界性的和綜合性的概念。

貿易現代化首先是一個經濟範疇,是指用現代科技手段和物質技術裝備武裝貿易部門,用現代貿易理念和先進管理方式改造傳統貿易,實現貿易社會化、國際化、信息化、高效化的過程。其目的是不斷提升貿易的功能,提高貿易勞動效率,加速商品流通,取得最佳的社會經濟效益,以適應現代化商品生產發展和人民群眾消費水準不斷提高的需要。

貿易現代化又是一個歷史的、動態發展的概念。所謂歷史性的概念,是指貿易現代化是人類社會分工和生產力發展到一定歷史階段的產物,是在社會分工高度發展、科技空前進步、貿易已經進入全球化的歷史背景下提出來的一個概念。所謂動態發展的概念,則是指貿易現代化是流通生產力由低級向高級轉化、由量變到質變的過程。流通生產力,指社會組織商品流通的能力,它是由貿易物質技術裝備、貿易勞動者的技能以及貿易組織方式等要素構成的。貿易現代化的過程,就是流通生產力水準提高的過程,是用現代貿易物質技術裝備武裝貿易部門的過程,用現代貿易方式改造傳統貿易方式的過程。這個過程,也就是銳意進取、不斷創新、努力提升貿易發展水準的過程。

貿易現代化同時是一個世界性的概念,指衡量一個國家或地區的貿易現代化水準,不是用某個國家貿易發展的現狀與該國的歷史水準對比,而是以世界最先進的水準為考量標準。因此,任何一個國家的貿易現代化,都必須放眼世界,以世界上最先進的水準作為自己努力的目標。只有當一個國家的貿易物質技術裝備水準和貿易管理水準已經達到或接近世界先進國家水準,才算實現或基本實現了貿易現代化。當然,由於社會制度和經濟條件的差異,各國實現貿易現代化的道路或模式選擇可以不同。比如,

中國的貿易現代化，必須從中國的實際情況出發，走中國式的貿易現代化道路。但是，衡量貿易現代化水準，則必須以世界先進國家已經達到的水準為絕對標準。

貿易現代化也是一個綜合性概念。貿易現代化是一個社會系統工程，是由許多互相聯繫、互相制約、互相依存的子系統構成的一個有機整體。就貿易現代化全部內容而言，包括貿易網點、貿易物質裝配、貿易經營手段、貿易管理等各個方面的現代化；就範圍來說，不僅有內貿和城鄉貿易的現代化，還包括對外貿易的現代化。而且，制約和影響貿易現代化的因素也十分複雜，既有貿易本身的因素，還有各種社會經濟因素、科技因素、政治法律因素。比如，現代貿易物質技術裝備（包括各種貿易設施設備和工具）需要現代工業來提供，而貿易物質技術裝備的先進程度，又取決於科學技術水準。提高貿易經營管理水準，則離不開現代教育。這些都說明貿易現代化是個龐大的社會系統工程。因此，在進行貿易現代化建設的過程中，必須按系統化的思路，統籌規劃，協同配合，整體推進，努力從各個方面創造條件，加快貿易現代化的整體進程。

二、現代貿易的特徵

根據目前已經實現貿易現代化的發達國家的經驗，貿易現代化的主要特徵，可以歸納為「六化」，即社會化、國際化、信息化、科學化、綠色化和高效化。

1. 社會化

社會化是現代分工和社會化大生產發展的必然結果。現代社會，自給自足的自然經濟已經被社會化的大分工所徹底打破，人類的生產和消費所需要的一切東西幾乎沒有人能夠脫離社會只靠自身的力量滿足。隨著生產分工由垂直分工為主轉向以水準分工為主，生產已經越來越社會化，世界上很多產品已經無法在同一個地點和同一個工廠完成，貿易的範圍已經不再局限於物質商品的貿易，而是包括人們生產和生活所需要的一切，從而使貿易由傳統的物質商品貿易發展成為包括有形商品和無形商品在內的社會化的大貿易。

2. 國際化

國際化是指貿易從過去局部的、不連貫的、一國之內或幾國之間的貿易變成全球範圍的大貿易，這是現代國際分工與貿易發展的重要特點之一。儘管國際分工和世界市場早在100多年以前就已經形成，但當時的國際分工與世界市場是在強權和武力下形成的，很不完整、很不公平、很不成熟、很不均衡，許多國家的貿易還局限於國內；無形商品尚未成為貿易的有機組成部分，所以並沒有形成真正意義上的國際化大市場和流通。第二次世界大戰以後的幾十年，整個世界發生了巨大變化。隨著現代科技的發展，在貿易中佔據主導地位的市場經濟發達國家，用信息化、智能化和集約化的貿易手段，幾乎把所有的國家都納入國際貿易的軌道，從而使戰前靠強權和武力難以實現的目標在戰後和平發展的環境中變成現實。現代貿易國際化，是經濟全球化發展的必然結果。

3. 信息化

信息化是指現代貿易以現代信息技術革命成果為依託，形成貿易的網絡化和智能

化，使商品流通的規模、速度、效率迅速提高，使流通成為引領社會經濟運行的引擎。人類自誕生以來，就開始與信息打交道。但貿易信息化則是現代信息革命的產物。現代信息革命是隨著電子計算機的產生而出現的信息技術革命，它使人類在信息處理活動中第一次獲得了腦外裝置，對人類社會經濟生活帶來前所未有的深刻影響，人們甚至把當今社會稱為信息社會。信息技術和信息產品一旦進入流通領域，不僅使原來意義上的商品流通分離出信息流，而且使所有進入流通的商品和服務交換都以信息為先導，使流通全過程成為由信息化帶動的加速運動過程。人們獲得信息的數量、質量和時效，成為貿易競爭能否取勝的關鍵。可以說，如果沒有信息化，就不可能有現代流通和現代貿易。貿易只有實現了信息化，才變成真正意義上的現代貿易。

4. 科學化

科學化指貿易決策與流通過程的管理越來越重視運用現代管理理論與技術，講求科學決策和科學管理，從而推動流通組織形式和交易方式的不斷創新。比如，連鎖經營，就是突破企業邊際的現代流通組織形式的創新，它把原來垂直鏈條型的組織結構轉變為水準網絡型的組織結構，大大地提高了貿易企業的組織化水準和集約化程度，實現了規模化經營、科學化管理和標準化服務，有利於貿易企業規模擴張，降低流通成本，取得最大效用。

5. 綠色化

20世紀，由於人類過度開發消耗自然資源和污染物質的大量排放，導致全球資源短缺、環境污染和生態破壞。為了保護環境，20世紀70年代，經濟合作與發展組織（OECD）實施了「污染者付費」的環境保護政策，歐盟、北美、日本等國家和地區相繼制定了鼓勵廢物或副產品回收和對垃圾實行徵稅的法律，許多國家建立了環境產品標誌。發達國家已經把「綠色」作為國際貿易的基調，環境標誌已經成為進入這些國家的通行證。綠色生產和綠色需求也推動了貿易流通的綠色化。為了防止有害物質的污染，保護綠色產品的質量和原貌，發達國家的商品儲存、流通加工、包裝、裝卸、運輸、配送等環節逐步綠色化。比如對新鮮蔬菜、水果、鮮花等農產品實行「冷鏈」流通，產品在產地經過預冷處理後，通過冷藏運輸設備，從產地儲藏冷庫送達到銷地週轉冷庫、超市銷售冷櫃直至消費者家庭冰箱，不僅大大地減少了產品在流通過程中的損失，而且保證了新鮮農產品的質量。

6. 高效化

高效化指現代商品流通速度大大加快，商品流通成本不斷降低，整個貿易運行效率不斷提高，這是現代貿易社會化、國際化、信息化和科學化的必然結果。以物流為例，據一些經濟學家分析，傳統物流在整個商品流通過程中的流通時間占90%以上（其他為加工和製造時間不到10%），物流費用占產品總成本的比例高達30%~40%。而採用現代物流手段和技術，則可以大大提高商品流通的速度、質量，降低流通成本。目前，美國全社會的物流費用支出占國內生產總值的比重不到10%。相比之下，中國的物流水準較低，據國內有關專家調查分析，如果全社會物流費用每降低1%，就可以節約180多億元的費用支出。

三、推進中國貿易現代化的意義

1. 貿易現代化可以提高流通生產力水準

推進貿易現代化，可以用現代物質技術裝備和管理手段武裝流通產業，提升貿易的科技含量，從而大幅度地提升流通生產力水準。目前，中國流通生產力水準總體不高，難以適應現代化大生產的要求，如果加快現代化，增加貿易流通的科技含量，將大幅度提升中國商流、物流的效率。以外貿通關檢疫檢驗環節為例，中國深圳口岸每年「車流」1,200多萬臺次，集裝箱870萬標箱，在檢疫檢驗環節未實行電子化之前，通關一直是物流的「瓶頸」，實行電子化管理（電子報關、電子核准、電子核放）以後，通關檢疫檢驗時間由原來的3～5天提速到現在的5分鐘報檢、5分鐘通關、5分鐘過境。由此可見，加快貿易現代化，是提高中國流通生產力和貿易效率的必由之路。

2. 貿易現代化可以更好地滿足人們的消費需要

採用先進的科學技術裝備貿易服務業，為消費者提供大量的現代化的售貨設施，可以擴大商品流通規模，擴大社會化服務範圍，從而為廣大的消費者創造更為便利的購買條件，縮短消費者購買商品的時間，減少家庭自我服務項目，加快家務勞動社會化進程，使人們有更多的時間從事工作、學習和文化娛樂活動，提高科學文化水準，促進整個社會的精神文明建設。

3. 貿易現代化可以改善貿易的質量

隨著人們生活水準的不斷提高，改善貿易的服務質量，實現綠色流通和綠色消費越來越重要，也越來越迫切。目前，中國不少運輸工具、裝卸設備、倉儲設施以及包裝材料和工藝，存在著噪音污染、水污染、放射性污染、化學物質污染，而且耗能高，對流通產品和環境帶來的負面影響大，也直接影響到產品質量安全和產品的國際競爭力。國外經驗表明，生態含量高的現代流通手段，對其產生的廢棄物循環利用效率高，污染排放量少，能源消耗低，對流通產品質量的影響小。由此可見，要提高貿易的環境質量和產品質量安全，必須大力推進貿易現代化，用生態含量高的現代流通手段武裝流通部門，包括推廣環保運輸工具、綠色包裝技術、環保倉儲工藝等。

4. 貿易現代化可以為工業化提供動力

市場經濟下的工業化進程起點是市場，終點也是市場。工業化生產的傳導機制是：市場需求導向——產品生產過程——產品市場實現，只有既能滿足市場需求，又能開拓和創造市場需求的工業生產才能步入良性循環軌道，工業生產才有動力。貿易是現代市場經濟下生產與消費的中心環節，具有滿足市場需求、開拓市場需求、創造市場需求和實現市場需求的特殊功能，直接為工業生產提供動力支撐，流通現代化水準越高，其提供的動力越大。貿易現代化可以帶動以市場為導向的加工業發展，形成具有市場銷售規模的優勢產業。

5. 貿易現代化可以促進城市現代化

貿易現代化是城市現代化的主幹部分，對於提升城市品位和加快城市建設進程至關重要。各國的歷史經驗表明，以市興城，城市就繁榮，城市化進程就快。第一次產業革命後，英國借助於商業貿易的市場開拓能量，迅速成為「世界工廠」，1820年英

國工業生產量占了世界一半。商貿業的迅速發展使英國工商業城市迅速增多和城市人口比重迅速上升，到1921年英國城市化率達77%，成為世界上率先完成城市化的國家。美國的城市化率最初也很低，1790年城市化水準僅為5.1%，到1840年也僅為10.8%，第二次產業革命後，美國商貿業和工業發展出現了高潮，一批批工商業城市出現，城市化比重上升，1890年城市化比率達到35.1%，1920年達到了51.2%，1970年達到73.6%。商貿流通對城市化進程的促進，主要是通過發達的商品流通業，增強了城市的經濟功能，特別是城市吸納大量農村過剩勞動力擴大就業的功能，也擴大了城市對常住居民和流動人口的生活服務功能。沒有發達的商貿業就沒有城市經濟的繁榮，城市也可能變成「一片孤城」。當代國際著名的大都市，如美國紐約、英國倫敦、法國巴黎和日本東京等，都是以其發達的現代化商品流通業著稱於世的。中國的北京、上海、廣州、武漢、重慶等城市的發展也說明，城市發達既可以支持城市工業生產，又能帶動相關服務產業的發展，增強城市經濟活力。

第二節　貿易現代化的內容及實現途徑

一、貿易現代化的內容

貿易現代化總的說來是指在商品貿易的過程中運用現代貿易技術設施、手段、方式和經營管理方法，依照市場經濟規律和國際通行規則，使商品貿易在現代科學技術基礎上形成高效率和高效益的商品貿易體系。從生產力的基本要素出發分析貿易現代化的內涵，應當包括商品貿易管理、作業人員的意識與素質現代化；管理和作業的技術設施、手段、方式的現代化以及勞動對象（商品在貿易中的包裝、質量、加工、資源再生等技術措施）的現代化。結合中國具體情況，貿易現代化的主要內容包括以下幾個方面：

（一）貿易人員現代化

貿易人員意識、知識素質的現代化是貿易現代化的首要內容，它包括商品貿易領域各部門、各企事業決策層、管理層、作業層人員意識和知識素質的現代化。具有良好技術素質的人比自動化設施能更靈活地適應快速變化。

（二）貿易設施現代化

這裡主要指貿易手段與配套規程的現代化。具體地說，主要包括以下幾個方面：

（1）商品流通檢測技術手段的現代化，防止「病從口入」，加強對商品安全質量的檢查，特別是食品質量安全、藥品質量安全的檢查，是21世紀國內外貿易中的頭等大事。因此，要有現代化的檢測設備，以及對各種進入流通領域的商品進行有效的質量檢查，及時發現各種商品特別是食品的質量問題。

（2）物流作業的機械化和自動化。在中等以上城市商品貿易中的存貯、裝卸、搬運、分揀、包裝、銷售等作業70%實現機電一體化、自動化，業務處理計算機化。

（3）商流活動及事務處理自動化、信息化，輔助決策手段科學化，並在中型以上商貿企業普遍展開。

（4）商品貿易信息網絡覆蓋縣以上商品貿易企業、事業單位並與國家「金字」工程信息信道接軌良好，利用率達 60% 以上，國際商貿網絡信息系統在中國的各跨國企業中以及各商貿機構和相關部門建立並有效運作。

（5）中國商品貿易中包裝、運輸、貯存、標誌、代碼、物流基礎設施模式、尺寸等標準方面實現完整化、系列化。採用國際標準化組織（ISO）及國際電工委員會（IEC）等國際標準量占 60% 以上，作業規程及作業工藝完善。

（三）貿易管理現代化

貿易管理現代化主要指管理組織結構、管理方法、管理手段與管理人員的現代化，即在國家方針、政策指導下，在國民經濟各部門協調發展的系統中，運用現代科學管理的方法和相關技術，合理而高效地組織、監督和調控商品貿易中的各項活動，以最小消耗，獲取最佳經濟效益。這主要包括以下幾個方面：

（1）管理組織結構現代化，包括商品貿易機制和體制的現代化，即依據商品貿易經濟管理的具體職能，採用系統科學的分工原則，建立相應的機構。體制的現代化主要指政府組織和管理商品貿易的基本制度、基本方法和管理分工要適應社會主義市場經濟的發展。宏觀層次，要按照國際通行規則，結合國情，建立正常的市場進入、市場競爭及交易的秩序，建立高效靈敏的市場監控體系，保證公平交易和平等競爭，規範貿易行為。微觀層次主要是建立現代商品貿易企業的制度。

（2）管理方法現代化，主要指在商品貿易管理中運用管理系統工程（如規劃、決策、排隊、網絡等理論和技術）、數理統計、信息管理技術等現代化的組織技術。

（3）管理手段現代化，主要指以計算機系統結合現代通信網絡、多媒體、光學、化學、電子、原子、傳感等現代科學技術手段應用於商品貿易管理和貿易過程的技術監督中。

（4）管理人員觀念與素質現代化，主要是指貿易行業和企業的管理人員必須具有現代化的經濟觀念、全球化的經濟視野、充分的貿易知識和貿易經驗，能夠適應國際競爭的要求。

（四）貿易方式現代化

貿易方式現代化主要包括物流方式和商流方式的現代化，如發展現代化的貿易加工配送中心，開展加工配送服務；發展批零結合的貿易企業集團和連鎖商業網；發展工商、內外貿一體化的現代貿易系統，即建立以生產聯合公司為中心的控制批發和零售環節的專門系統及大型商業企業為主體，投資設廠或相互持股實行工商結合，銷產連接的貿易系統；發展現代集團化、國際化的貿易系統；開展多種方式經營的行銷系統如零售業發展的非店銷售——電話、郵購、電視、傳銷、計算機、倉庫直銷等經銷方式，以及購貨服務自助化、超級市場、便民商店、購物中心等，還應採用先進的聯合運送方式、結算方式；根據實際需要與可能開展期貨貿易，充分運用現代科學手段發展貿易中第三當事人的作用。根據國外發達國家的經驗，建立商品貿易加工配送網

至關重要，最好由政府部門統一規劃，指導實施，分期逐步實現。

（五）貿易組織現代化

貿易組織現代化是以節約貿易成本、提高貿易效率和規模化程度為目標，來提高貿易產業的組織化程度。鼓勵多元化貿易主體之間、不同區域貿易企業之間、貿易企業與上游生產企業和批發、零售、外貿等不同環節貿易企業之間的重組、合併與聯合，突破貿易領域傳統部門、環節、地區式的板塊結構，營造新型的貿易組織模式。同時在優化貿易企業結構的基礎上，形成一批競爭力強的大型貿易企業集團。具體說來，貿易組織的現代化包括政府行政管理組織和行業組織（如協會、商會等）的現代化，但其核心在於經營組織的現代化，即貿易企業組織的現代化。

二、中國貿易現代化現狀

1. 貿易現代化經營模式開始普及

以阿里盒馬鮮生、永輝超級物種、京東7Fresh、蘇寧蘇鮮生為代表的「生鮮超市＋餐飲」業態快速發展，消費者既可現場選購商品，也可線上下單、送貨到家，購買食物後還可以現場烹飪加工、現場享用。社交電商異軍突起，基於社交網絡、信息分享、拼單等模式，迅速擴大市場份額。一些百貨店加快商業模式創新，改變引廠進店、出租櫃臺等傳統經營模式，建立買手隊伍，發展自有品牌，實行深度聯營。如大商集團推行「自有、自制、自營、自銷」模式，積極發展自有品牌，促進渠道扁平化，減少中間環節，強化核心競爭力。

2. 物流現代化水準不斷提高

中國物流信息化、標準化、集約化水準不斷提升，智慧物流、冷鏈物流、多式聯運等先進模式加快應用。2017年，社會物流總費用與GDP之比為14.6％，比上年下降0.3個百分點，比2012年下降3.4個百分點；每萬元GDP所消耗的物流費用為1460元，比上年下降30元，比2012年下降340元。另外，普及實施物流標準化，試點企業標準托盤占比達80％～100％，裝卸貨效率提升3倍以上，車輛週轉效率提升1倍以上，貨損率降低20％～70％，綜合物流成本平均降低10％。

3. 貿易現代化技術運用水準快速提升

隨著移動互聯網、物聯網、大數據、雲計算、虛擬現實、人工智能等技術日新月異，電子支付、虛擬試衣、顧客識別、智能櫥窗等商業應用快速推廣。2017年，全國手機支付用戶達5.3億人，線下消費的手機支付比例達65.5％，比上年提高15.2個百分點。全國4,000多萬戶小商家利用二維碼掃描實現了收銀環節的數字化。一些電商平臺推出虛擬試衣功能，消費者只需設定身高、體重、膚色等條件，即可創建「我的模特」，在線試穿各種風格衣服。

三、貿易現代化的實現途徑

（一）轉變傳統的貿易方式

傳統的貿易方式是粗放型的，一味地追求資金投入，擴大貿易規模，增加勞動力

數量，而不計較經營成本、管理效率和經濟效益。這種貿易方式容易導致經營費用多、成本高、浪費大、效益低、管理鬆弛和交易無序。這種盲目追求高投入的方式，已經給中國經濟造成了巨大的損失，必須也必定要被新型的集約型貿易方式所取代。集約型的貿易方式本質就是以最少的投入取得最大的收益。它要求通過現代科學管理手段和先進的經營方式來更好地組織商品貿易，要求改變中國貿易產業過去單純靠盲目追求銷售額、靠粗放管理經營、靠數量和速度求發展的方式，轉變為靠結構優化、規模經濟、提高質量、科學管理，提高貿易產業的科技含量，發展社會化、現代化、集團化、國際化的大貿易。

（二）在貿易領域廣泛應用現代科學技術

將先進的科技引入貿易流域，會給貿易流域帶來巨大的變化。在現代科技中，對貿易信息貢獻最大的，應數電子商務技術。電子商務的運用將使傳統的商品貿易管理過程發生質的飛躍。一方面，電子商務突破了購貨、調運、儲存、保管、生產、銷售、核算等傳統業務流程和運作方式，使得廠家、商家、消費者之間可以通過互聯網隨時隨地信息共享。另一方面，電子商務可以使得商家與消費者之間的互動式信息交流和溝通成為可能。這樣，商家就能更好地把握消費者的需求特點和需求規律，更好地適應市場需要。在一些發達國家，現代科學技術已在貿易業中得到廣泛應用，並取得了良好的效果。在日本，計算機被大量應用在物流配送、超市連鎖等現代批發、零售業中，就連街邊的個體零售小鋪也用電子收款機進行結算和從事經營活動，大型商業企業更是投入巨資建立自己的商業自動化系統，使用電子收銀系統（POS）、電子訂貨系統（EOS）、管理信息系統（MIS）及電子數據交換系統（EDI）等，把企業內部的全部作業流程和管理活動進行自動化聯網，利用國家的公共通信網同銀行、工廠的計算機聯成廣域網，運用現代化的高技術手段從事商業活動。當前，以射頻識別（RFID）為主體的物聯網技術應用正在貿易領域快速擴散，最終可能取代條形碼。由此可見，新興科技的介入可以改善貿易設備，加強貿易管理，優化貿易環節，極大地加快了貿易現代化的步伐。

（三）加快貿易組織創新

貿易組織創新的內涵在於貿易渠道的流程再造和更新，通過對組織活動進行重新組合，把原先根據職能分工而割裂開來的業務活動重新整合，使流程完整化，同時對有關制度進行相應的調整，以確保流程能夠更好地運作。具體而言，就是要通過組織的流程再造和重新設計，優化組織內部的信息流（供應商、消費者信息的反饋和回應），資金流（成本控制、資金週轉）、物流（採購與銷售），充分構建這幾者之間的信息共享和協調平臺。

（四）提高貿易人員的素質

貿易人員是貿易主體的重要組成部分，其素質的高低直接影響貿易的效率。貿易人員素質低下則是貿易現代化發展中的主要瓶頸，提高貿易人員的素質要從更新知識結構、提升工作能力、培養敬業精神和職業道德等內容入手。

(五）健全貿易法制，建立良好的貿易秩序

商品貿易秩序是指維繫商品貿易的基本規則和完善的運行狀態，它是社會再生產順利進行的重要保證。目前中國貿易領域還存在比較嚴重的秩序混亂現象。具體表現在：①市場交易行為不規範，在農副產品市場上，缺斤短兩、騙買騙賣的現象依然突出，在工業消費品市場上，假冒商標、虛假廣告、有獎銷售、亂評獎項等各種形式的誘騙或詐欺經營形式依然存在，在生產資料市場上，利用經濟合同騙買騙賣時有發生；在生產要素和期貨市場上，部門行業壟斷、限制競爭等不規範行為屢屢出現。②部門行業壟斷和不正當競爭並存，一些部門行業的行政性壟斷比較突出，形成行政權力和市場力量雙向滲透，滋生了市場運行中索賄受賄、權錢交易等腐敗現象。③商品價格秩序混亂，假冒偽劣商品問題突出。商品價格秩序混亂主要表現為，各種價格詐欺行為繁多，地方封鎖和行業壟斷行為導致物價上漲，投機行為加劇價格波動等價格違法行為嚴重。④各種關卡、路障分割市場，阻礙貿易。重重設卡、多頭收費是目前阻礙市場貿易的又一嚴重現象，亂設卡、亂收費名目繁多：各種罰款隨意加碼，地方保護主義用行政力量甚至司法力量干預貿易，設置種種障礙或關卡保護本地優勢資源不外流。

鑒於中國當前商品貿易秩序的種種問題，貿易現代化必然要求加強貿易法制建設，營造良好的貿易秩序，充分發揮貿易秩序的功能。商品貿易秩序是貿易人員的交換行為及彼此間的經濟關係的某種規範狀態，這種規範狀態一旦形成，就會在總體上作為一種強大的外在強制力量存在，並對單個貿易人員的逐利活動以及即將獲取或實現的經濟利益產生巨大的規範和制約作用。因而要求各貿易人員只能在已經形成的貿易秩序所規定的法律空間和道德空間範圍內活動，若超出這些空間範圍，就將遭到該貿易秩序的懲罰並強制違規者重新回到上述空間範圍之內。很難想像，在一個充滿詐欺、違約甚至強買強賣的商品貿易領域裡，即在一個運行混亂、無序、缺乏利益實現保障的商品貿易系統中，參與商品交換活動的貿易人員各方能夠實現各自合法的物質利益。所以，商品貿易秩序的實質就是為商品貿易人員各方實現自身合法的經濟利益和物質利益提供較為充分的法律保障或保證。

第三節　貿易現代化的主要趨勢

一、貿易組織和業態傾向於多元化

隨著社會化大生產和現代市場經濟的發展，貿易業態也隨之發生變化。貿易現代化並不排斥貿易業態的多元化。一方面，原有的貿易業態逐步走向成熟和發展。另一方面，新的貿易業態又不斷湧現。新舊貿易業態並存，呈現出多元化的趨勢。無論是批發業，還是零售業，都是多種業態並存。批發商業的業態主要有：專職批發商，包括完全職能批發商和有限職能批發商；代理商和經紀商；生產廠家的銷售分支機構和辦事處等。零售商業的業態很多，從經營內容來看，有專業店、綜合店、百貨店、超

級市場、巨型超級市場（大賣場）、便利店、雜貨店、精品店、專賣店、舊貨店、跳蚤市場等；從價格特點來看，有廉價店（折扣店）、倉儲店、目錄廉價展銷店等；從店鋪形式來看，有店鋪零售商和無店鋪零售商（如網絡、郵購、直銷、自動售貨機等）；從管理形式來看，有獨立零售店、購物中心、商業街等。同時，隨著貿易領域競爭和壟斷的不斷加劇，國外貿易組織增強競爭能力和取得規模效益之後，便走向了大型化、一體化和聯合化。一些大型批發公司、百貨商店、超級市場等通過資本積聚和集中合併，組建不斷發展壯大的貿易企業集團。中小型貿易企業為了與大資本抗衡，發展連鎖店，組建合作社。工商企業聯合組建一體化組織。貿易業與一二產業等相互滲透、融合，工商、農商、農工商一體化趨勢日益明顯。

二、貿易渠道一體化

貿易渠道一體化包括：

（1）生產企業縱向一體化。生產企業為了增強對市場的反應能力，縮短生產者與消費者的距離，生產企業或自營批發業務，或自設銷售機構，或通過整合商業網絡，向終端消費者銷售產品。

（2）零售商間橫向聯合與縱向滲透。一方面，零售商通過橫向聯合越過批發商直接向生產企業採購商品，通過擴大採購規模增強與生產企業的價格談判能力，降低採購成本。另一方面，零售商向生產領域滲透，發展縱向一體化，控制和掌握部分商品貨源。

（3）批發商縱向滲透與功能分化。一方面，批發商投資生產領域以獲得穩定的貨源，兼營零售以保證穩定的銷售渠道；另一方面，批發商通過合理分工，形成獨立批發商等多種批發商協調發展的多樣化的批發商結構，促進貿易渠道的創新與發展。

三、貿易活動的專業化與多樣化並行發展

專業化和多樣化是貿易企業在經營戰略上的兩種不同選擇。專業化是指貿易企業將所有的資源與能力集中於單一業務，以求增長發展；多樣化又稱多角化、多元化、多種經營，是指貿易企業增加新的產品或事業部，向更廣泛的業務領域拓展。就目前情況和未來發展趨勢來看，很難說哪一種戰略將成為貿易活動的主導趨勢，這兩者各有利弊，因此呈現出並行發展的趨勢。

多樣化可以為企業帶來豐厚利潤，獲得進一步發展的基礎，同時也可能使貿易企業內部的一些互補性資源得到充分利用。日本的季節集團的前身是西武百貨店，20世紀80年代以前貿易業和飲食業為主要發展方向，20世紀80年代以後以建立「生活綜合產業」集團為發展目標，把經營觸角向海內外旅遊、飯店、日用品製造、金融、保險、租賃、不動產等多種產業領域延伸。目前，其非貿易業的經營比重已占到集團經營總額的50%以上。然而，專業化也是一種非常有效的經營戰略，因為專業化提高生產率是最基本的經濟學原理。最典型的就是沃爾瑪，該公司自成立以來就一直致力於商品銷售業務，從來就沒有涉足石化、房地產、金融保險、酒店旅遊等其他比較熱門的行業。1970—2007年的38年間，沃爾瑪的商品銷售業務收入占其總收入的比重平均為99.07%，最低為1973年的98.77%，最高為1986年和1988年的99.35%。這充分

地說明了沃爾瑪的高度專業化：始終如一地專門從事商品流通業務。[①] 因此，在未來相當長的一段時期內，貿易活動的專業化與多樣化必將並行發展。

四、貿易技術手段的現代化

隨著科學技術的發展和信息革命的進行，國外貿易業的現代化程度也逐漸提高。在商流、物流、信息流方面，貿易業經營手段的現代化水準都有了大幅度提高，使貿易業發生了一場空前的技術革命。隨著射頻識別技術的發展、物聯網的逐步擴散以及一些新興技術在貿易領域的快速應用，貿易技術手段的創新速度必然日益加快。在中國農村居民（特別是年長的）剛剛開始熟悉條形碼的時候，一些發達國家的大型貿易企業已經開始拋棄這種技術，用射頻識別取而代之，並要求其所有供應商接受這種新技術。比如在物流方面，美國、歐洲、日本基本實現了物流工具和設施的標準化。在運輸上，普遍採取集裝箱運輸，並合理運用海陸空各種現代化的運輸工具和運輸路線，實行混載運輸。在倉儲上，廣泛採用現代化立體倉庫、冷凍和冷藏設施、自動化升降傳送裝置和商品分揀機等，實現倉儲作業的機械化和自動化，倉庫在向專業化和多功能化發展。

五、貿易活動國際化與複雜化

根據一般的經濟發展規律，商品貿易的範圍總是逐步擴大的。首先是小範圍內的集鎮貿易，然後發展為地區貿易，最後發展為統一的全國貿易。在形成全國統一大市場之後，甚至在此之前，貿易活動便開始從國內走向國際，這不僅表現為跨國界的商品交易，而且更重要的是一些貿易企業跨國界地提供貿易服務，如當前沃爾瑪、家樂福、麥德龍等世界巨型貿易企業紛紛把業務開展到全世界各個國家，實行國際分店擴張，這就是貿易國際化的典型形式。隨著國際分工和世界市場的發展，特別是經濟全球化進程的加快，發達國家的許多大型貿易企業紛紛把國際化作為一個重要的經營戰略，跨國化經營已成為國外貿易業發展的大勢所趨。

在經濟全球化的推動下，國際貿易自由化已是不可逆轉的潮流。但是隨著國際貿易規模不斷擴大，貿易摩擦產生的可能性也就越大，貿易保護主義有所上升。當前，各國經濟景氣的不均衡性、區域貿易集團的排他性、貿易分配利益的兩極化等都是造成貿易保護主義層出不窮的重要原因。這些加劇了國際貿易的複雜性。

復習思考題

1. 貿易現代化的內涵及意義是什麼？
2. 貿易現代化實現途徑有哪些？
3. 結合中國國情和世界形勢，思考貿易現代化的發展趨勢。

[①] 李陳華. 流通企業規模效率研究 [M]. 北京：經濟科學出版社，2010.

[**本章案例**]

新零售

　　近年來，生鮮電商日益興盛，在燒掉巨大的資本投入後，單純的生鮮 B2C 電商模式已逐漸被證明不可持續。在此背景下，新零售的原始模型，一家叫「盒馬鮮生」的「怪物」在 2016 年 1 月營運而生，在上海金橋廣場開設了第一家門店，面積達 4,500 平方米，很快實現了年平效 5 萬元。經過 1 年多的發展，上海的門店數量迅速增加，並已經擴張至寧波、北京、深圳等城市。

　　與傳統超市相比，盒馬鮮生做出了兩大重大革新：一是打造自動化物流體系。物流倉儲作業前置到門店，和門店共享庫存和物流基礎設施，門店裡有冷藏庫、冰庫等冷鏈。盒馬鮮生的所有商品幾乎都已使用電子價簽，有利於實現後臺即時改價，以及消費者瞭解此商品的所有信息並加入移動端購物車。店內部署了自動化物流設備，線上訂單會發送至揀貨員的移動手持終端（PDA），揀貨員攜帶盒馬鮮生購物袋在店內找到相應商品，用手持終端掃碼之後裝袋，然後將打包好的購物袋掛上傳送帶，由此傳輸到合流區進行配送。手持終端上有收貨、退貨、復核等多項功能。門店的上方鋪設了全自動懸掛鏈物流系統，這樣能夠第一時間分揀店中陳列的商品，快速送到後場出貨。揀貨員平均每單揀貨時間為 56 秒，配揀好的商品從掛上傳送帶開始至後方合流區僅需兩三分鐘，在零售區域總耗時約 4 分鐘。基本能達到 3 千米內 30 分鐘送達的及時配送承諾。

　　二是打造「零售 + 餐飲」新物種，盒馬鮮生門店內設有多個餐飲品類和餐飲區，消費者在店內選購了海鮮等食材之後，可以即買即烹，直接加工，現場製作。盒馬鮮生計劃推出 F2（Fast&Fresh）便利店業態，圍繞「吃」構建商品品類。盒馬便利店還將納入水果、現烤烘焙、現做奶茶等傳統零售店沒有的業態，集合成為「西式簡餐店 + 星巴克 + 大食代 + 便利店」。盒馬還將通過流程升級實現店內「無人」。同時，強制要求消費者下載盒馬鮮生 APP 成為一個「撒手鐧」，到店客戶需要通過綁定支付寶進行消費。

第十三章 貿易宏觀調控

[學習目的] 瞭解貿易宏觀調控的內容,熟悉貿易宏觀調控的目標,理解貿易調控手段。

第一節 貿易宏觀調控的內容

一、貿易宏觀調控的必要性

宏觀調控是指為了實現經濟總量平衡,保持經濟持續、穩定、協調發展,對貿易活動所進行的調節和控制,是市場經濟條件下國家管理經濟職能的體現。其必要性主要表現在以下幾個方面:

(1) 宏觀調控是彌補市場失靈或克服市場缺陷的必然要求。在市場經濟條件下,市場機制在資源配置中起基礎性作用,對提高經濟主體的積極性、激發其活力、提高經濟效益、降低生產成本、推動經濟發展和技術進步有著巨大的作用。但市場經濟及其機制也有局限性或失靈。這種局限性或失靈,又使市場在資源配置中會發生障礙和失誤,甚至造成資源的浪費。為了克服市場經濟的這些缺陷,彌補市場失靈所帶來的不足,國家就必須對貿易進行宏觀調控。不論什麼性質的國家,都會有國家對貿易的宏觀調控。

(2) 宏觀調控是社會化大生產的必然要求。社會化大生產衝破了單個小生產的狹隘界限,使全社會的生產、分配、交換、消費形成相互聯繫、相互結合的一個有機整體。兩大部類之間、兩大部類內部各個方面的聯繫和結合越來越緊密,地區之間、部門之間、企業之間、國內市場與國際市場之間都有著千絲萬縷的聯繫。社會分工越發展,相互聯繫與協作也越廣泛,從而需要在全社會合理組織各種經濟活動,這就在客觀上要求對社會經濟總體進行宏觀調控,使社會化大生產能健康、協調發展。

(3) 宏觀調控是引導貿易結構調整和轉變貿易增長方式的必然要求。貿易結構不是固定不變的,隨著生產力的發展,特別是消費結構的變化,貿易結構由單一向豐富、由低級向高級發展。貿易結構的這一變化,固然離不開市場規律的調節,但完全靠市場規律的調節也是很難實現的,它必須通過國家的總體決策,明確的產業政策導向和配套的產業發展措施加以引導、扶持和推進,才能較好地實現。

(4) 宏觀調控是實現效率與公平的有機結合,防止兩極分化,實現經濟穩定增長

和社會穩定發展的必然要求。效率與公平如何兼顧，一直是人類社會經濟發展過程中引起廣泛關注的問題。市場經濟及其機制的作用，對效率提高有著十分重要的推動作用，但它本身並不能解決公平問題，而且在某種情況下它可能導致兩極分化。要做到效率與公平兼顧、經濟和社會都能穩定並持續健康發展，就必須有國家的宏觀調控。

二、貿易宏觀調控的內容

國家對貿易的宏觀調控，主要包括以下內容：

（1）通過方針、政策管理商品流通。國家的方針政策是國家整體利益的體現，是引導商品流通堅持社會主義方向的重要保證，也是正確處理和調節商品流通過程中各種經濟關係的行為準則。通過政策的制定、頒布和執行，貫徹國家在一定時期內經濟發展的基本任務，規範流通行為，協調流通過程的各種關係，以保持貿易規模、流通速度、流通網點設置與生產發展，人民生活水準同步提高。國家有關商品流通的政策，包括外貿政策，商品收購、銷售政策，價格政策以及國家稅收、信貸、投資政策都從不同的角度約束和影響著貿易發展和流通行為。

（2）通過計劃與非計劃手段控制商品總供給和總需求的平衡。保持社會總供給和總需的平衡，是協調生產與消費的具體表現，是穩定市場、穩定物價的前提條件，也是實行商品流通宏觀調控的基本目的之一。沒有一個供求大體平衡的市場，市場經濟秩序就不可能得到穩定，國家也就無法通過市場來引導、指導企業的行為，市場經濟運行模式也就無法建立。因此，必須明確：①貿易計劃是國民經濟計劃的重要組成部分，加強貿易計劃管理，包括國內市場商品流轉計劃、進出口計劃的管理，有利於實現商品供求總量的平衡和主要商品供求結構的平衡，有利於實現國民經濟按比例發展；②貿易計劃的核心是促進商品供求平衡，穩定市場，穩定物價，滿足人民的各種消費需要，有利於社會主義生產目的的穩步實現；③貿易計劃的實現既要靠計劃手段也要靠非計劃手段，既需要直接調控也需要間接形式，通過各種經濟參數的調節，引導企業行為達到國家調整產業結構、產品結構，實現商品供求平衡的目的。

（3）通過制定商品流通發展規劃對商品流通進行戰略指導。國家對商品流通進行宏觀調控，主要是通過制定商品流通產業發展規劃實行戰略指導。國家通過對商品流通發展目標的質的規定性和量的規定性，明確整個商品流通產業的發展規模、主體結構以及運行體制，把它納入社會總體發展戰略，既指明商品流通的發展方向和實現的目標，也達到對商品流通運行的管理和控制。特別在市場經濟條件下，多種經濟形式、多條流通渠道的競爭，國有商業、供銷社商業、個體商業、私營商業和其他形式的商業，它們發展的規模速度、比例關係以及行業結構、網點分佈，不僅關係到各種經濟形式自身發展的問題，也關係到整體發展目標，關係到社會主義市場經濟的基本模式和結構，這些都必須通過國家制定商品流通規劃加以指導和引導。

（4）通過制定商業法則規範貿易行為。商品流通是一個複雜的經濟過程，不僅環節多、聯繫面廣，也存在著多邊的經濟關係和經濟聯繫，在運行過程中必然產生矛盾和摩擦，而且由於市場經濟利益的多重性、複雜性，加上企業利益機制的自發性，容易導致企業行為的紊亂，出現違法亂紀、詐欺和不正當經營手段的行為。國家通過制

定商業法規，健全約束機制，明確合法經商與非法經商的界限，維護合法經商，保護正當權益，禁止非法活動，可以達到保護國家、企業和廣大消費者利益的目的。

（5）通過對社會商業的管理，充分發揮各種經濟形式的積極作用。加強對社會商業的管理，就可以使不同類型公司、企業的優勢得以發揮，彼此分工合作、合理配套、協調發展，創造一個平等有序、自由可控的市場環境，保護合法競爭，防止壟斷和封鎖，促進社會主義統一市場的發展和完善。

（6）通過發展商業教育，培養高素質的貿易人才。為了提高全社會的商品經營素質和管理水準，必須通過對商業教育的規劃、組織、指導，制訂商業教育發展計劃，通過多形式、多渠道辦學，有計劃、有組織地開展職工在職培訓、崗前培訓、就業培訓，不斷提高職工的綜合素質和業務水準。

第二節　貿易宏觀調控的層次及目標

一、貿易宏觀調控的層次

從貿易宏觀調控的主體看，對貿易的宏觀調控分三個層次。

（1）第一層次是國家立法機構，包括全國人大及其常委會和地方人大及其常委會。國家立法機構通過制定商業法規體系，約束貿易行為，實現對貿易的宏觀調控。

（2）第二層次是政府經濟管理部門，包括綜合經濟管理部門和專業經濟管理部門對貿易活動的調控。綜合經濟管理部門主要包括國家發展和改革委員會、財政部、中國人民銀行等部門，專業經濟管理部門主要包括商務部、海關總署、國家市場監督管理總局等。

（3）第三層次是行業協會。行業協會是在政府的指導下，以同行業企業為主體，在市場競爭中自願聯合組成的、實行民主自治管理的社會經濟團體。行業協會是社會性群眾組織，不是政府的職能部門，但是，它可以接受政府的委託，根據國家的法令和政府的意圖對貿易活動進行規劃、協調、監督、服務，充當國家對貿易宏觀調控政策的實施組織。

二、貿易宏觀調控的目標

1. 優化貿易資源配置

（1）優化貿易資源的行業配置。這就是使貿易資源在不同的貿易行業合理分佈，並使貿易資源優化配置到有發展前途的新興行業及符合社會需要的優勢行業，並把貿易資源從即將淘汰的行業或供過於求的行業轉移到有生命力的行業或供不應求的行業中去。

（2）優化貿易資源的企業配置。其包括使大中小型貿易企業比例適當，結構合理；企業經營規模最佳，使貿易資源能夠高效率地利用，實現貿易增長方式由粗放型向集約型轉變。

（3）優化貿易資源的空間配置。貿易資源的空間配置主要包括貿易資源的地區佈局、沿海與內陸的佈局、城鄉分佈、城市內的佈局、鄉村中的佈局。優化貿易資源的空間配置就是使貿易資源在空間佈局上合理化。

2. 貿易總量和結構的平衡

（1）貿易總量平衡。貿易總量平衡包括許多方面，其中最重要的是商品供給總量與需求總量之間的平衡。它集中表現為社會商品可供量與社會商品購買力之間的平衡，通過貿易宏觀調控，要在總量上形成商品供給需求比例協調發展的市場，即形成總供給與總需求相互適應、相對均衡的市場格局。

（2）貿易結構平衡，即實現供求結構的合理化。其主要包括各大類商品如生產資料、生活資料或工業品、農產品等供給需求結構的平衡，各種主要商品如糧食、石油、鋼鐵等供給需求結構的平衡及各種商品的地區供給需求結構的平衡、季節性供給需求結構的平衡、內外貿易結構的平衡。

3. 維護貿易運行秩序

貿易運行秩序是指貿易活動的各個主體在其運行過程中相互作用、相互聯繫的方式和行為所處的某種狀態，是市場經濟規律作用的外在表現形式。貿易宏觀調控在維護貿易運行秩序方面的內容主要包括：①制定和確立貿易運行規則。要從法律、經濟、行政、道德等各個不同的角度，制定和確立貿易運行規則。貿易運行規則應具有權威性、公正性、合理性、可行性。一般來說，在貿易活動領域，貿易運行規則主要包括貿易主體進出規則、貿易客體進出規則、貿易活動行為規則等。②加強市場管理。加強市場管理主要通過國家指定的執法部門，如工商行政管理部門、技術監督部門、公安部門、物價管理部門、食品衛生部門、防疫檢驗部門等，依法對市場主體進行規範管理，打擊違法行為，維護市場主體的正當權益。

第三節　貿易調控手段

一、經濟手段

國家對貿易的宏觀調控可以採用多種手段，主要有經濟手段、行政手段、法律手段、規劃手段等。在社會主義市場經濟體制下，一般以經濟手段和法律手段為主。貿易宏觀調控的經濟手段，是國家運用價格、稅收、信貸、預算等經濟槓桿，運用手中掌握的經濟力量來管理活動，調節貿易關係的一種方法。

1. 價格槓桿

價格槓桿就是國家通過商品市場價格的變動來調控商品交換各方的利益關係，是經濟手段中重要的調控手段。目前隨著社會主義市場經濟體制改革的不斷深化，在商品市場中95%左右的商品價格已經放開，實行市場調節，但仍有少數關係國計民生的極為重要的商品價格仍然由國家定價、實行計劃調節，國家通過控制這些少數重要商品價格，不僅可以穩定生產生活基本秩序，而且能夠控制影響商品市場的總量平衡。

國家對於價格槓桿的運用，主要是：①通過商品的比價變化及商品價格差率變化來體現。對於商品市場上供過於求的商品，國家降低這些商品的購銷差率、地區差率、批零差率，並調高相關商品的比價關係，影響商品生產者與商品經營者減少這類商品的生產、經營比重，進而影響商品市場的供求態勢。對於商品市場上供不應求的商品，國家提高這些商品的購銷差率、地區差率、批零差率，並調低相關商品的比價關係，刺激商品生產者與商品經營者增加這類商品的年產、經營比重，使商品市場的供求態勢趨於平衡。②通過國家直接制定與調整部分商品價格與勞務收費標準來體現。國家對那些關係國計民生，由國家壟斷生產和經營的商品和勞務，或者十分短缺而又關係國計民生的產品和勞務直接調控，來影響整個商品市場供求態勢。③通過價格監督檢查措施來體現。為了更好地運用價格槓桿，國家成立職責分明、講求效率的各級價格管理的行政機構，對商品市場的經營主體實施價格監督與檢查：對於不按國家定價收購、銷售商品或者收取費用的；違反國家指導價的定價原則或者收費標準的；抬級抬價，壓級壓價的；將定量內供應低收入居民的商品按議價銷售的；違反規定，層層加價銷售商品的；自立名目濫收費用的；採用以次充好、短尺少秤、降低質量等手段，變相提高商品價格或者收費標準的；企業之間或行業組織商定壟斷價格的；不執行提價申報制度的；不按規定明碼標價的；洩露國家價格機密的；其他違反價格法規、政策的行為，根據國家物價法規、政策、條例、進行處罰，以此調節控制貿易主體的商品經營行為。

　　2. 稅收槓桿

　　國家對稅收槓桿的運用，主要是通過貿易組織所徵稅種、稅目的增減、稅率的變化以及一定時期、一定範圍內減免稅收等方式來實現的。一方面，國家通過稅種的增減、稅率的高低以及稅收的加成減免等，制約商品交換，調節商品流通。另一方面，國家通過徵稅，必然要瞭解和掌握商品流通企業的經營與管理情況。例如，根據國家稅收管理體制的規定，納稅人要進行稅務登記，稅務機關就可以掌握納稅單位的業務性質、經營方式、收入來源、帳冊設置、財務管理、結算方式等有關事項。再如，國家規定，稅務機關有權對納稅單位的經營、財務和納稅情況進行監督檢查，而納稅單位則須向稅務機關提供帳冊、憑證、單據和有關資料。這樣，通過徵稅及其管理，就可以發現商品經營中存在的問題，督促企業改進與提高。稅收作為價格構成的重要因素與價格槓桿相互結合，其調節市場供求的作用更為明顯。因為稅收槓桿與價格槓桿可以形成四種組合方式：稅收與價格同時增加；稅收與價格同時減少；增加某種商品的稅收，同時減少某種商品的價格差率；減少某種商品的稅收，同時增加某種商品的價格差率。國家如果對某種商品採用第一種組合方式，不會影響這種商品的市場供給量，但會抑制這種商品的市場需求量；如採用第二種組合方式則不會影響該商品的市場供給量，但會增加這種商品的市場需求量；採用第三種組合方式會影響該商品的市場供給量，但不會影響該商品的市場需求量；採用第四種組合方式會刺激該商品市場供給量的增加並抑制該商品的市場需求量的增加。

　　3. 信貸槓桿

　　信貸槓桿的運用，主要是由金融機構通過存貸款利率水準變化、差別利率變化以

及貸款方向、貸款條件、貸款政策的區別對待來體現的。信貸槓桿的運用主要表現在以下幾個方面：一是監督貿易企業按照國家的有關規定，將超過現金庫存限額的現金及時足額存入銀行，按政策和計劃使用存款，不得有違反現金管理制度的行為；二是監督貿易企業在貸款使用中是否嚴格執行了國家的有關方針政策和財經紀律；三是監督貿易企業是否嚴格執行了國家結算紀律和財經紀律。對於違反財經紀律的貿易企業，國家將進行信貸制裁。具體方法是：加收利息、滯納金、罰款；暫停使用支票或結算帳戶；凍結銀行資金；改變結算方式；停止發放新貸款；強制扣回過期或被挪用的貸款；停止或強制收回某一種貸款；停止全部貸款等。在運用信貸槓桿調節商品市場供求時，還必須實行正確的貨幣政策，對貨幣流通進行有計劃的調控，以保持貨幣的穩定，促進經濟的健康發展。

4. 預算槓桿

預算是國家財政的收支計劃，它由中央預算和地方預算組成。從理論上分析，存在著三種預算方式：赤字預算、盈餘預算和平衡預算。赤字預算是指國家財政的收支計劃安排中，有意使支出大於收入的一種狀態，多為總供給大於總需求的市場態勢時所採用；盈餘預算是指國家財政的收支計劃安排中，有意使收入大於支出的一種狀態，多為總需求大於總供給的市場態勢時所採用；平衡預算是指國家財政的收支計劃安排中，有意使收入與支出平衡的一種狀態，多為總供給與總需求平衡的市場態勢時所採用。預算槓桿對於貿易運行的調控主要表現為：當商品市場總供給大於總需求時，國家便增大預算支出，削減預算收入（例如增加社會集團購買力，降低稅收徵管力度和稅率），以緩解商品市場的供求矛盾；當商品市場總需求大於總供給時，國家便削減預算支出，增大預算收入（例如壓縮社會集團購買力，強化稅收徵管力度和提高稅率），以此緩解商品市場的供求矛盾。

二、法律手段

法律手段是依法治國、行政法治的武器和工具，是行政管理中運用其他手段的基礎、前提和保障。具體貫徹到行政執行中，是指行政機關以法律為武器，根據法律活動的規律、程序和特點實施行政管理。法律手段主要有行政決定、行政檢查、行政處置和行政強制執行等不同類型。

行政決定，是指行政機關及其公務員經法定程序依法對相對人的權利和義務做單方面處分的行為，其特點是具有強制性和單方性，其具體形式表現為行政許可、行政獎勵、行政命令和行政處罰四種。

行政檢查（又稱行政監督檢查），是指國家行政機關依法對相對人是否遵守法律、法規和具體行政決定所進行的能夠間接影響相對人權利和義務的檢查、瞭解行為。它具有義務性、限制性和單方自主性的特點。

行政處置（又稱即時強制），指國家行政機關及其公務員在國家安全受到威脅，社會公共利益受到危害的緊急狀態出現或將要發生的情況下，臨時採取特別行政命令、特殊強制措施的行為。它具有緊迫性、即時性和直接強制性三個特徵，是緊急狀態下行政管理的一種特殊的、必要的手段。

行政強制執行，是指特定行政機關採取強制手段保障法律、法規和行政決定得到貫徹落實的一種執法行為。

貿易調控採用的法律手段是指國家通過經濟立法和經濟執法，調整貿易活動中的經濟法律關係，處理經濟矛盾，解決經濟糾紛，維護商品市場秩序的一種方法。國家通過立法，制定適宜的商品流通法則，如企業法、商業法、經濟合同法、商標法等，確立市場規則，為交易者提供參與商品流通的法律準繩；通過司法、督促商品交易者遵紀守法，維護市場秩序，保證商品流通順利進行。

中國的貿易立法分為三個層次，即商業法律，商業行政法規和商業規章。商業法律由全國人民代表大會及其常委會制定；商業行政法規由國務院制定；商業規章則由國務院貿易主管部門制定。西方市場經濟國家，還通過商會（行業協會）制定行規行約，對貿易行為進行規範與約束。商業司法也分為三個層次：①國家司法層次，由國家司法機構實施（人民法院、人民檢察院系統）；②行政司法層次，由國務院綜合行政管理機構實施（工商行政管理、標準、計量、質量、物價、統計、稅務等系統）；③行業司法層次，由有關社團組織實施（消費者協會，質量監督協會等系統）。

法律手段的權威性、強制性使人們自覺抑制、摒棄不合法的思想和行為，提高行政管理的效率。但目前中國在貿易宏觀調控中法律手段的運用還比較薄弱，集中表現為立法不全，司法不力。隨著社會主義市場經濟體制改革的不斷深化，經濟關係日趨複雜化和多樣化，法律手段將會更多運用到貿易宏觀調控之中。當今應主要從建立和完善統一開放、競爭有序的現代市場體系出發，按照依法行政和實現對全社會流通統一管理的要求，借鑑發達國家流通立法經驗，結合中國豐富的流通實踐，加快修訂和研究制定規範商品流通活動、流通主體、市場行為、市場調控和管理等方面的法律法規和行政規章。

1. 加快建立和健全流通業的法律法規

（1）制定《商品交易市場法》。應盡快出抬全國性的商品交易市場方面的法律——《商品交易市場法》，指導中國20多萬家各類商品交易市場，指導和規範300多個國家的中國商品城。

（2）制定《電子商務法》。隨著計算機和網絡技術的發展，電子商務正在各個行業迅速普及，流通領域更是如此。可以借鑑國外電子商務法，參考香港、廣東、北京、浙江、上海等地出抬的電子商務法極其信息管理條例，出抬《電子商務法》，規範網上交易、身分認證、支付安全等，為無店鋪銷售提供保障。

（3）盡快出抬完善《城市商業網點管理條例》。中國現有2,000多個流通網絡，多種流通渠道網絡的流通體系已經形成，加上外資大量進入中國一線、二線和三線城市，因此，應加快出抬完善《城市商業管理條例》和《融資租賃法》。

2. 完善流通業市場主體法律規範

市場主體法律制度，就是對市場主體的資格、權能等加以具體規定的法律規範的總稱，是市場經濟法律制度體系的重要組成部分。

一是制定保護中小流通企業的法律制度。目前關於中小企業的法律為《中華人民共和國中小企業促進法》，但中國中小流通企業、特別是微型企業的發展仍然不夠

理想。

二是加強對外國獨資、合資和合作企業投資行為的立法。隨著中國不斷擴大對外開放，不少外資大量進入中國流通領域，這對中國商品流通起到了重要作用，但也帶來了巨大風險。

三是盡快修改出抬《個體工商戶條例》，給流動商販帶來更大的發展空間，促進流通的多樣性和便利性，擴大就業，提高眾多中下層消費者收入水準。

四是完善對市場主體准入和退出條件的立法。《中華人民共和國公司法》《中華人民共和國企業國有資產法》《中華人民共和國外資企業法》等法律都規定了相關企業的准入和退出條件，需要補充的是針對流通領域企業的特殊性和某些交易商品的特殊性，具體適用於流通市場主體准入和退出的實施細則。

五是完善《中華人民共和國企業破產法》。使流通企業破產清算程序統一規範。

3. 完善流通業市場行為法律制度

市場行為法律制度是一個有機的統一體，大致包含民事法律制度，如合同法律制度、擔保法律制度、侵權行為法律制度、知識產權法律制度等；商事法律制度，其中又包含票據法律制度、海商法律制度及保險法律制度等。此外，還有一類法律，即市場管理、秩序規制方面的法律，產品質量法律制度及消費者權益保護法律制度。針對特定行業，還有房地產管理法律制度、廣告管理法律制度等。

4. 完善流通業市場秩序法律制度

20世紀90年代以來，中國出抬了許多法律法規，如全國人民代表大會常務委員會1993年通過了《中華人民共和國反不正當競爭法》《中華人民共和國消費者權益保護法》，1994年通過了《中華人民共和國廣告法》，1997年通過了《中華人民共和國價格法》，2007年通過了《中華人民共和國反壟斷法》等。現如今，許多法律法規早已經不適應新的形勢需要，應及時進行修改和完善。

5. 完善流通業市場監管法律制度

一是對流通企業經營行為進行監管的法律法規。商務部等5部委已發布了《零售商供應商公平交易管理辦法》及《零售商促銷行為管理辦法》，規定零售商和供應商之間交易行為的法律法規仍需加強和完善。近幾年來，國家先後頒布了《缺陷汽車產品召回管理規定》《食品召回管理規定》《兒童玩具召回管理規定》等，因此，應陸續完善和補充產品種類，將產品召回管理規定覆蓋範圍進一步加大，在此基礎上，應盡快出抬《缺陷產品召回條例》。

二是應進一步加強對重要商品的質量監管。如食鹽、菸草、棉花、食糖等重要商品，應加強其市場准入監管制度，建立預警機制和市場備案管理制度等。對食品藥品等與消費者人身安全直接有關的商品更應制定嚴格的質量標準。例如，中國目前有食品質量標準3,000多個，而與流通有關的標準僅存200多個，與生產和加工標準數量的差距巨大，流通過程保障食品安全的標準嚴重不足，難保不在流通環節出現質量安全問題。應當參照國際標準，盡快清理陳舊標準，統一標準類別，加快制定各類商品質量標準，特別是加強與消費者緊密相關的商品的監管標準，提高消費者的信任度，促進消費的增長。

三是完善流通領域市場監管方面法律中的損害賠償制度。增強相關法律規定的可操作性，明確流通領域負責監管的執法主體及其職責、權限和手段，提高行政監管地有效性，並平衡相關法律之間的關係。

三、行政手段

貿易宏觀調控中的行政手段，是國家依靠行政組織、按照行政系統、行政層次、行政區劃，通過發布行政命令、指示、規定、決定、條例等，強制地約束貿易活動，處理貿易關係的方法與手段。對貿易活動的行政手段調控約束，主要表現在：

1. 商業登記約束

商業登記，就是依照法定程序，由商業企業將應該登記的事項向所在地工商行政管理部門登記的行為。通過工商登記，國家可以掌握企業的籌建、開業、停業、合併、轉移等經營情況，保障企業的合法權益，制止和取締非法經營活動，建立和維護正常的經濟秩序。

2. 商標註冊約束

商標註冊就是依照法律規定，將採用的商標向主管部門申請登記，載入特定簿冊，因而取得專用權的手續。通過商標註冊的約束，可以及時揭露和制止仿冒、濫用等現象，一方面可以保護商標專用權，另一方面可以監督商品質量，制止欺騙消費者的行為，保護消費者的利益。

3. 廣告行為約束

廣告行為約束就是根據國家有關規定，對廣告承辦單位的資格、廣告刊戶的合法性、廣告內容的真實性、廣告發布的規範性進行約束的行為。廣告行為約束對於促進生產、擴大流通、指導消費、活躍經濟、方便群眾等方面都具有積極的作用。

4. 市場行為約束

市場行為約束就是國家根據有關規定，對貿易企業網點設置的合理性、購銷形式的規範性、經營行為的合法性進行約束的行為。這種約束，對於下列情況具有極其重要的作用：堅持商品流通的社會主義方向，協調產、供、銷之間的關係；疏通流通渠道，促進商品經濟交流；保護正當貿易，取締非法貿易。

5. 合同行為約束

合同是買賣關係的雙方，為實現商品交換而簽訂的書面協議。合同行為約束，就是國家根據合同法等有關法規，對合同行為的平等性、合同行為的有效性、合同糾紛的仲裁處理進行約束的行為。通過合同行為的約束，有利於購銷雙方的合法權益，促進商品流通的正常運行。

6. 審計約束

審計約束是國家審計機關依據審計法等有關法規，對貿易企業的經營活動及其財務收支等方面，就其會計資料的可靠性、財務收支的合法性、財產實物的安全與完整性所進行的審查監督的活動。審計約束是規範貿易行為、保障社會主義商品流通秩序的重要手段。

7. 商業行政約束

商業行政約束是國家及其貿易主管部門對所屬商品流通企業其商品經營範圍劃定、商品購銷政策確定、商品管理方式、市場網點調整、勞動人事安排、技術教育培訓、行業物價管理等貿易經營的重大問題進行約束的行為。行政手段的使用，可以迅速地集結人力、財力和物力，在非常時期具有重要意義。但單純依靠行政手段，會束縛商品經營者的手腳，需要很好地約束其使用範圍。

四、規劃手段

貿易宏觀調控中的規劃手段，是指國家按照預先確定的目標，運用一系列指令性計劃或指導性計劃指標及方法來約束、調節和引導商業活動，調控商品市場的手段。貿易宏觀調控中的規劃可按不同的方法進行分類。按其管理的形式可分為指令性計劃與指導性計劃；按其時間長短可分為長期規劃（又稱貿易發展戰略）、中期規劃、短期規劃；按其內容可分為商品流轉規劃、商業網點規劃、商業教育規劃、商業科技規劃等。它是建立在市場經濟體制基礎之上，面向整個商品市場，採用價值指標進行的總量調控，與傳統規劃經濟體制下的指令性規劃有著根本性區別。規劃手段主要著眼於宏觀性、全局性、長遠性的貿易調控，如社會商品流通發展的中長期規劃的制定與實施方案，關係國計民生重大商品貿易活動的規劃控制，如糧、棉、油商品的收購、銷售、地區調撥、儲備等，某些資源性商品的進出口貿易配額控制等。

五、經營性手段

經營性手段是國家直接經營一部分國有貿易企業（例如國有糧食經營企業），直接參與某些特殊商品的經營，或者國家直接購買，以此來影響、調控商品市場供求變化的一種手段。例如，當某類重要商品供不應求時，國家一是通過其直接經營的貿易企業經營，迅速增加該種類商品的市場供應量，並實行最高限價，或按低於市場價格的標價大量拋售。二是大量削減國家對該類商品的市場訂貨，以防止該類商品市場物價的暴漲；當某類商品供過於求時，國家又通過其直接經營的貿易企業擴大收購，擴充庫存或設立專項儲備，或者大量增加對該類商品的市場訂貨，以防止該類商品市場物價的暴跌，實現以豐補歉，並對其他經營主體產生導向作用。

六、教育手段

貿易宏觀調控中的教育手段，是國家通過對各類貿易經營主體進行思想政治、倫理道德教育，影響他們的經營理念和動機，從而調節貿易活動的一種手段。教育手段具有其他手段不可替代的功能，因為各類貿易主體均由思想、有意識的人構成，如果沒有良好的經營道德約束，就會在經營活動中出現各種非理性的經營行為。同時經濟手段等其他手段因本身特點所限制，調控範圍不可能無所不包，而教育手段則寬泛得多。因此，教育手段是一種主要的調控手段，教育手段的運用，重在培養各類經營主體正確的商品經濟意識和良好的職業道德規範。主要有以下幾種具體教育手段：①道德教育。道德教育是指國家在貿易宏觀調控中，刻意引導各類商品經營組織遵守商業

信用，堅持買賣公平，確保食品衛生，注意禮貌待客等諸多道德規範。道德教育是一種強大的社會力量，可從各個方面形成對經營者的無形約束，同時通過道德修養的自省，使經營者行為更理性化。②社會輿論的引導。報刊、電視、廣播等新聞媒體可及時反應消費者的呼聲、要求和願望，公開批評和揭露違反商業道德、欺騙、損害消費者權益的卑劣行為；舉辦商品知識介紹、偽劣商品展覽，使廣大消費者瞭解商品知識，便於進行購買監督；舉辦商店服務的評比活動，督促經濟單位改善經營作風，改進服務態度，提高經營管理水準。

上述六種手段各有特點，各自發揮不同作用，但它們不是孤立的、相互排斥的，而是密切聯繫、相互補充的，在貿易宏觀調控中，應針對不同情況，綜合地加以運用。

復習思考題

1. 試述中國當前貿易宏觀調控的必要性。
2. 貿易宏觀調控的目標是什麼？
3. 試述貿易宏觀調控的主要手段。

[本章案例]

網絡售假問題，各方如何發力

據中國電子商務研究中心統計，隨著電子商務的迅猛發展，中國業已成為世界第一的電商市場國家，2017年中國電子商務交易額達到29.16萬億元，同比增長11.7%。中國穩居全球規模最大、最具活力的電子商務市場地位，電子商務正在成為創造新的經濟增長點、新的市場、新的就業方式的有效手段。

消費者在共享網購便利的同時，也頻頻遭遇「網絡售假」和維權困境，中國電子商務研究中心數據顯示，2016年涉及「網絡售假」的投訴占總量5.8%，「網絡售假」已成電子商務產業發展的重要障礙。

從全國消費者協會組織受理的投訴情況來看，每一年，針對假冒偽劣、虛假宣傳、消費詐欺等的投訴占比都很多。以下是中國消費者協會曾邀請有關電子商務平臺經營者、商標權益方、消費者代表及法律專家等參加會議，共同探討如何遏制網絡假冒偽劣行為、更好保護消費者合法權益內容。

消費者：商家的套路越來越多

「網絡購物當中，假冒偽劣、虛假宣傳、維權困難等問題越來越突出，商家的套路也越來越多，越來越深，作為消費者真是難以招架。消費者要想維權還是困難重重，很多維權最終不了了之。」消費者代表說。

商標權益方：「被山寨」問題突出

小米公司安全部高級總監表示，經過快速發展，小米具有了較高知名度，但與此

同時，假冒小米品牌與侵權小米商標權的問題也日益嚴重。另外，一些商家註冊近似商標，以『傍名牌、搭便車』的形式銷售小米公司旗下產品，誘騙消費者購買。這些都給小米的品牌價值造成了嚴重損害。

中國消費者協會：低價不等於假冒和劣質

消費者的消費需求、消費能力各不相同，都有追求品質消費的平等權利，但低價不等於假冒和劣質，低價行銷、網絡促銷應當真正讓利於消費者，而不是以低價為誘餌，借機銷售假冒偽劣商品。

專家：加大平臺責任，降低維權成本

假冒產品泛濫的主要原因是商家違法成本低、售假收益大，而消費者維權成本高。因此，一方面要加大制假和售假的違法成本，提高行政處罰額度，加大電商平臺方面的法律責任；另一方面也要暢通消費維權渠道，降低維權成本。一是明確有利於消費者的法院管轄原則；二是網絡交易環節眾多，特別是在代購、海淘類的電子商務活動中，僅憑供貨鏈路、報關文件等難以完全保障消費者實際購買商品為真品，建議司機部門強化電子商務平臺經營者、平臺內經營者、快遞物流提供者的舉證責任，為消費者維權提供有效助力。

資料來源：楊召奎. 打擊網絡售假問題，各方到底該怎麼辦？［N］. 工人日報，2018－08－22.

問題

針對「網絡售假」屢禁不止問題，從經濟手段、法律手段、行政手段等方面分析應採取對策。

國家圖書館出版品預行編目（CIP）資料

貿易經濟學(第三版) / 陳淑祥, 張馳, 陳璽嵐 編著. -- 第三版.
-- 臺北市：財經錢線文化, 2019.10
　　面；　公分
POD 版

ISBN 978-957-680-376-5(平裝)

1.國際經濟 2.國際貿易 3.文集

552.1　　　　　　　　　　　　　　　　　　108016519

書　　　名：貿易經濟學(第三版)
作　　　者：陳淑祥、張馳、陳璽嵐 編著
發 行 人：黃振庭
出 版 者：財經錢線文化事業有限公司
發 行 者：財經錢線文化事業有限公司
E - m a i l：sonbookservice@gmail.com
粉 絲 頁：　　　　　　網　址：
地　　　址：台北市中正區重慶南路一段六十一號八樓 815 室
8F.-815, No.61, Sec. 1, Chongqing S. Rd., Zhongzheng
Dist., Taipei City 100, Taiwan (R.O.C.)
電　　　話：(02)2370-3310 傳　真：(02) 2370-3210
總 經 銷：紅螞蟻圖書有限公司
地　　　址：台北市內湖區舊宗路二段 121 巷 19 號
電　　　話:02-2795-3656 傳真:02-2795-4100　網址：
印　　　刷：京峯彩色印刷有限公司（京峰數位）
　本書版權為西南財經出版社所有授權崧博出版事業股份有限公司獨家發行電子
　書及繁體書繁體字版。若有其他相關權利及授權需求請與本公司聯繫。
定　　　價：380元
發行日期：2019 年 10 月第三版
◎ 本書以 POD 印製發行